アメリカはいかにして
世界経済を脅しの道具にしたのか

武器化する経済

ヘンリー・ファレル
アブラハム・ニューマン——著
野中香方子——訳
鈴木一人——解説

日経BP

ニコールとクレイグへ

CONTENTS

＊本文中の〔　〕は訳者注です。

序章

All Roads Lead to Rome

すべての道はローマに通ず

地下帝国に入るのは簡単だ。入り口はいたるところにあり、中には標識まで掲げられている。本書の著者二人が暮らすワシントンＤＣでは、州間高速道路66号線（Ｉ－66）がバージニア州郊外から米国の心臓部までを結ぶ。ワシントンＤＣでＩ－66から分岐した道は、米国防総省《ペンタゴン》やラングレーのＣＩＡ（中央情報局）本部に向かう。一方、Ｉ－66の本線はワシントンＤＣを周回する環状道路《ベルトウェイ》を貫通してフォートミードに向かう。国家安全保障局（ＮＳＡ）やサイバー軍司令部のスパイやハッカーが働く地域だ。Ｉ－66の終点は国務省のあるフォギーボトムで、そこから数ブロック離れたところに、ホワイトハウスや財務省がある。

これらの建物はアメリカ帝国の表面的な姿であり、一部は国力を誇示するために設計された。ホワイトハウスと財務省の建物は、ローマ時代の建築家ウィトルウィウスを源流とするパラディオ様式が採用されている。ウィトルウィウスはユリウス・カエサルの軍隊の技師だった。[1]他の建物は、鉄筋コンクリートでより実用的に造られ、塀とカメラと武装警備隊に守られている。

これらはすべて地下世界と結びついている。あらゆる帝国において、統治と誇示のために建てられた建造物は、資源や情報を運ぶ複雑に入り組んだ地下道や管がなければ、廃墟と化していただろう。それらの地下道や管は、キノコから周囲の土壌に伸びる菌糸のようなものだ。[2]この帝国の菌糸は両方向に作用した。つまり、資源を中心に集めつつ、影響力を外に向かって拡大させてきたのだ。

古代世界の支配者は、ポリフィリー（花崗岩や玄武岩の一種）や大理石などの岩石を使って首都を建設した。しかし彼らの帝国を息づかせていたのは、交易路、穀物船、水道橋といった、より日常的な要素だ。それらは町や都市、田園地帯を経済活動の網に組み込んだ。ローマ帝国は、商人が商品を運び、軍隊が支配地域内を素早く進軍できるようにするため、道路網を整備した。帝国の外には、点在する村々を結ぶ曲がりくねった家畜用の道しかなかったが、帝国が支配する地域には、長くまっすぐな道が整備され、交易と威圧の両方に利用された。

ローマ帝国の崩壊から何世紀もたった中世に、「すべての道はローマに通ず」ということわざが生まれた。そのことわざの通り、ローマ帝国が築いたインフラは現代の経済にも影響している。歴史は怠惰なものであり、何かを新たに築くより、もともとあったものの上に築こうとする。フランスとイタリアの高速道路は、数千年前にローマ帝国の監察官が定めたルートをたどっている。

現代では、帝国の活動の多くは地下に潜った。アメリカ帝国は依然として交易路を軍事力で守り、世界のシーレーン（重要な海上交通路）を海軍にパトロールさせているが、米国の権力は、埋設された光ファイバーケーブルを通じて、インターネットのようなネットワークや、銀行が世界中に送金するために用いる複雑な金融インフラに入り込んでいる。グローバルな貿易や製造業の促進をうたう「開かれた市場」の地下には、目には見えないが、知的財産や技術的専門知識のネットワークが存在し、米国の指導者たちに圧倒的な支配力を与えているのだ。

もっとも、世界にまたがるこれらのシステムは、米国政府が支配を意図してつくったものではなく、大半は、効率と利益を追求する民間企業が構築した。それは昔の帝国にも言えることで、軍隊は商人が切り開いた道を利用することが多かった(3)。

現代の帝国は、グローバル市場と情報の流れを支える地下の機械装置、具体的には、光ファイバーケーブルやサーバー群、金融決済システム、半導体など高度な製品製造の技術を、威圧の道具に変えた。グローバル経済の込み入った配線と配管を構成するこれらのシステムは、一見、難解で無機質に思える。しかしこの配管は政治的なものだ。かつてすべての道がローマに通じていたように、世界の光ファイバー網、金融システム、半導体サプライチェーンは、米国に集中し、米国による強大な力の行使を支えている。

こうしたシステムは、道路に例えると理解しやすい。[4] 車で通勤する人は、毎朝、閑静な住宅街にある家を出て、交通量の多い通りに入る。その通りはやがて高速道路につながる。毎朝、地下帝国に入る人々もそれは同じだ。彼らは携帯電話の電源を入れたり、職場のコンピューターにログインしたり、家族の誰かに送金したりする。そうすることで、彼らは自覚しないまま自分の情報を埋設されたケーブルに送っている。そのケーブルは、拠点間、国家間などを結ぶ高速・大容量のネットワーク回線であるインターネット・バックボーンに接続している。[5] その情報の大動脈は、数百万の車線がある高速道路のようなもので、国内と国外の交通が混在している。つまり、このバーチャルな道路では、ワシントンDCやバージニア州のナンバープレートをつけたアメリカ車が、中国語、ペルシャ語、フランス語、ロシア語のロゴが書かれたトラックの間を縫うようにして、ローカルな目的地に向かう。他の国の人々もメールをチェックし、アマゾン・ドットコムや地元の競合会社から商品を購入し、代金を支払っている。

様々な国の様々な人々が、同じ高速道路を利用している。まるでI-66が、ワシントンDCとその郊外を結ぶだけでなく、北京、アンカラ、パリ、ウラジオストクといった都市をひそかに通り抜け、あらゆる場所と場所を結んでいるかのようだ。

大きな問題は、この目に見えない道路を利用する旅行者は、仮にアイルランドのダブリンやイラクのキルクークで短い距離を移動するだけでも、ワシントンDCを経由しなければならないことだ。アイルランド人やクルド人のドライバーたちは必然的に迂回させられ、NSA本部を通過し、NSAはその様子を写真に収める。そのドライバーが何者で、どこに向かっているかを、後で米国政府が知ろうとした時に備えてのことだ。イランのナンバープレートをつけたドライバーは思いがけず、ダークスーツをまとった財務省の捜査官から道路脇への停車を命じられるかもしれない。

また、このバーチャルな高速道路の交通《トラフィック》は、現実世界の物流に影響を及ぼす恐れがある。米国政府は、オンライン・トラフィックの情報をふるいにかけているうちに、韓国のソウルから中国の上海に先端半導体が送られようとしていることを示す電子メールを発見し、コンテナを差し押さえるかもしれない。

四半世紀前、アル・ゴア副大統領は、グローバル・ネットワークが実現する新世界を「情報スーパーハイウェイ」と表現した。(6) 当人も半ば認めていた通り、それは陳腐な比喩だった。ゴアがその言葉を使ったのは、グローバル・ネットワークは必要なインフラであり、米国はそこに投資すべきだと、国民に訴えたかったからだ。ゴアは押しつけがましい規制は望まなかったが、このネットワークのボトルネックをなくして誰でも使えるようにするには、何らかのルールが必要だと考えていた。しかし、この分野の専門家たちは、ルールは不要だと思っていた。彼らが理想とするグローバル・ネットワークは、交通警官が存在せず、誰でも望むところへ自由に行けるネットワークだった。

しかし現在、インターネットは制御されるようになり、私たちは再び「情報スーパーハイウェイ」の世界に戻った。その情報ハイウェイにはボトルネック、すなわちチョークポイント（情報ネットワークの要衝）が存在し、米国政府はそれを利用して、全世界の日々の経済活動や交流を監視・制御するようになった。このハイウェイはグローバル経済の大動脈として、金融サービスと生産システムを支えている。当然ながら、他国の政府はこの状況にいら立っている。新たなルートを建設してボトルネックを回避しようとしたり、自国内にチョークポイントを見つけ出したり、新たにつくろうとしたりする国もある。こうした思惑の衝突が新たな紛争を引き起こし、多国籍企業や個人を巻き込んでいる。

1989年、世界は、ある秩序が別の秩序に勝利するのを目撃した。冷戦という政治的・経済的対立が、世界規模のネットワークへと移行したのだ。この新たにもたらされた経済的自由をビジネスが活用するにつれて、インターネット、グローバル金融、サプライチェーンが急速に普及した。2001年9月11日、ニューヨークで同時多発テロが発生し、米国政府は自らの脆弱さを思い知らされたが、同時に、この新たなグローバル経済の配管の中に、政治的な力が隠されていることに気づいた。

当初、米国政府は、その発見を「悪者」を攻撃するために利用した。政府機関や官僚は、テロリストやならず者国家という差し迫った脅威に焦点を当てていた。その力を行使すると、欧州などの同盟国や中国などの競争相手、グローバル・ビジネスのコミュニティーとの関係がどう変わるかなどについては、考えもしなかった。また米国政府は、悪者を制圧するだけでなく、相互依存を市場効率化の源泉として受け入れてきた友好国を服従させるために、ネットワークを利用することがどれほど魅力的かも理解していなかった。米国政府は自国を守るためにゆっくりと、しかし確実に、繁栄する経済ネットワークを支配の道具に変えてきた。米国は意図せず帝国を巡る新たな戦いに踏み込み、知らず知らずのうちに悪用する方向に進んでいった。

本書を読めば、この地下帝国がどのようにして誕生したかが分かるだろう。開かれたネットワークの世界がいかにして地下帝国となり、米国がいかにして国境を越えて影響力を拡大し、情報を収集し、物資を横取りし、敵対する国々をグローバル経済から切り離したかが分かる。さらに重要なことは、現在何が起きていて、将来何が起きる可能性があるかを知ることだ。中国などの強国や欧州連合（ＥＵ）の国々は、どうやって自国を守り、あるいは報復するのだろうか。それらの国が自らの地下帝国をつくり、拡大しようとしたら、どうなるだろうか。その渦中に置かれた企業が自らを守るには、どんな選択肢があるのか。

米国の官僚、外国の指導者、大企業のＣＥＯは、今何が起きていて、次に何が起きるかをようやく考え始めたところだ。本書では、この新しい帝国間の紛争をどのように解決するのが最善なのか、また、この帝国のツールをどう扱えば、タックスヘイブンを閉鎖したり、気候変動と戦う体制を構築したりできるかについても語っていく。しかし、地下帝国から抜け出すルートを教えることはできない。地下帝国に降りていくのは簡単だが、そこから抜け出すのは簡単ではないからだ。

■　■　■

開かれたグローバル・ネットワークの世界は、なぜアメリカ帝国にとって好都合だったのだろうか。一部の人によると、その答えは簡単で、帝国とグローバル・ネットワークは、広範で複雑な策略を巡らすために何十年もかけてゆっくりと築き上げられてきたものだという。例えばウラジーミル・プーチンは、インターネットは「CIAのプロジェクト」であり、ロシアなどの独裁国家を弱体化させ、米国の力を強めるためのものだ、と主張している。[7] 冷戦は今も続いており、核兵器を切り札とするパワーゲームから、半密室での情報戦争へと姿を変えたと、プーチンは考えているようだ。その情報戦争は、米国の敵を倒すために構築されたネットワークを介して遂行される。

一方、この新世界をつくった人々の考えは逆だ。彼らは、インターネットは国家間の古めかしい地政学的駆け引きに終止符を打った、と主張する。新時代の伝道師であるトーマス・フリードマンは、1999年の論文で、「壁によって分断されていた旧世界は、網《ウェブ》で結ばれた新世界に取って代わられた」と主張した。[8] 当時の人々はワールド・ワイド・ウェブの斬新さに胸を躍らせた。それは、冷戦後の世界経済が大きく変貌していく様《さま》を分かりやすく表現していた。

インターネットなどの情報ネットワークは国境を越えて大量の情報を運び、新たなグローバル市場を構築した。企業は国外に顧客やサプライヤーを見いだせるようになり、金融ネットワークは拡大し、裁定取引や長期投資の機会を求めて、資金が世界中を高速で移動するようになった。グローバルな貿易は、原材料と最終製品を交換するだけではなくなった。そのシステムは、複雑な分業型の工場へと変貌した。ある国で設計された複雑な製品が、世界各地で生産された部品を用いて、別の国で組み立てられ、そこに国境はない。

理屈から言えば、この新しい世界秩序の中で情報は自由に流れ、最も頑強な独裁者にも抵抗できるはずだ。ビル・クリントンは中国に対して、「情報をコントロールしようとするのはゼリーを壁に釘で刺すようなものだ［全くの無駄という意味］[9]」と言った。この新世界では、政府は金融の流れをコントロールできない。むしろ金融の流れが政府をコントロールする。なぜなら、政治家たちはソブリン格付け［国債の信用力の指標］の変更を恐れるからだ。クリントン大統領の参謀を務めたジェームズ・カーヴィルの有名なジョークがある。「債券市場に生まれ変わりたい。そうすれば、あらゆる人を威嚇できる[10]」。また、フリードマンはこう言った。「サプライチェーンがグローバル化した世界では誰も戦争をしたいとは思わないだろう。隣国を攻撃したら、自国の経済を攻撃することになるからだ[11]」。フリードマンの視点に立てば、帝国という概念自体が時代遅れで不適切であり、新世界は帝国《インペリアム》ではなく、繁栄《エンポリウム》する市場なのだ。

しかし真実は、プーチンが想定する策略の世界や、フリードマンが描く二次元の平地よりも奥深く複雑だ。もし冷戦が終わっていなければ、グローバル・ネットワークの構築という偉大な時代は始まっていなかっただろう。相互に不信感を抱く二大国のブロックに分断された世界では、互いの経済を結びつけるようなネットワークは存在し得ない。しかも、このネットワークを構築したのは米国政府ではなかった。米国の官僚たちは、それまで通り、自分たちの仕事は米国を拠点（あるいは中心）とする民間企業の邪魔をしないことだと考えていた。

過去の歴史と同様に、(12)ネットワークを構築したのは企業や企業の連合であり、それらは支配よりも利益と効率を追求した。政治的野心を抱く人々もいたが、彼らが望んだのは、帝国の構築ではなく、帝国を弱体化させることだった。人々や民間組織が、政府の思惑と関係なく、独自のつながりを築くことができるネットワーク化された世界を構築したいと彼らは考えていた。

しかし、このネットワークは、旧来の権力政治《パワーポリティクス》の世界を崩すことを期待されながら、冷戦時代のアメリカ帝国の影から逃れることができなかった。歴史に関心を持つ経済学者と社会科学者は、しばしば経路依存性について語る。(13)それは、過去の経緯や決断（例えば、どこに都市を築くか、どの文言を憲法に含むか、など）が現在の行動を制約することを意味する。グローバル経済の新たなネットワークは、文字通り経路依存的だった。中世の道路建設業者のように、このネットワークの設計者は、古い道の上に新たな道をつくるほうが容易だと考えた。そして彼らが道をつくると、その上に他の人が道をつくり、その上にまた別の道がつくられ、それを繰り返しながらネットワークは拡大していった。それが意味するのは、彼らがつくった道は古い権力の大動脈をたどり、第二次世界大戦後に繁栄したアメリカ帝国の物理的領土につながるということだ。

帝国は存在しないはずだったが、実のところ、新しい世界は、非常に見覚えのあるものだった。大がかりな計画を立てるまでもなく、世界の地図は、米国による冷戦の勝利を反映し、強化されていった。つまり、世界をつなぐそのネットワークは、過去の経済と政治の力関係の輪郭をなぞるだけでなく、米国が権力の頂点に立ち、すべての中心であった短い期間を固定化し、何十年も延長させたのである。

世界の通信システムを結ぶ海底や地下のケーブルを例に挙げれば、ＮＳＡの試算によると、[14] ２００２年の全世界のインターネット通信のうち、米国を通過せずに二つの地域間を行き来したのは１パーセントに満たない。また、金融機関同士の安全なやり取りを可能にしたメッセージング・システム「ＳＷＩＦＴ（国際銀行間通信協会）」はベルギーに本拠を置くが、その理事会は米国の銀行が支配しており、データセンターは一種の人質としてバージニア州北部に置かれている。さらに言えば、国際銀行は、国際取引を米ドル建てで行っているため、米国の規制当局が管理する複雑な金融取り決めである「ドル決済システム」の縛りを受ける。また、先端半導体の生産拠点が米国からアジアに移行した後も、米国企業は半導体の設計技術と知的財産権の重要な部分を掌握している。

グローバル化の配線と配管は、権力を米国に運んだだけではなく、米国を攻撃に対して脆弱にした。米国はそれを2001年9月11日に思い知った。分散化した通信システムによって、テロリストは仲間と簡単に連絡を取り合うことができ、開かれたグローバル金融システムは、テロリストが誰にも知られることなく国境を越えて資金と資源を送ることを可能にした。それを阻止する責任は誰も負わなかった。

しかし、米国が状況を変えるための手段は、手近にあった。重要なグローバル・ネットワークは米国に集中しており、NSAや財務省などの当局は、目的に応じてそれらを使うことができた。グローバル経済はそれまでに構築された配線・配管システムに依存しており、米国はそこへ簡単に介入し、利用することができた。まるで、その目的で軍事技術者に設計させたかのようだった。重要な情報の交差点を掌握することで、米国政府は敵対国同士の会話をひそかに聞いたり、グローバル金融システムから敵対国を締め出したりすることができた。

当初、米国政府は、場当たり的、散発的にそれを利用していた。米国の政府高官たちは、新たな種類のパワーの基盤を築くためではなく、差し迫った危機に対処するためにこれらを利用した。標的になったのは、アルカイダのようなテロリスト集団や、北朝鮮のような孤立した好戦的な国家だった。米国の行動の一部は物議を醸したが、批判の大半は、新たな監視技術の押しつけや、国民の市民権の侵害を可能にした大統領権限の拡大解釈に関してだった。

しかし、政府もまた、行き着く先を考えずに道をたどることがある。各省庁は、新しいツールを開発するたびに、それらの新たな使用法を見つけた。そして新たな使い方が発見されるたびに、それを先例として別の使用法が生まれた。政府高官は権力の味を知ると、すぐに気に入った。

世界の通信ネットワークを掌握した米国は、敵国だけでなく同盟国との通信も盗聴できるようになった。インターネットが普及する以前、監視は困難で、費用がかかったため、監視の対象になったのは、「価値の高いターゲット」、つまりテロリストや外国の高官など、戦略的に価値のある人々の通信に限られた。しかし、9・11以降、状況は一変した。米国の監視機関は自由裁量権と膨大なリソースを手に入れ、グローバルな通信ネットワークを分散型の監視システムに変えた。そして、文字通り全米のすべての通話を録音し、そのデータを最長1カ月保存できるシステムを構築した[15]。興味をそそる会話を後で聞くためだ。この新しい世界における課題は、どうやって情報を収集するかではなく、収集した大量のデータをどうやって保存し、価値ある貴重な情報を見つけるかだ。米国政府はグローバル・ネットワークにおける自国の立場を最大限に活用し始め、監視体制は一変した。

金融システムを利用した他国への威圧も同様だった。9・11から数週間もたたないうちに、米財務省は、将来のテロを察知するために、世界中からデータを収集する手段を積極的に探し始めた[16]。そしてすぐに、グローバル金融取引で重要な役割を果たしているSWIFTのメッセージング・システムが極めて有益な情報の源泉であることを突き止め、刑事訴追をちらつかせ、情報へのアクセスをSWIFTに要求した。また、財務省は「ドル決済」によるコントロールを利用して、国際銀行に世界のどこでも米国の政策を遂行させるという新たな制裁も開発した。SWIFTの掌握とドル決済という組み合わせは、イランをグローバル金融システムから締め出し、核兵器開発に関する交渉のテーブルにつかせた。このような策略を計画した米国の政府高官の多くは、それらを1回限りの緊急措置と考えていた。しかし、実際には、それらが前例となり、米国の金融力の使い方は大きく変わっていった。

米国はゆっくりと自覚のないまま、グローバル経済を結びつける地下のネットワークを地下帝国へと変えていった。そこでは世界の会話を盗聴し、敵をグローバル経済から孤立させることができた。かつて過激と見なされたこうしたアイデアは、今では当たり前の政策になっている。米国は単なる超大国ではなく、超越した能力を持つ国になったのだ。米国は、世界中に張り巡らされた網の中心部に陣取るクモのように、数千マイル離れたところで敵国や友好国が互いに何を言っているかを、微妙なニュアンスまで探知できるようになった。そして、必要な時には、鋼よりも強い糸を吐き出し、敵国の経済を締めつけた。

しかし強大な力には、強大な責任が伴う。オバマ政権の二期目が終わる頃には、官僚たちは自分たちが引き起こした事態を憂慮し始めた。エドワード・スノーデン〔NSA、CIAの元局員〕によって、9・11後に米国が始めた極秘の監視活動の詳細が暴露されたからだ。これにより、米国の諜報機関が窮地に追い込まれただけでなく、インターネットの基盤になっている政治的取り決めも脅かされた。この告発を受けて、EUが米国とのデータ転送協定を無効にした時、グーグルの親会社アルファベットの会長であるエリック・シュミットは、インターネット自体が危機に瀕している、と警鐘を鳴らした。[17] オバマ政権の財務長官ジェイコブ・ルーは、米国が権力を濫用したら[18]「金融取引は米国の外へ移動し始めるだろう。そうなれば、グローバル金融システムの中心としての米国の地位は危うくなる」と警告し、その言葉は広く報道された。

■　■　■

かつて、地下帝国は見えにくいことから人々の関心を引かなかった。侵略、戦闘、後継者の暗殺といった地上の帝国の劇的な要素は面白い小説の題材になるが、コルソン・ホワイトヘッドの小説『地下鉄道』の読者を除けば[19]、地下のインフラに心躍らせる人はほとんどいない。そのため、地下でのもめ事をよく知る人はほとんどいなかったが、たまに地表を揺るがすことがある。その最たるものは、スノーデンによる暴露で、NSAとCIAが世界を監視するためにつくり上げた地下の巨大な装置の詳細が明らかになった。また、国際銀行は、米国が課そうとする巨額のコストに不平を漏らしたが、抵抗は無駄に終わった。一方、米国は、中国の通信大手ファーウェイ（華為技術）などを中国の延長と見なして、ひそかに攻撃し始めた。だが、これらの出来事は、地下帝国の一部としてではなく、ばらばらに起きた事件として捉えられた。

地下帝国の全容が見え始めたのは、トランプが大統領になってからだ。トランプ政権は、米国は権力を濫用しているどころか、持てる力をまだ十分に発揮していない、と考えた。トランプは、地下帝国を築いたわけではないが、それを可視化して、大いに物議を醸した。もっとも、そうなったのはトランプが点と点をつないだからではない。トランプは威圧のための新たな道具を見つけると、新しいおもちゃを与えられた幼児のように喜んだが[20]、どうやったら他国を屈服させられるかまでは思いが至らなかった。トランプは貢ぎ物を欲しがり、注目されることに満足していた。それでも米国は、さらに好戦的な方法で地下帝国を拡大していった。犠牲者たちがそれに気づき始めると、米国はそれまでとは異なる形で権力を行使する方法を採るようになった。例えば、金融システムの力を利用して、テロリストだけでなく人権運動の活動家も標的にした。やがて米国は無計画のまま、北朝鮮のような、ならず者国家だけでなく、中国のような大国の重要資産を標的にするようになり、そのためのツールを開発する方向へ進み始めた。もはや後戻りはできなかった。

米国が中国と対立し始めると、地下帝国の活動はさらに明白になった。古い大国と新参の挑戦者が覇権を巡って争うにつれ、地下の争いは地上へと移動した。米国がファーウェイを標的にしたのは、中国が独自の帝国を築くために道路を建設するのを恐れたからだ。中国政府との関係が疑われているファーウェイは、世界の次世代インターネットのインフラを構築しつつあった。

欧州のある皮肉屋の政府高官の言葉を借りれば[21]、「米国はグローバルな通信システムを、帝国を監視する手段に変えたのに、中国が同じことをやろうとすると腹を立てた」。米国は中国による道路建設を阻止するため、手持ちのツールを調べ、新たなツールも開発した。米国の新聞は、自国の行動を経済欄で大きく報じた。中国はそうした米国のキャンペーンを自国の危機と捉え、地下帝国の脅威を本能的に察知し、可視化した。

米国の攻撃的な行動は、同盟国も怖がらせた。同盟国の企業は、長年にわたってセカンダリー・サンクション（二次的制裁）に脅かされ、米国内になくても米国の経済制裁に従うことを強いられてきた。それに加えて米国は、自ら同意したはずの協定を覆そうとし始めたので、これらの国々は、米国が支配する金融システムを「従わなければならない制約」と見なすようになった。フランスのマクロン大統領の言葉を借りれば、「協力が依存になれば、自らは誰かの臣下となり、消滅してしまう」。同盟国はそうなることを恐れて、独自の「戦略的自律」の構築を模索し始めた[22]。

中国と欧州は、この脅威をすぐに理解したが、対処法は分からなかった。中国が独自のテクノロジーを開発するのは難しかった。かたや欧州は、ロシアがウクライナを侵略した時、自らがどれほど米国を必要としているかを思い知った。企業や個人も、難しいジレンマに直面した。米国と中国が対立し始めると、彼らは二つの大国間の中間地帯《ノーマンズランド》に取り残された。一方の大国はグローバル・ネットワークを守ろうとし、もう一方はどうにかしてそれを奪おうと奮闘している。かつて多国籍企業が政治的リスクとして恐れたのは、独裁者だったが、今では、米国からの圧力か、中国からの報復を恐れるようになった。

二つの超大国やそれに次ぐ国々の小競り合いが激化すれば、国家間の争いに巻き込まれた企業は、存亡の機に瀕するかもしれない。彼らが脅威に対処し、国家も順次対応していくうちに、世界経済は開かれたシステムから、武装した敵対勢力間の凍りついた紛争へと変貌していくだろう。偶発的な大惨事がどれほどの損害を引き起こすか、私たちはよく知っている。２０１１年、日本を襲った巨大地震によって、日本の少数のサプライヤーに依存していた半導体業界は、何カ月にもわたって混乱した。[23] ２０２０年にコロナウイルスの波が押し寄せた時も、同様の脆弱性が明らかになった。[24] この先には、より大規模な惨事が待ち受けている恐れがある。それは、偶発的ではなく戦闘によってもたらされ、グローバル経済を織りなす絹の網が引き裂かれるかもしれない。

■　■　■

破綻を回避するには、米国は安全保障についてこれまでとは異なるビジョンに向けて努力する必要がある。権力には責任が伴うことを認め、他の国々が米国のネットワーク帝国から自国を守れるようにしなければならないだろう。同時に、敵対国同士がグローバル・ネットワークで密接につながる世界では、交通ルールを先導してつくっていかなければならない。冷戦時代、米国はソ連と積極的に対話し、双方が受け入れ可能な条件を引き出し、偶発的な核兵器使用を避けることができた。この歴史の前例が示すように、米国にはそれが可能であり、そうするべきだろう。電源のスイッチの一番近くにいるのは米国である。回復力《レジリエンス》を高め、脆弱性を減らせば、粗暴なナショナリズムやリショアリング［海外に移した生産拠点を国内に戻すこと］に頼るより、良い未来につながるだろう。傲慢に力を振りかざす国は誰にも好かれず信用もされないが、善意をもって力を行使すれば、他の国々も喜んで受け入れるだろう。

米国は超大国だが、帝国ではなく緩やかなコモンウェルス［緩やかな国家連合］というビジョンなら支持するかもしれない。そこでは、米国と他国は限られた利益を巡って争うのではなく、集団の利益を確保しようとする。米国がやろうと思えば、二酸化炭素を大量に排出する企業や、熱帯雨林の伐採を容認し続けるブラジルなどの国に制裁を加えることができる。米国はすでにその力を用いて、スイスの租税回避地《タックスヘイブン》などの問題を追求してきた。深刻な環境汚染を続ける国や企業も、取り締まることができるはずだ。

もっとも、そのようなコモンウェルスには問題がある。コモンウェルスが最も効果的に機能するのは、米国と他の国々の利益が重なる場所だろう。また、コモンウェルス内では国は互いと取引をしなければならず、その結果、ある種の問題は手付かずのまま残される。例えば、ネットワークを利用して民主主義を広めようという提案を中国が受け入れるとは思えない。結局、コモンウェルスという枠組みが最も効率的に機能するのは、他国に新たな選択を迫る時ではなく、すでに他国がやらなければならないと認識していることについて実行を促す時なのだ。

たとえそうであっても、コモンウェルスという枠組みは、米国が現在進んでいる道よりはるかによい道だ。米国が地下帝国を長く保持できたのは、陰に隠れていたからだ。それが白日の下にさらされた今、帝国は崩壊するか、さもなければ、さらに邪悪になるだろう。従来の対立はいっそう激化して手に負えなくなり、新たな対立もこれから始まる。仮に地下帝国が米国をより安全にしてきたとしても、その状況は長くは続かない。それどころか、このシステムは米国を弱体化させる負のスパイラルを招きつつある。自国は何のとがめもなく要求を押し通すことができると思っていたら、米国は確実に弱体化するだろう。核兵器に匹敵する経済的武器をつくり出して保有するなら、他国が先制攻撃や反撃を画策したとしても、それは驚くべきことではない。

第1章

Walter Wriston's World

ウォルター・リストンの世界

ウォルター・リストンは、1900年代後半に金融大手のシティバンクとその親会社シティコープの会長を務め、当時、地球上で最も権力を持つ人物の一人だった。また、彼は将来を見通すことができた。彼の著書『The Twilight of Sovereignty（主権の黄昏）[1]』は、今ではほとんど忘れられているが、情報革命が国際政治をどのように変貌させるかを次のように予言した。

中世に衰えて以来、国家の主権は拡大してきたが、今や縮小の一途にある。新しいテクノロジーと市場の自由が「権力を分散」させ、[2]「かつて重要視された戦略上の『チョークポイント』[3]」を無意味なものにし、「国家主権の地殻変動」を引き起こそうとしている。情報、資金、貿易のグローバルな流れは、国境を越えるだけでなく、国境を取り払い、真のグローバル市場をつくり出し、そこでは、機を見るに敏な個人や企業は、政府の規制を回避できるはずだ――。

革新的なアイデアも、やがては当たり前になる。リストンの主張は、今では空港の書店に平積みされた売れ筋のビジネス書にも載る常識になった。しかし、彼は早くも1970年代から講演や著作において、グローバルな情報技術と市場が政府権力にとって必ずや脅威になると主張した。[4]当時、その問題に気づいている人はほとんどいなかった。その頃、金融の流れは国境によって制限されており、インターネットは政府が出資するほとんど知られていない実験にすぎず、リストンの著書が出版された1992年においてさえ、情報技術が世界に大変革を引き起こすとは予想されていなかった。ベルリンの壁が崩壊したのはわずか3年前のことで、まだ冷戦が世界の政治と市場の骨格を支配していた。

リストンは、経済的自由への情熱と、国家に対する強い不信感を、父ヘンリー・リストンから受け継いだ。大学の学長で、権威ある外交問題評議会の会長でもあったヘンリーは、第二次世界大戦後、著名な経済学者フリードリヒ・フォン・ハイエクに個人的に招かれ、スイスでモンペルラン協会の設立に協力した。[5]この協会は自由主義経済を強く支持するリバタリアンや保守的思想家のグループで、国際的に大きな影響力を持った。ウォルターも、父と同じくグローバリストで、[6] 市場の自由が個人の自由の基盤になるというハイエクのビジョンに強い影響を受けていた。

しかし、ウォルター・リストンは研究者でもシンクタンクの会長でもなかった。シティバンクのライバル会社ゴールドマン・サックスのパートナーだったロイ・スミスが後に語ったように、リストンは当時「最も影響力のある銀行家」[7]であり、シティバンクを「他の銀行すべてが、恥ずかしげもなく模倣する唯一の銀行」[8]に変えた人物だった。1992年にリストンは、前述の自著を「進化するグローバル金融市場の参加者の視点から」書いたと語ったが、[9]その控えめな表現には恐らく皮肉も込められていた。グローバリゼーションの歴史を語る人は、開かれた市場への道を開いた政治家や官僚、賛同した思想家については詳しく語るが、それを実際に切り開いたビジネスリーダーのことは決まって無視する。しかし、リストンは、ビジネスリーダーとしてグローバリゼーションの様々な段階に関わっていた。グローバル金融の急成長、情報ネットワークの拡大、貿易を一変させた物流の革新などについて掘り下げていけば、いずれもリストンにたどり着く。

リストンは私的な付き合いでは、やや不器用な堅物で、メソジスト派として高潔で厳格に育てられたことを体現していた。だが、彼のビジネス哲学は、まるで海賊のように冒険心に富み、[10]国境や各国の法規制を軽視し、グローバル市場という大きな海を好んだ。[11] シティバンクとライバルたちはそのグローバル市場で、陸を支配する強欲な君主を出し抜き、大海の波間に自由貿易の共和国を築いた。

リストンが、ナショナル・シティ・バンク（現シティバンク）の新米銀行員だった頃、陸路だけでなく海路でも安く物資を輸送するアイデアを持っていたトラック運送起業家のマルコム・マクレーンに4200万ドルを融資し、上司を卒倒させかけた。[12] マクレーンはその資金を元手にコンテナ輸送革命を起こし、世界各地への物流コストを劇的に下げた。また、リストンの金融革命は、現在のユーロダラー市場の創設を後押しした［ユーロダラーとは、米国以外の銀行に預けられたドル預金のこと］。それは米国外で米ドル建ての金融取引を行う巨大なオフショア市場である。さらに、1970年代初め、リストンはシティバンクが主導するグローバル決済システムを構築しようとした。それに刺激されて、他行も独自のシステムを構築し始めた。なぜなら、国際金融においてシティバンクに飲み込まれたくなかったからだ。

自らのアイデアを実現しようとするリストンの熱意は世界を変えた。1979年に彼が述べたように[13]「ユーロ市場と自動決済システムを備えた現行の銀行ネットワーク」は、退屈で技術的に思えるが、政治には計り知れないほど大きな影響を及ぼした。彼はこう考えた。「もし資金が国から国へもっと迅速に移動できるようになれば、その政治的影響は甚大であり、もはや資金は国に支配されなくなる。逆に、資金が国を支配するようになり[14]、権力者による気まぐれな独裁が、厳格な市場原理に取って代わられるだろう。同様に、世界の通信ネットワークを情報が自由に行き来するようになれば[15]、政府は気に入らない情報の拡散を防げなくなる」。後にリストンは、[16]「情報通信ネットワークはハイテク製造業を一変させ、様々な国の様々な生産者が協力して一つの商品をつくり上げることを可能にするだろう」と予測もしている。

こうした変化は政治に甚大な影響を及ぼすという点で、リストンの予測は正しかったが、彼はそれがもたらす結果を誤解していた。彼はかつて友人に「中央集権は（中略）ファシスト国家だ」と語り[17]、自分と仲間たちは政府の介入が少ない自由な世界を築いていると、この世を去る日まで信じていた。しかし皮肉なことに、彼も仲間のビジネスリーダーも、本質的には中央集権主義者だった。彼らは市場を支配しようとした。そうすれば他の企業は彼らのシステムを使わざるを得なくなるからだ。その目的で彼らは、わずかなチョークポイントを核とする世界的なネットワークを構築した。ユーロダラー市場とグローバルな決済システムは、世界の金融の流れを変え、そのすべてが米国と米国の銀行が支配する機関を経由するようになった。全世界の情報の流れもまた、米国を拠点とするネットワークを経由し、米国の監視を受けるようになった。そして、世界の製造業は、情報と金融ネットワークに依存するようになるにつれて、米国の権威に対して脆弱になり、従属するようになった。

グローバリゼーションの悲劇は、リストンのような人々が政府による支配を回避しようとしてつくった世界が、実際には政府の力に弱く、政府の介入や政策の影響を受けやすくなってしまったことだ。

リストンは最終的に「国際銀行とは、最も民主的な政府も含め、あらゆる政府と経済的な緊張関係を保つように宿命づけられたシステムである」と考えるようになった[18]。もっとも、彼がキャリアをスタートさせた頃、国際銀行は存在しないに等しかった。1960年代にリストンたちが目の当たりにした銀行業界は、活気がなく、及び腰で、怠惰だった。銀行ビジネスは、大恐慌の後で導入された複雑で〔国・地域ごとに〕相反する規制に縛られ、国境の内側に閉じ込められていた。そのため、銀行の大半は国際競争に加わらず、新しいビジネスに投資しようとも考えなかった。真の意味で国際銀行になることはおよそ無理だったといえる。

実際、1960年代の銀行業界はヴィクトリア朝時代の遺物のようだった。錆びついたピストンがガタガタと音を立てる産業革命時代の旧式エンジンに、不釣り合いな現代の部品をいくつか追加したようなものだ。欧州の決済システムの構築に携わったエリック・セプケスの回想によると、当時シティバンクのロンドン支店では、支払いと承認の部署間の連絡に、気送管〔文書の入った筒状容器を管の中に入れ、真空圧を利用して送る〕を使っていた。職員は記入した支払い指示を筒状の容器に入れて、気送管で送った（19世紀のロンドンのシティには、何キロにも及ぶ気送管のネットワークがあった）[19]。ある日、承認部門からの返事が届かなかったので調べたところ、気送管が詰まっていた。煙突掃除の業者に依頼して詰まりを取り除き、欧州大陸全体の決済処理を再開させたというエピソードも残っている。
当時のグローバル・バンキングは、気送管よりはるかに大規模で複雑怪奇な管を使ったシステムだった。様々な入り口《ポータル》から資金を取り込み、高コストで難解な処理を繰り返し、他の場所で吐き出す。責任ある立場の人でさえ、このシステムを完全に理解してはいなかっただろう。グローバルな取引は、上流階級出身の男性行員が社会的なコネクションを利用して成立させ、平凡な支払業務は書類の山に囲まれた女性事務員がこなす、というように厳格に区別されていた。その頃、国境を越える送金には非常に時間がかかった。シティバンクのアルゼンチン支店では、利益がインフレで目減りしないよう、スコッチウイスキーに替えてニューヨークに送ったことさえあった[20]。

リストンは、この不便なポンコツ機械を変革のエンジンにつくり替え、バラバラだった各国の市場をつなぎ合わせて、真のグローバル経済を誕生させた。彼の戦略は二つの洞察に基づいていた。一つは、グローバル市場は（もし許されるなら）各国の規制当局がつくった迷宮のような法規則を回避し、やがてはそれに取って代わる。もう一つは、銀行業務は「情報ビジネスの一部門」というものだ[21]。リストンはこう考えた。

市場価格は、何百万人もの個人が何を売り買いするかの意思決定を要約した極めて重要な情報源である。テクノロジーはもう一つの情報源で、銀行が自らの官僚主義的な組織の中に埋もれている情報を探し出し、他行や顧客とスムーズに情報交換することを可能にする。適切なテクノロジーを使えば、決済処理などの退屈で陽の当たらない銀行業務が、利益と力の源泉になり得る――。

リストンがシティバンクの立て直しに着手した頃には、グローバル・バンキングの配管の亀裂から資金が漏れ始めていた。米国外の企業は、原油などの売買に必要な米ドルを渇望し、一方、米国内の企業は、より高いリターンのある投資先を求めていた。この状況にあって、米国の規制当局は一般消費者向けの預金金利に上限を設け、企業預金の利払いを全面的に停止していた。銀行家たちは、この需要と供給を結びつける巧妙な方法はないか、すでに考え始めていた。

リストンと同僚は、それを大規模に実現するための制度的インフラを構築した。米国の企業が所有するドルを、顧客のためにドルを必要とする国際銀行にスムーズに送金するため、預金証書などの金融商品を生み出し、合法的なパイプラインを提供したのである。シティバンクのライバルであるJ・P・モルガンやウォーバーグなども、[22]独自のアイデアを加えてこれらの商品を応用した。こうして、主にロンドンを拠点とする小規模でばらばらだったユーロダラーの取引は、米国外でのドルの売買と融資の巨大市場へと変貌した。

政治経済学者エリック・ヘライナーが評したように、[23]ユーロダラー市場は、膨大な量の米ドルが国境を越えて流通する合法的なグレーゾーンになった。この市場が拡大するにつれて、米ドルは国際商取引の共通基盤になっていった。例えば、日本企業がイタリアの企業に商品を販売した場合、支払われたイタリア・リラを日本円に交換するのは難しかった。日本とイタリア間の経済規模は、二つの通貨を直接交換できる流動的な市場を支えるほど大きくなかったからだ。しかし、ユーロダラー市場は、リラをドルに換え、そのドルを円に換えるという簡単な迂回路を提供した。ユーロダラーの供給量が増えるにつれて、企業はまずドル建てで売買し、それを自国の通貨に換えることが当たり前になっていった。

その結果、誰も意図しなかったのに、ドルは世界通貨となり、米国内より米国外で流通するドルの金額のほうが大きくなった。驚くべきことに、連邦準備制度理事会（ＦＲＢ）を始めとする米国当局は、そうした現状にほとんど注意を払わなかった。[24] ソ連などにとってこの市場は魅力的だった。[25] ソ連は国際貿易のためにドルを必要としたが、米国の銀行に入金したら、米国政府に差し押さえられる恐れがあった。ロンドンとイタリアで売買されるユーロダラーを使えば、そのリスクを回避できる、とソ連は考えた。

これらの市場はすべて、巧みな金融工学のインフラに支えられていた。銀行は１００ドル札の束を取引していたわけではなく、実際のところユーロダラーは会計上の虚構だった。実在する銀行間で取引される仮想のドルであり、他国の通貨を買う以外のことには利用できない。しかし、ユーロダラーはすべて実在のドルによって裏打ちされており、それらのドルは、米国の法の下で管理され、米国の規制当局に対して責任を負う米国の銀行に保管されている。リストンが述べたように[26]「世界のすべてのドルは、流通している現金を除けば、米国の銀行にある。

なぜなら、そこがドルを使える唯一の場所だからだ」。

これが意味するのは、ユーロダラーを使う取引は、米国の銀行内での処理（ある顧客の預金口座から別の口座に資金を動かす）か、米国の銀行が運営するＣＨＩＰＳ（クリアリングハウス銀行間支払システム）などの機関を通じて、決済されなければならないということだ。また、外国の銀行がドルで取引し、グローバル金融に参加するには、米国の金融機関に決済用口座を持たなければならなかった。ユーロダラー市場は言うなれば規制から自由になれる「海賊の王国」だったが、海賊たちは「君主の港」で定期的に資金を調達する必要があった。したがって、外国の銀行は、米ドルへの依存を高めれば高めるほど、米国の規制当局からの圧力に屈しやすくなっていった。

シティバンクやＪ・Ｐ・モルガンなどの米国の銀行とＣＨＩＰＳなどの決済機関が運営する「ドル決済システム」は、次第にグローバル金融システムの心臓部となっていき、規則正しく拍動しながら、世界中にドルを流通させるようになった。ユーロダラー市場は、新たな分散型の金融市場を生み出すどころか、世界の金融システムをより脆弱にし、米国の法的支配をより受けやすくしたのである。

それは１９７４年、米チェース銀行が、資金難に陥った西ドイツのヘルシュタット銀行のドル決済口座を凍結した時に明らかになった。システムに欠陥があったため、他の銀行がヘルシュタットとの取引を決済できなくなり、それらの銀行と別の銀行の決済も滞るといった具合に、影響は連鎖的に広がっていった。この状況を受けて、シティバンクは自動送金システムを停止し、信用できない銀行への支払いを止めた。その結果、グローバル金融システムは心臓麻痺に陥った。シティバンクの決定が「事実上、世界の決済システムを停止」させることになった[27]。その後の数日間、リストンは影響力のある銀行経営者たちを集めて、システムの再構築に取り組んだ。それは成功したが、のちに彼が記したように、この出来事は、20行から30行の民間銀行が「世界の事実上の決済機構[28]」になっていたことを示していた。彼のドライで控えめな表現によると、「この一件は中央銀行を不安にさせ、我々も不安になった」。

■　■　■

1970年代には、グローバル・バンキングのもう一つの重要な要素である自動決済メッセージングも中央集権化され、これに関しても、リストン率いるシティバンクが重要な役割を果たした。

異なる国の銀行間の取引には常に困難が伴う。18世紀から19世紀にかけて、銀行は他国のコルレス銀行〔外国への送金を中継する銀行〕との緊密なつながりが頼りだった。銀行は紙の信用状を発行し、それを持参した人に資金を支払うよう他国のコルレス銀行に指示した。しかし信用状は偽造される恐れがあり、航海に数週間から数カ月かかる世界では、本物であることを立証するのは難しかった（独立革命前のニューヨークを舞台にしたフランシス・スパフォードの小説『ゴールデン・ヒル』は、多額の信用状を持ち込んだ人物が本人かどうかを立証する難しさを描いている）。19世紀の電報と20世紀のテレックスによって通信の速度は上がったが、依然として不便で面倒だった。1960年代のテレックス送金では、セキュリティーを確保するため、双方の銀行のオペレーターが共通の暗号帳を使って対数計算をしなければならなかった[29]。

　シティバンクが世界で最も国際化した銀行になり、90カ国以上に支店を持つようになると[30]、リストンは、銀行が国境を越えてメッセージをやり取りする方法を標準化すべきと考えた。すでに主要な国際銀行は、シティバンクと取引しなければならない状況にあった。したがって、シティバンクが決済メッセージングの技術標準を決めれば、恐らくそれが定着し、普及することになる。そうなれば、シティバンクは「世界の決済システムの結節点」になり[31]、永遠にライバルより優位に立てるはずだ。資金は、国から国へ移動するたびにシティバンクのシステムを経由しなければならず、シティバンクは市場を支配できるからだ。

　リストンと、事実上の後継者であるジョン・リードは、テクノロジーを極めて重視しており、特殊なハードウエアとソフトウエアを開発するため、トランザクション・テクノロジー社を設立した。同社の任務は、MARTI（機械読み取り可能な電信入力）を構築することだった。MARTIは言うなれば、銀行のための安全な郵便システムだ。MARTIが立ち上がると、シティバンクの上級業務責任者リチャード・マッテイスは、すべてのコルレス銀行に、今後はMARTIを使って通信するかテレックスを返送するよう要請した。銀行家のレナート・ポロが数十年後に語ったところによると、シティバンクは「今後はMARTIを使うよう忠告する。使わなければ、シティバンクはそちらからの指示を履行しない」と言ったらしい(32)。

問題は、シティバンクが巨大すぎて信用できないことだった。シティバンクは、他のすべての銀行が依存している送金メッセージ・システムを支配したかったかもしれないが、他の銀行にはそれを警戒する十分な理由があった。自分たちは一切コントロールできず、しかもシティバンクが自分たちを締めつけるために意のままに変更できるテクノロジーを使う気にはなれなかったのだ。ポロは続けてこう言った。「選択肢は、シティバンクの人質になるか、ノーと言うかのどちらかだった。正気なら、誰も人質になろうとはしないだろう(33)」。結局、多くの銀行が要請を拒否したため、大量の送金不能が発生し、シティバンクのコルレス銀行ネットワークは崩壊しそうになった。それに対処するため、シティバンクの後方業務《バックオフィス》は大混乱に陥った。

当時、シティバンクのMARTIが唯一の送金メッセージ・システムだったわけではない。オランダの銀行家ヨハネス（ヤン）・クラーは1973年に欧州の銀行グループに呼びかけて、「国際銀行間通信協会（SWIFT）」を設立した。SWIFTも銀行間の安全な通信を支えるための技術で、二大金融センターであるロンドンとニューヨークの対立を避けるためベルギーに本拠を置いた。しかし、欧州の銀行をSWIFTに参加させるのは容易ではなかった。銀行はそれぞれ自国の基準を優先させたいと考えていたため、コンセンサスを得ることも、システムを機能させるのに十分な数の銀行を集めることもできず、失敗に終わる可能性が高まっていた。しかし1974年、シティバンクからMARTIを強制されたことで、欧州の銀行は、自分たちが共通基準を打ち出さなければ、シティバンクのようなよそ者が基準をつくり、押しつけてくると考えた。

シティバンクがコルレス銀行にMARTIを強制しようとした結果、SWIFTの「地滑り的採用」が決定的になった。1975年末までに15カ国270行の銀行がSWIFTに加盟した。[34]リストンは、MARTIが失敗したのは、銀行間の合意を得るのは難しいからだと説明したが、マッテイスは後に「MARTIに対する人々の抵抗が、SWIFTを成功に導いた」と認めている。[35]

やがてSWIFTへの加盟は、グローバル金融システムに参加するための必須条件になった。そしてSWIFTは、成長すればするほど、米国を含むグローバル金融システムにとって不可欠な存在になっていった。設立から11年後、ケミカル・バンクのロバート・ムーアが米国人初のSWIFT会長になり[36]、2006年にはシティバンクのヤワル・シャーがSWIFTの会長に就任した。[37]現在、SWIFTは年間100億件超のメッセージを運び[38]、1250兆ドルの取引を可能にしている。ドル決済システムと同様に、SWIFTはグローバル金融の中心的な役割を果たしている。SWIFTの公式な歴史の執筆者が認めるように、「金融サービスに参加したければ、他に現実的な選択肢はないため[39]……SWIFTは『義務的な経由地』になった」。

SWIFTが中心的役割を担うようになったことは、問題も引き起こした。悪名高い銀行強盗ウィリー・サットンは、銀行を襲撃したのは「そこにマネーがあるからだ」と言ったとされる。現在、マネーはＳＷＩＦＴなどのような複雑なネットワークを通じて流れており、犯罪者はそれらのネットワークを狙うようになった。２０１６年、北朝鮮のハッカーがＳＷＩＦＴシステムの弱点を突き、ニューヨーク連邦銀行にあるバングラデシュ銀行の口座から８１００万ドルを不正に送金した。[40] もしスペルミスをしなければ、彼らは10億ドルを盗めたかもしれない［送金先のスペルが間違っていたため悪事が発覚した］。

警察も犯罪組織が狙っていることに気づいていた。ＳＷＩＦＴは、犯罪を検知し防止するよう、米国から政治的圧力を受けていた。しかし、ＳＷＩＦＴの幹部は長年にわたってこうした要求を受け流し、「ＳＷＩＦＴは純粋に技術的な組織であり、グローバル金融の配管の管理に専念している」と主張してきた。

ＳＷＩＦＴはベルギーに本拠を置いているが、国際銀行のコンソーシアムによって運営されている。ＳＷＩＦＴは、ディケンズの小説に出てきそうな古めかしい気送管システムを効率的な送金システムに置き換え、また、リストンが夢想したシティバンクによる支配を招くシステムにも打ち勝った。しかし、ＳＷＩＦＴに参加する銀行の一部は米国の銀行であり、参加行はすべてドル決済システムへのアクセスを必要とする。ＳＷＩＦＴは、グローバル金融の配管システムの有益だが地味な部分と見なされていて、関心を向ける人は少なかった。これまでＳＷＩＦＴが政治的圧力をかわすことができたのは、ＳＷＩＦＴの見かけ上の独立性を米国が容認していたからだ。もし米国政府が本気になれば、SWIFTは抵抗しきれないだろう。

■　■　■

1996年、リストンは、「この世界において、どんな方法であれ、政府がネットワーク上で検閲を行えるわけがない」と熱っぽく語った。[41]しかしその数年前に書いた『The Twilight of Sovereignty』では、インターネットについて全く触れていない。索引で「IMF（国際通貨基金）」の次に来るのは「Investment spending（投資支出）」だった。当時、インターネットは数ある専門的ネットワークの一つにすぎなかった。その頃に起きた最も重大な変化は、インターネットとその競争相手が使っていた通信ネットワークの物理的な変化だ。数年後、新技術の伝道者《エバンジェリスト》たちは、インターネットの解放性を絶賛したが、そのインフラであるワイヤーやケーブルには、ほとんど関心を示さなかった。

リストンは身をもって、この変革が起きる前の不便な時代を経験している。[42]音声伝送が可能な大西洋横断ケーブルが1958年に初めて敷設され、一度に36件の通話が可能になった。しかし利用可能な電話回線があまりに少なかったので、例えばシティバンクのブラジル支店はニューヨーク本店と通話するため大勢の地元の若者を雇い、つながるまで何日も電話をかけさせた。回線がつながると、シティバンクの行員たちは本や新聞を読みながら、必要な時が来るまで回線を確保し続けた。

1970年代から80年代にかけて、状況は変わり始めた。電子スイッチ（専用のコンピューター）が登場し、人間のオペレーターがケーブルを差し込んでつないでいた作業に取って代わった。電子スイッチは一度に多くの会話を処理することができた。その後、デジタル技術と光ファイバー技術が開発され、人間の声を情報に、情報を高速の光パルスに変換することによって、柔軟なガラスの細い繊維で無数の会話を運べるようになった。最初の大西洋横断光ファイバーケーブルは1988年に敷設され、4万件の同時通話を可能にした。新たに光ファイバーケーブルが敷設されるにつれて、資金や情報やアイデアの流れは「新しいグローバル通信ネットワーク」に完全に依存するようになり、それが「繁栄への道」となった。[43] リストンはこの新しくて一見分散化された通信システムには、政府に「情報の流れの支配を放棄させる力がある」と考えていた。

1990年代に、インターネットが他のネットワークを飲み込んでいくにつれて、分散化に関するリストンの主張は補強されていくように思えた。結局のところ、インターネットは中央の支配を避けるように設計されている。よく言われる通り、インターネットは「検閲を障害と解釈し、それを避けて進む」のである。[44] しかし、インターネットが依存する物理的ネットワークに、奇妙なことが起こり始めた。インターネットが世界に広がるにつれて、そのネットワークは生誕の地である米国から遠ざかったように見えたが、実際にはますます中央に集中するようになり、主要な流れは米国内のスイッチ［切替点］やエクスチェンジポイント［相互接続点］

を経由するようになった。

　この新しい情報帝国の心臓部は、リストンが逃れようとした規制と威圧をもたらす旧帝国の首都のすぐ隣にあった。ワシントンＤＣを出てＩ－66を西へ向かい、タイソンズ・コーナーという地方自治体に属さない地区を抜け、40分ほど車を走らせるとラウドン郡に入る。かつてこの一帯は農地だったが、今ではオフィスビルや工業施設が建ち並んでいる。コンクリート製の翼を広げるダレス空港への分岐を過ぎて10分ほど行くと、バージニア州アッシュバーンに到着する。そこには、リストンが称賛した黎明期のインターネットにとって最も重要なエクスチェンジポイントがあり、クラウド・コンピューティングという新領域で中心的な役割を果たしている。

　アッシュバーンは、インターネットで沸いた都市には見えない。そこにあるのは、シリコンバレーのパロアルトで見かけるような豪邸や、新興の富裕層を相手にした高級レストランではなく、退職者のコミュニティー、チェーン店のレストラン、手頃な価格の住宅だ。それでも、ドットコム・バブルに沸いた数年間は、投資家がインターネットのスタートアップ企業の施設をつくろうと安い土地を買い漁ったため、巨万の富が築かれたり、失われたりした。２０００年代初頭、アッシュバーンは「米国のインターネットの中心地」[45]であり、世界の通信インフラの重要なハブだった。現在、アッシュバーンの周辺には、アマゾンウェブサービス（ＡＷＳ）、マイクロソフト、グーグルの主要なクラウド・コンピューティング・センターが集積し、コロケーション・センターやその他のインターネット配管の地味だが欠かせない部分とスペースを競い合っている。

もし、インターネットを発明した人たちの考えが正しければ、アッシュバーンのような場所は存在しなかっただろう。本来、インターネットにハブや中心は存在しないはずだった。インターネットは「分散型ネットワーク」で、ネット上のノード〔結節点〕はそれぞれ他のいくつかのノードとつながっていて中心地は存在しない、と考えられていた。こうしたネットワークは、ユナイテッド航空などが用いるハブ・アンド・スポーク型のような集中型ネットワークよりも、故障と外部からの干渉に対してはるかに強靭だ。例えばダレス空港は、デンバー、シカゴ・オヘア、ヒューストンと並んでユナイテッド航空の重要なハブ空港の一つだ。この一握りの空港がネットワークの中心になっていて、もしこれらのハブが嵐に見舞われたら、ハブ以外の空港にいる人も含めて、ユナイテッドの乗客は乗り継ぎができなくなる。それとは対照的に、分散型ネットワークは、障害が起きている部分を回避し、一つのノードが機能しなくなってもすぐに代替ルートを見つけることができる。この分散型ネットワークのアイデアは、1960年代後半に米国の経済学者ポール・バランによって考案された。ソ連との冷戦下にあった当時、彼は核兵器の「指揮統制ネットワーク」[46]を攻撃に耐えられるようにする方法を探していて、分散型ネットワークにたどり着いた。分散型ネットワークにしておけば、たとえ核攻撃によって中心施設が破壊されても、情報伝達は可能だ。

しかしインターネットの発明者たちは、インターネットをコントロールしたわけではなく、特に1990年代に政府の管理から離れた後はそうだった。起業家の中には、インターネットのチョークポイントを攻略すれば大儲けできることに気づいた者もいた。インターネットの「エクスチェンジ〔相互接続ポイント〕」は、一種の交差点だ。[47] その設備はケーブルであふれ、一般人には専門的すぎて面白みもない。ケーブルはスイッチに接続されていて、どの情報をどこへ送るかを管理している。インターネットの物理的インフラの中で、エクスチェンジは極めて重要な役割を担っており、大手通信事業者が運営する様々なネットワークを結びつけ、デジタル化された電話やメールや動画が、送信者から受信者に至る最適なルートを見つけられるようにしている。ハブ空港のように、エクスチェンジはネットワークがつながる場所であり、そこに障害が生じると、インターネットの大部分が遅くなるかアクセス不能になる。

最大のチョークポイントが米バージニア州北部にあるのは偶然ではない。シリコンバレーが1970年代から80年代にかけてパソコンがつくられ始めた場所だとしたら、バージニア州北部はパソコンがつながった場所だ。シリコンバレーではスタンフォード大学がイノベーション経済の中心になったが、バージニア州北部でその代わりを果たしたのは、国防総省のARPA(現・DARPA＝国防高等研究計画局)である。ARPAはインターネットの前身を発明し、コンピューター科学者のロバート・カーンとビントン・サーフを擁してインターネットの基本的なプロトコル(通信規約や手順)を開発させた。[48] アッシュバーンに本社を置いたMCIワールドコムは、全米を網羅する光ファイバー・ネットワークを構築し、政府が管理するインターネットはそれを利用した。

こうした拠点の周辺では連邦政府や大口顧客の需要に応えるため新しい経済が芽生え、[49]1980年代には、AOLなどの今ではほぼ忘れられたテクノロジーの巨大企業が生まれた。光ファイバーケーブルの重要な一本が、古い鉄道のルートに沿ってワシントンDCとバージニア州北部をつなぎ、[50]その周囲には、花の蜜を吸うミツバチのように、小規模なハイテク企業が群がった。

もとは学術・研究用のネットワークだったインターネットが商用化されると、地元の起業家はそれを利用して一獲千金を目指した。コンピューターの「突然変異種」を自称するリック・アダムズは、[51]家庭や企業からインターネットに接続するサービスを提供する初の商用インターネット・サービス・プロバイダー（ISP）であるUUNETを自宅で起業した。アダムズは、光ファイバー・ネットワークへのアクセス権を売ってくれたメトロポリタン・ファイバー・システムズ（MFS）のスコット・イェーガーと、ステーキハウスのモートンズで、48オンスのポーターハウス・ステーキを食べながら戦略を練った。[52]

非商用インターネットを運営していた米国立科学財団（NSF）は、インターネットの物理的インフラの運営を委ねる大企業を発表しようとしていた。インターネットの仕組みを熟知していたアダムズとイェーガーは、NSFを出し抜く方法を発案した。二人はこう考えた。インターネットは分散型ネットワークなので、事実上、責任者は存在せず、自律的な「ルーター」コンピューターが、最も効率的に情報を送る方法を常に見つけ出している。ＵＵＮＥＴに接続するよう他のＩＳＰを説得し、ＭＦＳからそれに見合う十分な帯域幅を提供してもらうことができれば、静かなクーデターを起こすことが可能になる。そうなれば、残りのＩＳＰも、データを送信する最も効率的な方法はＵＵＮＥＴとそのパートナーのＭＦＳだと考えるようになるだろう。その結果、「ＵＵＮＥＴはすべての商用インターネットのデフォルト・ルートになり」[53]、政府が勝者を発表するずっと前に、競争は終わる——。

こうしてアダムズとイェーガーはバージニア州北部のガレージでＭＡＥイースト（メトロポリタン・エリア・イーサネット・イースト、後にメトロポリタン・エリア・エクスチェンジ・イースト）を立ち上げた。ＭＡＥイーストは、ＭＣＩやスプリントなどのインターネット・サービス・プロバイダーがそれぞれのネットワークを物理的につなげるためのエクスチェンジを提供した。アダムズが望んだ通り、ＭＡＥイーストは初期の商用インターネットの主要なエクスチェンジになった。イェーガーの伝記作家によると、１９９４年までにインターネット・トラフィックの90パーセント以上がＭＡＥイーストを通るようになった[54]。

ＭＡＥイーストは独占力の源泉になった。企業がＭＡＥイーストとつながるには、その責任者であるアダムズの許可が必要だった。ＭＣＩ、スプリント、ＡＯＬはすぐにＭＡＥイーストのメンバーになったが[55]、小規模な企業は拒絶された[56]。ドットコム・バブルが始まった１９９５

年、ＵＵＮＥＴは１株14ドルで株式公開した。数カ月後に株価は93・25ドルに高騰し[57]、その後、買収劇が繰り広げられた。アル・ゴアが「ボトルネック」をなくすべきだと言った時、彼が心配していたのは、ベライゾンやスプリントのような通信大手がインターネットを独占し、ＵＵＮＥＴのような新参者を競争から締め出すことだった。ところが今や、新参者のアダムズが、自分たちだけの仲よしクラブをつくろうとしていた[58]。

この状況は、故アル・エイブリーやジェイ・アデルソンのような起業家に好機をもたらした。彼らが共同設立したエクイニクスは、最終的に巨大企業に成長し、２０２０年12月には72期連続の成長を遂げ、年間売上高は60億ドルに達した[59]。しかし、エイブリーとアデルソンの最初の構想は、ＭＡＥイーストのようなボトルネックに代わるものを提供することだった。デジタル・イクイップメント・コーポレーションに勤めていたエイブリーは、アデルソンを雇って、スタンフォード大学近くの地下室にパロアルト・インターネット・エクスチェンジ（ＰＡＩＸ）を設立した。アデルソンが私たちに語ったように、ＰＡＩＸでエイブリーが目指したのは、「中立的なエクスチェンジ」を構築して[60]、「ビジネスモデルを利害の対立から切り離す」ことだった。

これはアダムズのビジネスモデルとはかけ離れていたが、彼らはアダムズの近くに引っ越す必要があった。タイソンズ・コーナーのＭＡＥイーストの近くに拠点を置いたのは、そこが「世界で最も密集した相互接続ポイント」だったからだ[61]。しかし、すべてのサーバーをつなぐ光ファイバーのケーブルを敷設するには、安価な土地と掘削許可が必要だった。そこで彼らは隣のラウドン郡に出向いた。郡の役人は基本的なテクノロジーをあまり理解していなかったので、二人は旧式の電話コードの束を握る手を描いたポスターを使って、ネットワークの中心という自社の立場を説明した。(62) 役人たちは、技術の詳細はともかく、好機の到来は理解できた。

アダムズたちが運営する通信ネットワークでは、集中型の交換機《スイッチボード》を使ったが、エクイニクスは料金を払えば誰でも利用できるエクスチェンジをつくり、長期滞在型ホテルのように、データセンター内の共同スペースに顧客が自社サーバーを置けるようにした。例えば、スポティファイとグーグルが迅速に通信しなければならない場合、ストックホルム［スポティファイの本拠地］からサンノゼ［グーグルの本拠地］にデータを移動させる必要はない。それぞれが同じ施設内にサーバーを設置し、光ファイバーケーブルで接続することができる。中立的なエクスチェンジは、サーバーが世界と情報交換することを可能にし、同じ場所にサーバーを置く「コロケーション」によって、サーバー間の迅速なやり取りを可能にした。

現在、エクイニクスは市場シェアでは世界最大のコロケーション・プロバイダーであり、(63) その最大の施設はアッシュバーンにある。(64) アデルソンは2001年9月11日の同時多発テロをきっかけに退任した。その数年後、彼はエクイニクスの足取りを振り返り、中央集権的な独占を別の独占に変えただけではないか、と懸念した。「エクイニクスは今や支配的な力を備えており、(65) 危険な存在になりかねない。エクイニクスを始めた時には、大手による独占を防ごうとしたが、皮肉なことに、今ではエクイニクスが唯一の勢力になろうとしている」

やがてＵＵＮＥＴは消滅し、ＭＡＥイーストは閉鎖されたが、アッシュバーンはもはやそれらを必要としていなかった。データセンターなどのサーバーファームが増えると高速ファイバーが集まり、そうなるとまたサーバーファームが増えるといった具合に、自己強化のループが生まれていった。

アマゾンが新しいビジネスモデルのクラウド・コンピューティングを開拓するためにバージニア州北部に移転したのは、それが理由だった。２０００年代初頭、多くの人はアマゾンを消費者向けの企業かマーケットプレイスだと考えていた。しかし、アマゾンを率いるジェフ・ベゾスは、アマゾンの情報インフラを他社に貸し出せば利益を生み出せることに早くから気づいていた。こうして生まれたＡＷＳ（アマゾンウェブサービス）は、同社の「収益エンジン」になっただけでなく[66]、電子商取引の爆発的増大に拍車をかけた。若くハングリーな新興企業は、顧客にサービスを提供するのに必要なだけ「コンピュート（基本的なコンピューター能力）」をアマゾンから借りれば済むようになり、貴重な資金を投じて独自のサーバーを買う必要がなくなった。エアビーアンドビー、バイドゥ、リフト、ネットフリックスといった著名な企業も、「コンピュート」を借りることで、オンライン・インフラの整備に追われず、本業に集中できるようになった。アマゾンがＡＷＳでどれほど儲けているかを知った他の企業は、急いで独自の「クラウド・コンピューティング」サービスを構築した。

「クラウド」のような曖昧な表現からは、高速の光ファイバーでインターネットに接続されたサーバーが整然と並ぶ施設で情報処理している姿を想像しにくい。アマゾンはそれらが巨額の利益を生むこと以上に、その施設の所在地を隠そうとした。ジャーナリストのイングリッド・バリントンは2016年に自治体の不動産記録を調べて[67]、AWSの最初の施設がアッシュバーンとその近郊にあるコロケーション施設内にあることを突き止めた。

クラウド・コンピューティング・サービスは「粘着性が高い」と言われている。ジェフ・ベゾスの最近の伝記作家が指摘するように、「(企業は) データをひとたびアマゾンのサーバーに移動させたら、あえて大変な思いをしてまで他にデータを移す理由が見当たらない[68]」。しかし、クラウド・コンピューティングが実際に行われる場所、つまりコロケーション施設やデータセンターは、さらに粘着質だ。アデルソンは次のように語った。

「もし私が約50万ドルもの大金を投資して同業他社のインフラのすぐ隣に通信スイッチを置き、光ファイバー経由で1500万ドル相当のサービスを引き込み、その室内にある他の1000台のサーバーと物理的に相互接続したら、私はそこから動こうとするだろうか? そもそも、よそへ移ることが技術的に可能かどうかも分からない」

こうした粘着性が、今日、グローバル・インターネットの拠点がアッシュバーンなどの場所に集中している理由であり、攻撃や事故に対する脆弱性を高める原因になっている。2020年11月、アドビからワシントン・ポストまで、世界中のウェブサイトが機能停止に陥ったが[69]、これはAWSの技術者たちが新しいサーバーの追加に失敗したのが原因だった。その数カ月後、極右の過激派が「インターネットの70パーセントを破壊する」ことを企て[70]、アッシュバーンがその標的になった。テキサス州ウィチタフォールズ在住で当時28歳だったセス・ペンドリーは、2021年1月6日にソードオフ・ライフル〔銃身を短く切り落としたライフル銃〕を持ってワシントンDCを訪れ、攻撃の計画を練り始めた。メッセージングアプリ「Signal」でペンドリーから「アマゾンのサーバーを破壊する」計画を知らされた知人は[71]、FBIに通報した。同年4月、ペンドリーはおとり捜査員からC-4プラスチック爆弾を購入しようとして逮捕された[72]。彼はアッシュバーンの施設の手書きの地図を持っていた。

アッシュバーンの情報複合施設群は、約170万平方メートルにわたってごく普通の低層の倉庫が70棟以上建ち並んでいる[73]（さらに50万平方メートルで建設中）。既存のものだけで、エンパイアステートビル8棟を横倒しにしたより広い面積を占めている。インターネットの大部分を動かすデータセンターの消費電力は、推定で年4・5ギガワットであり[74]、これは火力発電所9基がつくり出す電力に相当する。地元当局者は今でも、世界のインターネット・トラフィックの最大70パーセントがラウドン郡を通過していると主張する[75]。もちろんこれは誇張だが、全くの嘘というわけでもない。2021年においても、バージニア北部は世界最大のデータセンター集積地であり、そのキャパシティーは、第2位のロンドンのほぼ2倍だった[76]。ジェフ・ベゾスがアマゾンの第二本社をバージニア州に置いた理由は、間違いなくそこにある[77]。

インターネットを支えるネットワークとサーバーが一極に集中することは、誰も意図していなかった。そうなったのは、新しい世界の経済ネットワークを築いた人々が、すでにあるものを土台にして作業を始めたからだ。そして彼らに続く人たちも、先人の努力の上につくるほうが簡単だと考え、古い道の上に新しい道をつくり、すでにあった古い交差点にそれらをつないだ[78]。インターネットの創造神話、すなわち、インターネットは中心のないネットワークで、本質的にダメージやコントロールを受けにくいという神話が偽りであることは、早い時期から明らかだった。1996年に、あるハッカーが作家のニール・スティーヴンスンに語ったように「事実上、国家間の通信はすべて、ごく少数のボトルネックを経由する」[79]。だが当時は誰も、その意味を考えようとしなかった。結果として今では、バージニア州北部の無名の街が一種の巨大な凹面鏡になり、インターネットを流れる情報を一点に集中させ、容易に監視し、ひいては悪用できるようにしている。

■　■　■

グローバルな金融と情報のネットワークは物理的な経済も変えた。グローバル・ネットワークが登場する以前、貿易の対象となるものの大半は、原油などの一次産品やラジオなどの完成品だった。その時代には、自動車やコンピューターなどの複雑な製品のメーカーの経営者は、部品を製造するサプライヤーが近くにいることを望んだはずだ。サプライヤーが海外にいたら、生産過程で問題が起きてもすぐに対処できず、支払いも面倒で手間がかかる。これが、半導体メーカーがシリコンバレー（ソフトウエアやサービスを量産する前は半導体のハブだった）に、自動車工場がデトロイト周辺にかつて集積していた理由の一つだ。

1990年代にグローバル化が本格化すると、安価なグローバル輸送のためのインフラが、資金調達の容易さや低価格の通信と組み合わさって、グローバル経済を一変させた。リストンはこれが「世界の仕事を根本的に変えた[80]」と指摘する。知的資本として結晶化された人間の知性は、「生産を支配する要素」になり[81]、政府が好むか否かにかかわらず、国境を越えて自由に行き来できるようになった。アダム・スミスの「国富」は「世界富」となった[82]。従来の貿易は次第に新たな多国籍の生産システムに組み込まれていった。ある国で設計され、他の多くの国で様々な部品が生産され、別の国でそれらが組み立てられて最終製品になった。リストンは自著『The Twilight of Sovereignty』の中で、マレーシア、フランス、韓国、日本、シンガポールから来た部品をフロリダで組み立てて完成するIBMのコンピューターを例に挙げ、貿易統計や政治家のスピーチからは読み取れないグローバル経済の変化を説明した。

シリコンバレーほど、この変化が顕著だったところはない。歴史家のマーガレット・オマラは、シリコンバレーが米国の軍事投資の副産物であったことを詳述した[83]。ミサイル計画と宇宙開発計画によって、複雑な電子機器の需要が飛躍的に高まったため、大規模な研究所や協力企業のほか、ショックレー半導体研究所のような新興企業が次々と誕生した。ショックレー半導体研究所は最初の半導体メーカーであり、半導体は、現代の経済発展に最も貢献した技術だ。

シリコンバレーの原型は、競争と協力を繰り返す製造企業の集まりであり、有能なエンジニアが良い仕事を見つけたり、（上司がウィリアム・ショックレーのように手に負えない人間だった場合は）自ら起業したりする機会を提供していた。軍事費が枯渇するにつれて、シリコンバレーの企業は民間部門に新しい顧客を見つけ、自作コンピューター・クラブや独学のハッカーたちの活気あるサブカルチャーを生み出した。

その文化は今も形を変えて残っているが、製造業の大半はシリコンバレーを去った。例えば、アップル・コンピュータがシリコンバレーのガレージで創業したのは有名な話だが、会社が大きくなるにつれて、コンピューターを製造するためにより広いスペースが必要になった。そこで、カリフォルニア州フリーモントとサンフランシスコのイーストベイの工場に加えて、[84]シンガポールとアイルランドにも工場を建設し、[85]アジアと欧州の顧客に近い場所で、安い労働力を生かしてコンピューターを組み立てるようになった。オマラの説明によると、[86]半導体メーカーは早くからアウトソーシングを始めており、ナショナル・セミコンダクター［後に、テキサス・インスツルメンツに買収された］は1968年に最初のシンガポール工場をつくった。[87]

しかし、アップルは、できる限り自社内での製造を続けようとした。CEOのスティーブ・

ジョブズは、品質管理を重視していたことで知られ、すべての製品を自社内で設計し、部品に関しても単一のサプライヤーから調達することにこだわり続けた。(88)その結果、アップルは高品質を維持できたが、製造工程の多くを外注していたデルのような競争相手に比べると、はるかに柔軟性に欠けていた。また、この時代には、物流の高速化と情報テクノロジーの発達により、大量生産するメーカーは、需要を予想しながら前もって製品をつくる体制から、注文を受けてから製品をつくる「オンデマンド生産」システムへ移行できるようになった。

1998年、軌道修正の必要性を感じたジョブズは、サプライチェーン・マネジメントのスペシャリストで、パソコンメーカー、コンパックの「オンデマンド生産」への移行を主導したティム・クックを引き抜いた。ちょうどリストンが銀行の後方業務《バックオフィス》の重要性を理解し、ベゾスがアマゾンのコンピューティング・インフラの価値を理解していたように、後にジョブズの後継者になるクックも、ビジネスの成功にとって物流と情報管理がブランド構築と同じくらい重要であることを理解していた。有名な話だが、クックは在庫を「悪」と見なし、数年かけてアップルのサプライチェーンを再構築し、LGエレクトロニクス（韓国ソウルに本社を置く多国籍企業）やフォックスコン（台湾に本社があり、中国本土だけで130万人の労働者を雇用する企業(89)）などとの連携を深めた。こうした関係は、高速通信のない世界では持ち得なかった柔軟性をアップルにもたらした。おかげでアップルは、ぎりぎりのタイミングで設計変更しても、中国の協力企業がすぐに対応できるようになった。

しかし、アップルは、製品の価値の大半を占める製品設計の核の部分をカリフォルニア州クパチーノにとどめた。iPhoneの背面に印字された有名な文言「Designed by Apple in California. Assembled in China（カリフォルニアのアップルで設計され、中国で組み立てられた）」は、他の多くの企業が模倣したビジネスモデルを表している。グローバルな貿易ルールが変わり、輸出入が容易になるにつれて、米国の独創的な設計が、アジアの製造能力や専門技術とうまく融合したのだ。繊維産業などのローテク産業も、コンピューター製造などのハイテク産業も、続々と移転した。バラク・オバマ大統領がスティーブ・ジョブズに、「iPhoneを海外ではなく国内で製造できないか」と尋ねると、ジョブズは「それは無理だ」と率直に答えた。[90] 国際的なサプライチェーンは、米国には到底及ばない柔軟性を提供していたからだ。

iPhoneで起きたことは、シリコンバレーが開拓した半導体についても当てはまる。半導体の微細化が進むにつれて、製造コストは指数関数的に高くなっていった。現在、5ナノメートル・プロセス（先端技術だが最先端ではない）の半導体を製造する「ファブ」や「ファウンドリー」と呼ばれる工場の建設に、120億ドルかかることもある。ファブの耐用年数は5年ほどなので、[91] ファブを一つ持つだけで、何もつくらなくても1秒に75ドル以上のコストがかかる計算だ。

ショックレー半導体研究所の元従業員であるロバート・ノイスとゴードン・ムーアが設立した半導体メーカーのインテルは、自社内で半導体の設計と製造を手がける統合モデルにこだわり続けた。しかし、インテルの長年のライバルであるアドバンスト・マイクロ・デバイセズ（AMD）を含む他の企業は、この古いモデルから脱却していった。

半導体製造は設計から生産に至るまで、継続的かつ幅広く深いコミュニケーションを取る必要がある。安価なグローバル・コミュニケーションの進化によって、遠く離れた地域にある企業間でも簡単かつ迅速にコミュニケーションを取れるようになった。また、1980年代半ばには、企業は半導体を製造せず設計だけできることに気づき始めた。それまで半導体製造は試行錯誤の連続だった。まずチップを設計し、プロトタイプをつくり、そのプロトタイプが機能しない理由を探り、機能するものができるまで設計と製造を繰り返すのが通例だった。しかしその後、様々な条件下でチップのシミュレーションを無数に実行し、製造しなくてもチップのエラーを取り除くことができる専門的なソフトウエアが開発された。その結果、ファブに高額の投資をすることなく、半導体の設計に専念できるようになった。製造は、生産能力に余裕のあるファブを持つ企業に委託すればよいのだ。

この方法を考案したのは、著名な起業家ゴードン・キャンベルだ。[92] 世界最大の半導体製造企業である台湾セミコンダクター・マニュファクチャリング（台湾積体電路製造、TSMC）の創業者モリス・チャン（張忠謀）の回想によると、数十年前にキャンベルから、新会社に5000万ドルの投資をしないかと持ちかけられたそうだ。[93] しかし、その話は立ち消えになった。チャンが理由を尋ねると、キャンベルは、「資本集約的な半導体の製造企業ではなく、設計に特化する企業なら、500万ドルあれば十分につくれると分かったからだ」と言った。チャンは好奇心をそそられた。当時のチャンは、希望していたテキサス・インスツルメントのCEOになることができず、ジェネラル・インストゥルメントという小規模な企業に移ったが、そこも期待外れだった。

他社が設計したチップの製造受託に特化した「ファウンドリー」ビジネスに商機があるのではないかと、彼は考えた[94]。そこで台湾政府から1億ドルの支援を得て、［1987年に］台湾でTSMCを創業した[95]。TSMCは、ただチップを製造するだけでなく、顧客との緊密な関係を継続させることにも注力した[96]。

1990年代半ばにはすでに、ある企業がチップを設計するソフトウエアを提供し、第二の企業が第三の企業から提供された知的財産に基づいて設計し、第四の企業が自社のファブでシリコンウエハー上に数十億個のトランジスタを形成させて製品をつくる、という分業体制が実現していた。2020年頃には、設計専門企業と純粋なファウンドリー企業が組み合わさることで、半導体産業の姿はすっかり変貌していた。

この分業体制では、クアルコムなどの米国企業が引き続き高度な半導体設計を独占し、一方、TSMCのような専業のファウンドリーは、クアルコムやそのライバルたちが設計した半導体を製造し、より小さく強力で省電力のチップを製造するための改善を重ねた。ケイデンス・デザイン・システムズやシノプシスといった、米国を本拠とする専門企業は、数十億個のトランジスタを搭載するチップの設計に必要な自動化ツールを提供した。ARM（アップル、VLSIテクノロジー、英国のエイコーン・コンピュータのジョイントベンチャーとして創業した）のような企業は、チップに関する知的財産を半導体メーカーにライセンス供与しており、例えば、携帯電話やアップルの新しいM1チップに採用されているRISCアーキテクチャを開発した。

半導体業界は真のグローバル化を遂げた。半導体産業協会による2016年の報告書『ビヨンド・ボーダーズ』は、半導体製造を美しく極めて複雑なグローバル・エコロジーとして描き、一国が支配することなく、国境を越えた協力によって、どの国のシステムよりはるかに優れたイノベーションと成長をもたらしたと評している。[97] 同協会の顧問は、「米国のある半導体企業は、世界に1万6000社以上のサプライヤーを持っている」と述べ、「グローバルに相互依存し、参加企業がそれぞれ最善を尽くす産業こそが、未来への最善の道を示している」[98] と主張した。ビジネスの協力とアイデアの伝播が国境を無用にするというウォルター・リストンのビジョンを、これほど的確に言い表した言葉はないだろう。

問題は、このビジョンが誤解を招きやすいことだった。実際、半導体産業のグローバル化には、とてつもなく大きなリスクが伴った。TSMCは単に世界最大のファウンドリーというだけではない。同社は、最先端ロジック・チップの唯一の供給源だった。[99] TSMCは、米国経済にとって単一障害点［そこが停止するとシステム全体が停止してしまう箇所］だったが、米国の外にあった。実のところ、TSMCは、米国の新たな競争相手で敵対国でもある中国からわずか1

00マイルしか離れていない島にある。TSMCのチップがなければ、米国経済の多くの部分が停止するかもしれない。

しかし米国は逆に、半導体のサプライチェーンを利用して他国を脅すこともできた。クアルコムなどの最先端の半導体を設計開発する企業は、米国に本拠を置く。彼らの設計がなければ、他国の製品は機能しない。また、新しく複雑な半導体を設計するために必要なソフトウエアは、米国企業が独占する知的財産だ。米国の知的財産は、釣り針と餌のついた延縄《はえなわ》のように、半導体の製造チェーン全体に張り巡らされていた。アイデアは国境を越えて広がったが、それは米国政府による支配を弱めるどころか、むしろ強める可能性があった。なぜなら、知的財産の一定割合以上が米国のものである場合、米国はそのテクノロジーを規制できる権利を有するからだ。もっとも、好況期に、それに注意を払う人はほとんどいなかった。

平和な時代には、製造業者も政府もグローバル化の恩恵にばかり注目し、地政学的リスクに目を向けようとしなかった。だがそれは大きなギャンブルだった。サプライチェーンは、専門化するにつれて脆弱になっていった。もしも地政学的リスクが現実のものになれば、半導体製造というグローバルシステム全体が戦場と化すだろう。

■　■　■

リストンは、政府ではなくビジネスが主導する世界の構築を望んでいた。彼と仲間は、市場が国境を越え、互いに影響を与えながら流れ出し、情報と資金と生産の大海へと成長するよう尽力した。リストンのようなビジネスリーダーは、君主になろうとしたわけではないが、自らのビジネス帝国を築くという野望を抱いていた。一方、企業は、市場を支配し経済的なコントロールを中央集権化することによって、独占的な利益を生み出そうとした。

こうした企業がグローバル化するにつれて何が起きるかを予見できる人は少なかった。リストンは、ユーロダラーと電子マネーが世界を一変させると信じていた。1998年には、カナダの政治経済学者エリック・ヘライナーが、リストンのビジョンに対して懐疑的な反論[100]を書いた。ヘライナーは、ユーロダラー市場は各国政府の忍耐の上に成り立っており、米国の支援がなければ衰退するだろうと指摘し、さらにこう続けた。「グローバル金融はニューヨークやロンドンのような巨大な金融センターに『ますます集中[101]』し、電子マネーは様々な『中央のチョークポイント[102]』を通らなければならなくなった」。ヘライナーが考えたように、この変化は、米国などの政府の力を損なうどころか、むしろ増大させる可能性があった[103]。問題は、これらの政府がいつその力を手にし、その力で何をするかだ。

第2章

The STORMBREW Map

監視地図ストームブリュー

エドワード・スノーデンがNSA（国家安全保障局）から持ち出した膨大な数の極秘文書の中に、秘密の地図があった。一見、何の変哲もない地図に見える。色のついた複数の線が南北アメリカと欧州とアフリカを結び、線の何本かはアジアとオーストラリアに向かっている。「STORMBREW at a Glance（ストームブリュー[1]の概要）」というタイトルが付けられたこの地図には、閲覧権限のある者とない者を示す情報機関の略語が並んでいる。この地図に描かれた線と暗号ワードの背後には、長い歴史と地下帝国につながる鍵が隠されている。

地図というものは、物理的な位置や空間を描写するほか、複雑な物理的地理を、権力、領土、権威、勢力範囲といった本質的な特徴に変換し、読み解けるようにしている。世界地図には、国々の国境を形成した長く血なまぐさい歴史が凝縮されているのだ。しかし地図は、物理的空間を示すだけでなく、ある国の法律が適用される範囲がどこまでなのか、地図製作者の優先順位に従って描き換え、主権者の主張を表すことができる。

そのため、地図は長い間、帝国のツールであり続けた。1493年、ローマ教皇アレクサンデル6世は、大勅書を発布して世界を二つに分けた。[2] 教皇はアゾレス諸島とカーボベルデ諸島の西南100レグア［約560キロメートル］に北極から南極にかけて一本の子午線を引くように命じ、その線より東の領土はポルトガル、西はスペインに帰属し、両国の王の意のままにしてよいと宣言した。この法的な地図は、新大陸をテラ・ヌリアス（誰のものでもない土地）と見なし、[3] その先住民には、スペインとポルトガルの王が認める以上の統治権、支配権、救済を与えなかった。

他国の王たちも競って自国の地図をつくった。[4] 魔術師ジョン・ディーはエリザベス一世の宮廷占星術師で、「大英帝国」という言葉をつくったとされる。彼は、大天使が黒曜石の鏡《ミラー》を通して自分と弟子に語りかけ、世界の秘密を明かすと信じていた。また、彼は、「新世界の国々は、かつてはキャメロット［アーサー王の王国］の統治下にあったので、エリザベス一世が支配するべきだ」と主張し、女王の「アーサー王の剣と帝国という称号」[5] を擁護するために精緻な

STORMBREW At a Glance［ストームブリューの概要］

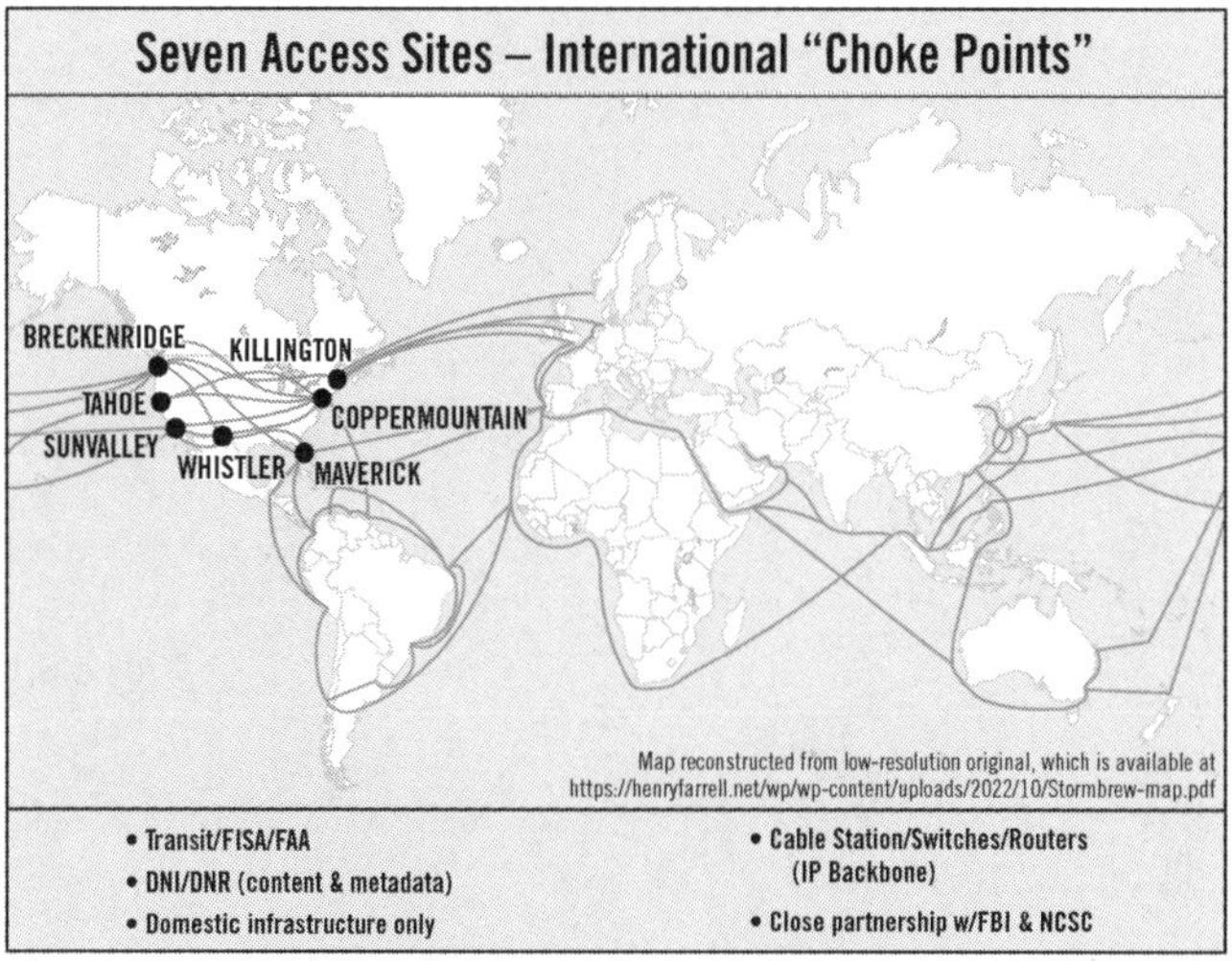

TOP SECRET // COMINT // NOFORN //20291130

地図をつくり、(6) 込み入った法解釈を展開した。

ＮＳＡの地図は、一見、情報収集のための技術的なプロジェクトを技術的に描写しただけのように見える。ストームブリューは、９・11後に始まったＮＳＡの数ある監視プログラムの一つで、米国を通る国際ケーブル通信から情報を収集していた。ＮＳＡは１９５０年代にトルーマン政権下でつくられたが、(7) 恐らく米国の諜報機関の中で最も理解されていない機関だろう。公式には「シグナル・インテリジェンス［通信・信号傍受などの諜報活動］」を担当し、毎日、莫大な数のウェブアクセス記録、電子メール、通話記録をふるいにかけて、有力な戦略情報を探している。

この地図には表題の通り、「７カ所のアクセスサイト――国際的『チョークポイント』」が描かれており、それらのコードネームはブリッケンリッジ、タホ、サンバレー、ウィスラー、マーベリック、カッパーマウンテン、キリントンになっている（いずれもスキーリゾートのある地名だ。NSAの誰かはスキーが好きなようだ）。これらのチョークポイントは、海底光ケーブルの上陸地点か、インターネット・バックボーンの分岐点がある場所に位置する。ジョン・ディーと同じく、米国政府も世界の秘密を懸命に暴こうとしているが、NSAは天使と対話する必要はなかった。地図に添付した資料に書かれている通り、ストームブリューの「企業パートナー」（ベライゾン／MCIと判明している[8]）に依頼して、インターネット・バックボーンを流れるデータをふるいにかけ、貴重で役に立つ情報を見つけてもらうだけでよかった。

ストームブリューなどのプログラムによって、NSAは通信網を流れる大量の情報に上流からアクセスできるようになった。さらに、NSAは、PRISMなどの監視プログラムによって[9]、マイクロソフトやグーグルなどに、よりターゲットを絞って体系化された下流のデータを要求できるようになった。新世界を発見した米国の機関はNSAだけではない。9・11の直後、米財務省は、複雑で理解しにくい世界の金融システムの構造や動きを体系的に理解・分析し、マッピングすることに着手した。そうして得た知識を利用して敵対する国を監視し、ついにはグローバル経済から排除した。

これらの機関も、米政府の他の機関も、グローバル化した世界の、誰もが怒鳴り合っているような混沌とした状況を整理して、シンプルな地図に落とし込む方法を見つけた。その結果、すべては一握りのつながりとボトルネックに収束し、米当局（あるいは、いざというときには英国などの同盟国）は、その大半に都合よくアクセスできるようになった。圧倒されるほど複雑な現実を、理解しやすく扱いやすいもの、つまり一枚の紙に書かれた複数の線に要約できたのだ。

これらの地図は、ある場所から別の場所に行く方法を説明するだけでなく、米国が監視しコントロールする領域を明確にした。NSAはネットワーク・ハブを極秘の盗聴拠点にして、世界中の会話を分析できるようになった。米財務省も、銀行が国境を越えて送金する際のメッセージを、ひそかに盗聴した。やがて米財務省はチョークポイントを発見し、企業のみならず国家までも、グローバル経済のネットワークから締め出せるようになった。

米国は手始めに、テロ集団や、北朝鮮などの、ならず者国家を孤立させた。続いて、イランに核開発を放棄させるための新たな法的手段を考え出した。トランプが政権を握ると、その手段を使って同盟国まで脅すようになり、米軍の戦争犯罪を捜査する国際刑事裁判所の職員に制裁を科すことさえした。500年前のローマ教皇の地図と同様に、ストームブリューの地図や、それに類した地図は、単に世界を概略化しただけではなかった。グローバル経済のテラ・ヌリアスを、米国が支配できる領土に変える手助けをしたのだ。

■　■　■

2000年4月、米空軍のマイケル・ヘイデン将軍は、下院情報特別委員会で諜報活動に関して証言するための準備をしていた[10]。その時のヘイデンは、世界支配のことなど念頭になかったに違いない。彼はもっと差し迫った心配事をいくつも抱えていた。

ヘイデンは前年にNSA長官に就任した。彼の職業人生は、米国の立法者が世界に引いた一本の境界線に悩まされていた。境界線のこちら側の米国人は、憲法と法律によって米国政府の監視から守られるが、境界線の向こう側にいる外国人は守られない。

外国人に対する監視はともかく、米国政府は過去の歴史的な濫用（NSAはマーチン・ルーサー・キング・ジュニアを含むベトナム戦争批判者の通信を盗聴していた）の反省から[11]、米国領土内と米国人に対するNSAの監視を厳しく自制していた。ヘイデンは同時多発テロの1年半前の2000年4月、下院委員会の議会証言で次のように述べている。もし、オサマ・ビン・ラディンが「カナダのオンタリオ州から、ナイアガラの滝の橋を渡ってニューヨーク州へ歩いて来たら、彼は米国内にいる人間だ。だから我々NSAは、不当な捜査と押収を拒む彼の権利を尊重しなければならない[12]」。

当時、ヘイデンは、「NSAは外国人だけでなく米国人も監視している」という非難からNSAを守ろうとしていた[13]。EUの政治家たちによる非難がきっかけとなって、米国の人権擁護団体が、「NSAは自国民を標的にしている」と告発したのだ[14]。ウィル・スミスが主演した1998年の映画『エネミー・オブ・アメリカ』では、一般市民の監視につながるテロ防止法の成立を阻止しようとした下院議員をNSAが謀殺する場面が描かれた。ヘイデンはNSA長官への就任が決まった直後に、韓国の龍山《ヨンサン》陸軍駐屯地の映画館でこの映画を観て、衝撃を受けた[15]。

NSAが抱える問題はハリウッド映画の中だけにとどまらなかった。かつての銅線と衛星を使うアナログの電話システムは盗聴に無防備だったため、容易に監視ができた。そこでNSAは、英国の協力機関である政府通信本部（GCHQ）と共同でつくったエシュロン［米国を中心に構築された軍事目的の通信傍受システム］などのプログラムを使って、世界の衛星通信を盗聴していた[16]。しかし、通信がデジタル化されると、暗号化が容易になり、盗聴ははるかに難しくなった。加えて、情報を伝えるために電流ではなく光信号を使う光ファイバーケーブルは、信号を漏らさない。ほとんどの国際通信は海底光ケーブルに移行し[17]、海底ケーブルから海面までの距離は、深いところでエベレストの標高と同じくらいある。欧州各国の政府は、NSAが自分たちの会話を盗聴するのはかなり難しくなるだろうと予測した[18]。また、1990年代にNSAは、高度な暗号装置の輸出を阻止しようとしたが、失敗した[19]。

米国の政治家たちは、NSAが技術面の優位性を失ったことを認めた。設立して間もない頃のNSAは、高度に進んだスーパーコンピューターを設計したり、最先端の暗号化・復号化システムを開発したりして、コンピューター科学の限界を打ち破ろうとした[20]。不正開封防止封筒から改良型のチャイルドシートまで、ありとあらゆる特許をNSAは持っていた[21]。しかし、規模が拡大するにつれて、その優れた技術的知性は、複雑な手続きや官僚的な内輪もめの中に消えていった。NSA長官に着任した後、ヘイデンはNSAの技術責任者から緊急の電話を受けた。新しい機器のインストールに失敗したせいで、内部ネットワークが遮断され、NSAの「システム全体」[22]がダウンしたという。機能停止は数日続き[23]、その間、誰もデータへのアクセスや分析ができなかった。ヘイデンさえ、NSAの全職員に最新情報を送ろうとして、「できません」と言われた[24]（当時、NSAは、フォートミード陸軍基地に68種類の電子メールシステムを持っていたのだが[25]）。

2000年にヘイデンがビン・ラディンに関して証言した時、NSAの未来は不透明だった。下院情報特別委員会は、NSAは企業の新しい技術についていくことができず、「深刻な状況に陥っている」と警告していた。政治家たちはNSAの予算を30パーセント削減した[26]。技術的に瀕死状態にあり、官僚的な縄張り争いに明け暮れ、冷戦に関する時代遅れの任務にしがみついている組織に、国民の血税を費やす必要はない、と考えたからだ。

しかし、ヘイデンの証言から1年余り後の2001年9月11日に起きたテロのせいで、すべてが変わった。2000年の証言でヘイデンは、NSAが米国の法律を遵守することを示すため、ビン・ラディンの例を出し、米国が最も憎んでいる敵でさえ、米国の国土を踏んでいる限り、強い法的権利を有すると述べた。

2002年と2006年にヘイデンは再びこの架空の例を語ったが、全く異なる教訓を引き出した[27]。ビン・ラディンは、米国の領土に足を踏み入れることなく、米国に痛烈な打撃を与えた。そこでヘイデンは、NSAが法律を遵守していると言って政治家たちを安心させる代わりに、法律の限界を押し広げようとした。かつて「荒唐無稽の仮説」だったものが、今や「生死に関わるもの」になったのだ。9・11のハイジャック犯はグローバル化を逆手にとり、暗号化されていない電子メールで、仲間同士やハンブルクにいる攻撃の計画者と連絡を取り合った[28]。アルカイダはハイジャック犯に資金を送るのに、クレジットカードや現金の配達だけでなく、通常の電子送金も利用していた[29]。

ヘイデンはこう語った。米国の法律は、米国とそれ以外の国との間に明確な境界線を「引いていた」し、「引くべき」としていたが、「世界的なテロとの戦いにおける我々の敵[30]」は、そのような区別はせず、「世界の通信システムも、そのような線引きをしなかった。戦争が米国の本土に踏み込んだ今、自国の法律と習慣を変える必要がある。テロリストの通信は、人権保護の恩恵を受けるべきではない」――。ヘイデンが考えたように[31]、テロリストの通信や攻撃計画は、「グローバルな通信ネットワークに紛れ込み、憲法に守られている無害なメッセージと共存していた」。

ヘイデンは、世界を米国人（合衆国憲法修正第4条によって不当な捜索・押収から守られている）と非米国人（守られていない）に分ける線を引くことに反対したわけではない。ヘイデンとブッシュ政権の同僚は、NSAに最大限の自由を与え、NSAが米国の利益と見なすものを守るため、境界線を引き直したかっただけなのだ[32]。境界線のこちら側は、法律と合衆国憲法に守られた権利の国。向こう側は、ヘイデンによれば、政治理論家のトマス・ホッブズが描いた荒廃した世界、法の支配が存在しない永遠の「モガディシュ〔内戦が続くソマリアの首都〕」だ。[33]ビン・ラディンが橋を渡って米国に入ることはなかったが、彼の仲間は、米国にある電子メールサービスを使ってNSAの偵察者の目をくらまし、戦時下にある無法国と市民の自由が保護された平和な国を隔てる境界線を、デジタル上で自由に行き来した。ヘイデンは、米国の安全を守るには、既存のルールを積極的に解釈し直し、境界線を引き直して、NSAの標的が境界線外の保護されない側にいるようにしなければならない、と結論づけた。

それはあまり大変なことではなかった。チャーリー・サベージが著書『権力闘争（Power Wars）』で述べているように、欧州の政府は、海底光ファイバーケーブルの盗聴は困難と考えたが、ケーブルの上陸地点に入り込めれば、それほど難しいことではなかった。米国の通信会社は、より広範な通信網に接続する切替ポイントでのアクセス権を持っていた。1980年代から米国政府はひそかに「トランジット・オーソリティ（通過許可）」という法理論を編み出し、[34]米国人が関与していない限りにおいて、米国の領土を通過する外国人同士の通信を盗聴できるようにしていた。

時には、機密扱いの怪しげな法解釈に基づいて、法の限界を押し広げることもあった。9・11以降、米国の監視に関する法律は変化を遂げ、チャーリー・サベージをはじめとするジャーナリストたちは、その複雑で隠された歴史を解明してきた。[35]ジョン・ユーなどのブッシュ政権の法律家たちは[36]、ディーの「アーサー王の剣」の現代版を提供し、極秘メモで「ジョージ・W・ブッシュは、国家の安全を守るために必要だと自らが考えることは、ほぼすべて遂行できる」とした。これは時に、完全な違法行為も可能にした。令状なしに米国民の通信を盗聴することを認めた悪名高い「ステラウィンド」プログラムはその一つだ[37]。

NSAは、地図上の線を引き直すことによって、世界を変えることができた。ヘイデンはこの新しい時代を、欧州の帝国建設者たちが新世界を発見して征服した「グローバリゼーションの最後の偉大な時代」になぞらえるのがお気に入りだった[38]。その時代、欧州人は「土地、富、タバコ、梅毒」を手に入れ、植民地化された世界は「全住民への搾取、地球規模の海賊行為と奴隷貿易」を押しつけられた[39]。それに比べて、新しい帝国はあまり目立たず、野蛮でもなかった。しかし、古い帝国と同様、テラ・ヌリアスという概念に依存していた。ヘイデン自身、「偶然アンテナに電波が当たる」世界から、「デジタル形式で不法侵入する」世界への「驚くべき移行[40]」が簡単に起きたことに驚いていた。もっとも、彼は喜んでそれを後押しした。NSAの任務は米国人を守ることだ。「もしも、米国の憲法に守られていない人の通信に、米国の自由と安全を守るために役立つ情報が含まれていたら……我々が活動を始める時だ[41]」と彼は著書に記している。共和党の上院議員アーレン・スペクターから、米国はどのような方法で外国人のプライバシーを守るべきかと問われた時、ヘイデンは無言の軽蔑をもって応じた。結局のところ、合衆国憲法修正第4条は国際条約ではないのだ。

9・11以降、極秘ルールのおかげで、NSAなどの部局は、最低限の法的予防措置さえとれば、米国民の情報が混じった中からでも外国人の情報を拾えるようになった。米国と他の国を隔てる境界線は確かに動かされた。しかし、ブッシュ政権の法律家が案出したあらゆる法理論は、現実が伴っていなければ無意味だっただろう。NSAの監視権限は、法だけでなく、地図にも基づいていた。世界中の人々が会話やビジネスに使っているネットワークは、物理的な重心が米国の領土にあった。

■　■　■

2002年夏、サンフランシスコのAT&Tに勤める熟練の専門技術者マーク・クラインは、1通の電子メールを受け取った[42]。そこには、「クラインの同僚の審査をするため、NSAの職員が訪問する」と書かれていた。その訪問の数カ月後、クラインはフォルサムストリート611番地にあるAT&Tの建物の6階、641Aと書かれたドアの向こうに「秘密の部屋」がつくられていることを耳にした。

その秘密の部屋は7階にあるAT&Tの「インターネットルーム」の真下にあった。MAEイーストと同じく、このインターネットルームは、インターネットの主要なエクスチェンジの一つだった。長距離光ファイバーケーブルは8階からこの建物に入り、インターネットルームにある長いルーターの列に送り込まれた。これらのルーターは、インターネットのバックボーンの一部と、他の大手通信プロバイダーやエクスチェンジをつなぐ役割を担い、そこには、カリフォルニアでMAEイーストと同様の役割を果たすMAEウエストや、シリコンバレーのパロアルトにあるPAIXも含まれていた。PAIXは、エイブリーとアデルソンがエクイニクスを設立する前、建設に協力したエクスチェンジだ。

クラインは左翼の労働組合員であり、1970年代にはベトナム戦争に抗議した。彼は秘密の部屋に疑いを抱いたが、最初はそこで何が起きているのか分からず、「国内の通話（その回線は641Aの隣の部屋を通っていた）を盗聴しているのだろうか」と推測した。しかし、インターネットルームを管理していた同僚のボブに尋ねると、秘密の部屋はインターネットを傍受している、とのことだった。その後まもなくボブは早期退職し、クラインがインターネットルームの管理を任された。彼は専門知識を駆使して、641Aのドアの向こうで何が起きているかを探り始めた。置き忘れられたマニュアルを読んだり、どのケーブルがどこにつながっているかを調べたりした。

そうするうちに、NSAが光ファイバーケーブルに侵入した方法を偶然発見した。ケーブルの終点はフォルサムストリートにあったので、NSAはプリズムを利用して、光ファイバーケーブルを通って情報を運ぶ光線を二つの同じ信号に分割することができた。その一方は電子メール、ウェブ・リクエスト、データを予定通り目的地へ運び、もう一方は641A室に転送された。そこでシグナルは、諜報機関とつながりの深いイスラエル企業のナルスが開発した装置、

TA6400によって解析・分析された。

調べなければならないデータの量は莫大だった。数年後、同じくAT&Tの元社員であるフィリップ・ロングは、[43] 記者の取材を受けてこう述べた。「カリフォルニア北部を通る（AT&Tの）すべてのインターネット・バックボーン」を、フォルサムストリートのビルを通すよう指示された。「バックボーンを動かすよう命令された……指示を出したのは政府の人間で、ずいぶん押しつけがましいことを言う、と思ったものだ。回線の経路を変えるのは、政府がすべてのデータを入手するためだろう、と私たちは推測した」

NSAの企業パートナーは他のインターネットの中心拠点も支配していた。クラインが発見した文書の一つは、641A室のシステムを「スタディ・グループ3」と呼んでいた。この呼称は、他に少なくとも二つシステムがあることを示していると、クラインは察した。アトランタのAT&Tに勤める同僚と話した時、「西海岸沿いの各都市に分配器《スプリッター》［シグナルを分割する設備］が設置されている」と聞いて、クラインは「凍りついた[44]」。スプリッターは東海岸にも設置されていた。ストームブリューの地図がベライゾン／MCIが所有する切替ポイントを利用していたように、NSAのこの「フェアビュー・プログラム[45]」は、AT&Tの全面的な協力と許可を得て、フォルサムストリートを含む8カ所で、同社のネットワークを盗聴した。クラインが目撃したのは、米国民を標的とする新規の大規模な監視プログラムではなかった。それは既存のプログラムの拡大であり、NSAと通信会社との関係を利用して、国外の情報の把握を劇的に拡大するためのものだった。

ＮＳＡの秘密文書には、「ＮＳＡのシギント（信号傍受による諜報活動）とサイバー作戦」への協力に対してＡＴ＆Ｔが「非常に前向き[46]」であることと、ＡＴ＆Ｔの従業員の「驚くべき知識」に関する記述がある。ＮＳＡには、アクセスの対価を支払う用意があった。２０１１年のＮＳＡの秘密予算には、「企業パートナー・アクセス・プロジェクト」として３億９４００万ドルが計上され、その大半は、情報へのアクセスを提供した通信会社に支払われた[47]。もっとも、ＡＴ＆Ｔやベライゾンなどの大企業が政府の機嫌を取り続けたのには、他の理由もあった。通信業界に対する規制は厳しく、米国政府は連邦通信委員会の権限を利用して、大手通信会社に監視活動への協力を強く求めることができたのだ。

例えば、電気通信インフラを専門とし、４大陸27カ国をつなぐ光ファイバー網を持っていたグローバル・クロッシングは、「政府当局者が警告後30分以内に到着できる『ネットワーク運営センター』を米国内に置くこと」を要求された[48]。同社が倒産した時、香港の企業が同社の株式の大半を買い取ろうとしたが、米国政府の弁護士に妨害された。結局、シンガポールの企業が買い取ったが、その企業は海底ケーブルネットワークを管理する子会社の設立を要求された。その子会社の経営陣と取締役会のメンバーは、「セキュリティー・クリアランス（機密取扱の適正確認）を経て、ＦＢＩ、国防総省、司法省、国土安全保障省によって事前承認された米国人」に限られた。こうした要求を受け入れない企業は、規制当局によって市場から締め出される恐れがあった。

これらの通信会社は、インターネットの中心拠点を管理していた。そこはトラフィックが一時的に集まり、無数の異なる方向に離れていく交差点であり、集まるのは米国行きの通信だけではない。NSAの秘密のプレゼンテーションに書かれている通り[49]、「ターゲットの通話、電子メール、チャットは物理的に最短のルートではなく、最安のルートを通る」。そして最安のルートになるのは往々にして、NSAが「世界の通信のバックボーン」と呼ぶ、米国中に情報を伝達するケーブルとルーターのシステムだ。また、光ファイバーケーブルは光速でデータを運ぶので、リオデジャネイロからブラジル北部のフォルタレザへの電子メールは、ブラジルの全国ネットワークの銅線をゆっくり進むより、マイアミ経由の光ファイバーケーブルを通ったほうが早く届く。インターネット・ルーターは、最速ルートで情報を送ろうとするため、最速ルートを持つ米国は、情報にアクセスできる。こうして米国のシステムを通過する電子メールに、もしもNSAによってフラグが立てられた名前や電話番号やメールアドレスが記載されていたら、後で分析するために捕捉することができる。米国が通信網の中心になったのは、政策の結果でもある。NSAの元職員によれば、米国政府は世界を監視しやすくするため「米国の切替ポイントを経由する国際トラフィックを増やすよう、ひそかに通信業界に働きかけていた[50]」。

しかし、グーグルやフェイスブック、マイクロソフト、ヤフーといった、米国に拠点を置く大手プラットフォーム企業の協力はなかなか得られなかった。それらの企業は、通信会社ほど厳しい規制を受けなかったからだ。しかし、これらの企業が今までとは異なるインターネット・バックボーンを構築し始めたため、政府にとっての魅力はいっそう増した。かつて一般企業は自社内にサーバーとサポート・スタッフを用意していた。しかし、インターネットが整備されるにつれて、企業の多くは安全を確保するために、Gメールなど外部の電子メールサービスを使うようになり、消費者も、自分の生活や個人のつながりをフェイスブックなどに記すようになった。つまり、あらゆるものが「クラウド」に移行し始めたのだ。「クラウド」と聞くと、楽しげで空想的なもののように思えるが、実体は、アッシュバーンなどにあるエアコンの効いたビルの一室にある、ラックに収納されたブレード・サーバー群だ。米国政府は、膨大な量の無秩序なデータを漁らなくても、PRISMプログラムを利用して、特定の人物や分野に関する有益で具体的な情報を、大手プラットフォーム企業に要求できる。

当初、協力的でない企業もあった。ヤフーは政府の要求を憲法違反と見なし、データの提供を拒んだ[51]。しかし、対外諜報活動監視裁判所と対外諜報活動監視再審裁判所という二つの秘密監視裁判所がヤフーに不利な判決を下した。これにより米国政府は、ヤフーが要求に応じなければ1日25万ドルの罰金を科す、と脅すことができた。ヤフーは屈服し、他のプラットフォーム企業も、従うほかないと判断した。

ストームブリューの地図に描かれていたのは、米国が支配するグローバル通信システムのチヨークポイントの一側面だけだ。実際の地図には、ベライゾンだけでなく、他の大手プロバイダーも含まれており、ネットワーク切替ポイントだけでなく、世界中の企業や一般人が依存しているプラットフォーム企業も含まれていた。光パルスに凝縮されたこれらの情報はすべて捕捉され、巨大な「鏡《ミラー》」に送り込まれた。それに質問を投げかけると、世界の秘密が映し出された。

地図上のチョークポイントはとても魅力的な機会を提供した。ヘイデンが後に述べたように[52]、「これは我々にとってホームゲームだ……大半がワシントン州レドモンドを通過するという事実を利用しない手はない」。レドモンドの最も有名な企業であるマイクロソフトは、スノーデンが暴露した後でようやく、起きたことへの不満を表明することができた。マイクロソフトの法務顧問だった（そして現副会長兼プレジデントである）ブラッド・スミスは、2014年に次のように語った。「私たちは、何を依頼され、何を強要されているかを知っていた。しかし、私たちの知らないところで何が行われているかは知らなかった。今でも、そのすべてを知っているわけではない[53]」

それから何年もたった今でも、私たちは多くを知っているわけではない。調査ジャーナリストのパトリック・ラッデン・キーフは、エシュロンの時代にあって、「地球規模の盗聴の世界は、ジョゼフ・コンラッドの言葉を借りれば、地図上の空白の領域のままだ[54]」〔古い時代の地図では、未探索の地域はしばしば空白になっていた〕と書いた。束の間の閃光のような啓示によって国際的監視網の存在が明らかになったが、今では再び闇に包まれている。

2013年にスノーデンが暴露した情報の多くは、依然として機密のままだ。だが、暴露後に多くのことが変わった。米国は法改正によって、政府による国民のデータへのアクセスを部分的に制限した。また、米国が同盟国の市民のプライバシーを不当に侵害しないことを明確に示す大統領政策指令を発表した[55]。グーグルとマイクロソフトは、米国や他の政府がバックボーンをひそかに盗聴するのを防ぐため、自社のデータ・フローを暗号化し始めた。グーグルはクローム・ブラウザーを通じて影響力を発揮し、他の企業にも通信の暗号化を働きかけている。光ファイバーケーブルの地図は変わり、米国は以前ほど支配的な存在ではなくなった。

しかし、NSAはその後も信号傍受による諜報活動を維持・拡大させている。また、2018年のCLOUD法（海外データ合法的使用明確化法）などの新しい法律により、情報が海外のサーバーにある場合でも、米国の法執行機関はその提供を企業に強制できるようになった。そして、米国を通る光ファイバーケーブルは、今も秘密の部屋に転送され、その秘密が自動化された機械によって分析・解読されている。

■　■　■

2001年の9・11同時多発テロ事件によって米国の軍事政策がどう変わったかは、20年以上の歳月が過ぎ、数兆ドルの軍事費が投じられた今では、容易に分かる。しかし、米国政府の非軍事部門が劇的に変化したことに気づいているのは、それに注目してきた人だけだ。最も重要な変化は、かつては国の安全保障を傍観していた財務省が「オバマ大統領のお気に入りの非軍事司令部[56]」になったことだ。現在、機密情報の収集と経済的な威圧は、財務省の主要任務の一部になっている。

この変化は、２００１年９月12日から始まった。何が起き、なぜそれを止められなかったのか。米国政府は分析を始めた。９・11のテロリストたちは、米国にいたハイジャック犯とハンブルクの中央組織との連絡に電子メールを使っただけでなく、国境を越えて送金するのに、ドル決済システムとＳＷＩＦＴ（国際銀行間通信協会）を経由する単純な電信送金を利用していた。財務省のある高官は「９・11の皮肉の一つは、ますますボーダーレスになっていく金融を敵が利用して、その心臓部を攻撃したことだ」と語った[57]。原因を究明するために召集された９・11委員会は、「アルカイダによる資金調達、移動、保管の手法を米国の諜報機関が見抜けなかったのは、かねてより政策立案者が大規模な対テロ戦略に役立つとして要求していた戦略的金融情報の収集に割かれた資金が少なかったためだ[58]」と悔やんだ。同委員会は、９・11以前、「テロリストの資金の流れの把握は優先事項ではなかった[59]」と結論づけた。

当時、財務省もそれに関心を持っていなかった。財務省は、麻薬のマネーロンダリングに関与した銀行を取り締まることには熱心だったが、米国の外交に関わる機関のことは毛嫌いしていた[60]。国務省や諜報機関はグローバル市場に対する脅威であり、自らの自治権を犯す強敵だと考えていたのだ。１９９０年代後半にＣＩＡがオサマ・ビン・ラディンの資金移動を監視・妨害しようとした時も、財務省は、資金移動への干渉は「米国の信用を失墜させ、米国と世界の金融システムに対する信頼を揺るがす」[61]と主張し、強く反発した。

しかし、９・11以降、省庁間の縄張り争いは重要性を失った。同時多発テロが起きた時、財務省の法律顧問だったデービッド・アウフハウザーは、海外の会議に出席中だった。会議に参加した各国の政府高官が、マネーロンダリング封じに進展があったことを喜び合っていた時、テロ事件のニュースが飛び込んできた。[62]「我々が悟ったのは、……恐らく、我々は望遠鏡の逆の側から世界を見ていたということだ。……殺人を意図して世界にばらまかれた、麻薬とは無縁の資金の動きを、もっと早くから追うべきだった」

財務省は多くの戦争に資金を提供してきたが、戦争に加わったことはなかった。９・11以降、アウフハウザーは、財務省自身が「影の戦争」を遂行しなければならない、と考えるようになった。そのためには、金融の流れを促進するだけではなく、遮断する方法も見つけなければならない。米国は「必要な警戒や対策を怠り、問題に対してより受動的かつ非介入的なアプローチを取っていた」外資系銀行と金融仲介業者から、免責特権を剥奪することにした。そうすれば、テロリストが資金の移動に使っていた金融パイプラインを締めつけることができる。テロリストは簡単な電子資金移動の世界から追い出され、「金塊や高価な宝石」を運ばなければならなくなり、ついには資金を動かせなくなるだろう。アウフハウザーや高官たちは、「この影の戦争を始めたのは米国ではないが、米国は必ず勝つ」と主張し、「テロに資金を提供してきた者たちが、自分たちが仕掛けた国境のない戦争では、テロ資金を隠す場所がなくなったことを痛感する」ことで米国に勝利がもたらされると訴えた。

この戦争に勝つことは、複雑に絡みあったグローバル金融界を地図に描くことを意味する。その世界は、財務省と米国連邦準備制度理事会（ＦＲＢ）の手厚い庇護の下で、手に負えないほど巨大に成長した。９・11以前、米国の経済当局者たちは、ウォルター・リストンやそのライバルが創出した「規制のない国際取引」を守り拡大することが自分たちの仕事だと考えていた。その結果、彼らは気づかないまま、テロの問題が「国際的スケール」になり、米国経済が「意図的に解放されて穴だらけになる」のを手助けしていた。アウフハウザーが上院で証言した[63]ように、「我々が凍結させたい資産、止めたいキャッシュフロー、監査したい記録の大半は、我が国を取り囲む海の彼方にある」。では、米国は何をすべきだろうか。

その答えの一部は、アウフハウザーの証言を注意深く読み解けば分かる。アーレン・スペクター上院議員とのやり取りの中で、アウフハウザーは「我々のすべての行動の前提になるのは、諜報活動の遂行だ」と力説した。しかし、アウフハウザーはその活動の詳細を明かすことを拒み、「作戦、情報源、手段などを危険にさらさない別の現場で」話し合うことを示唆した。

アウフハウザーが抱えていた秘密は恐らく、財務省とＣＩＡが高精度な情報に大量にアクセスできるようになり、標的とするテロリストの金融ネットワークを地図に描けるようになったことだ。財務省とCIAはSWIFTの記録を手に入れたのだ。

SWIFTは「世界の銀行業界の中枢」[64]であり、誰が、いつ、どこに送金したかを示す、いわば地図に近いものを提供した。後に米国の役人が匿名で語ったように、SWIFTのデータは「ロゼッタ・ストーン」[65]［問題解決につながる重要な鍵］のようなもので、それによって米国は、意味不明な取引記録を分析して、理解できる知識の塊に翻訳できた。その知識を使えば、非友好的な活動の痕跡をたどることができる。

しかし、これまでSWIFTは、データを入手しようとする米国の取り組みに対して意図的に抵抗してきた。1990年代に、ロバート・ミューラー率いる米国当局者と国際的なマネーロンダリング防止協会がSWIFTのデータを入手しようとしたが、丁重に断られた。[66] SWIFTは、「もし米国がデータの提出を命じるのであれば、そのデータを海外に移すだけだ」と警告した。[67] しかし、当時、SWIFTのCEOだったレニー・シュランクが述べたように、「我々は……想定外の事態を予測し始めた。[68] 我々は当局が欲しがるデータを持っているのではないか、いつかデータが公開されてしまうのではないか、と考え始めた」。

SWIFTは、メッセージングの標準を少しだけ変更して、銀行が取引相手の身元を明かさなければならないようにした。しかし、それ以上の協力は拒んだ。シュランクの言葉を借りれば、「我々は召喚に応じない[69]」ということだ。

しかし、9・11の後、SWIFTは、他に選択肢がない場合、自らが召喚されることを即座に悟った。ＳＷＩＦＴは本拠をベルギーに置いていたが、米国の法律や政治の圧力に対して脆弱だった。ＳＷＩＦＴのグローバルな情報をミラーリングする重要なデータセンターの一つは、バージニア州のカルペパーという町の郊外にあり、オープン・ドア・バプテスト教会とエクイニクスの厳重に警備された施設に挟まれていた。ＳＷＩＦＴの敷地と建物は高さ約3メートルの塀に囲まれ、化学兵器の所持を検査されるといった「ジェームズ・ボンド・レベルのセキュリティー」に守られていたが、財務省の要求は、容易には拒めなかった。もしもＳＷＩＦＴが、「データを海外に移す」と言って脅したら、財務省はＳＷＩＦＴ理事会のメンバーを、規制措置によって脅すかもしれない。今や財務省は、米国の安全保障政策による監視や規制から金融機関を守るという役目を放棄し、金融機関を従軍させることに力を注いでいた。[70]

米国政府はＣＩＡにＳＷＩＦＴの情報を盗ませることも考えたが、財務省の役人は他の政府機関を説得し、ＳＷＩＦＴにアクセスを依頼することにした。それはうまくいった（ＮＳＡも独自にＳＷＩＦＴのシステムに侵入したらしい）。ＳＷＩＦＴの公式な記録では、「ＳＷＩＦＴは意に反して召喚された後、不承不承、協力しただけだ」と示唆している。しかし、元財務省職員のファアン・ザラテと、市民の自由の保護に取り組むジャーナリストのエリック・リヒトブラウによると、財務省からデータを要求されたとき、シュランクは即座に「なぜもっと早く来なかったのか？」と言ったそうだ。[71][72]

それが事実であったとしても、その後の数年間、ＳＷＩＦＴは財務省との取り決めに関して二の足を踏むことがあった。そもそも財務省との関係は秘密にしておかなければならなかった。ＳＷＩＦＴの本部はブリュッセルにあり、非公開データの共有はベルギーのプライバシー法に違反していたからだ。ＳＷＩＦＴの管理職が怖気づくと、米国は彼らを安心させるため、財務省長官だけでなく、ディック・チェイニー副大統領、コンドリーザ・ライス国家安全保障問題担当大統領補佐官、ロバート・ミューラーＦＢＩ長官、ポーター・ゴスＣＩＡ長官などを駆り出した。

結果は上々だった。後に初代テロ・金融情報担当財務次官になったスチュアート・リービーは、ＳＷＩＦＴのデータを「テロ組織の活動をのぞき見るための唯一無二の強力な窓[73]」と評した。ザラテはこう語った。「（ＳＷＩＦＴのデータは）これまで見ることのできなかった資金のつながりを見る手段を米国政府にもたらした[74]。その情報は、次に計画されている陰謀を知るための重要な手がかりとなり、テロを支援するネットワークの正体を暴き、崩壊させることを可能にした」

ＳＷＩＦＴの欧州銀行監督当局が必要以上のことを知ろうとしなかったこともあり、この取り決めは数年間、秘密裏に遂行された。ある中央銀行総裁は、米財務副長官のケネス・ダムがプログラムの要旨を説明しようとすると、「聞きたくない」と言った。別の中央銀行の総裁は、米財務省の役人に「君が今話したことを、私は一切知りたくない」と言って立ち上がり、会合を打ち切った[75]。欧州の安全保障当局者の中には、何が進行中かを知っている人もいたようだが、彼らは米国の当事者と同じくらい、欧州のプライバシー法の厳格さにいら立ちを覚えていた。[76]

リヒトブラウとジェームズ・ライゼンが、ニューヨーク・タイムズの記事でこのプログラムの詳細をついに暴露した時[77]、欧州の当局者の中には、監視をやめたくないとひそかに明かす人もいた。それらの国の諜報機関や安全保障を担う省庁も、そのプログラムの恩恵にあずかっていたからだ。交渉を重ねた末、欧州と米国は協定を結んだ。[78]その内容は、「米国は新たな保護措置を講じた上で、今後もSWIFTにデータを要求し、自国の厳格なプライバシー法のせいでデータを収集できない欧州政府とそのデータを共有する」というものだ。結局、欧州は金融データとその分析に関して、米国に大きく依存することになった。

やがて大衆文化が追いつき始めた。トム・クランシーの小説を基にしたアマゾンのテレビドラマ『CIA分析官ジャック・ライアン』は、原作では歴史学者兼海軍情報分析官だった主人公を、資金送金に関するSWIFTデータの分析からテロの陰謀を暴く「データおたく」に変更した。

SWIFTは、政府の規制から銀行を守る、政治的に独立した組織であったはずだが、米国の下僕に成り果て、隠された国際金融取引の世界を暴き、地図に描き出す、という任務を課せられた。シュランクと同僚が「召喚」を恐れたのは正しかった。ひとたび政治的要求に扉を開いてしまうと、閉じることはできなくなる。

■
■
■

地図が描き直されたのは、金融システムだけではなかった。この新世界で米国にできること、できないことについての理解も同様だった。振り返れば、ザラテが言ったように、「金融戦争の新時代が到来したのは、我々が前任者とは異なる視点で状況を見ることができたからであり……グローバリゼーションとその中心になっている米国の財力と影響力が、どれほど新たなアプローチを可能にするか(79)」を見極めることができたからだ。しかし、そうした新たな可能性を財務省が地図に描くまでには、いくらか時間を要した。当初、当局者の中には、同盟国との連携を訴える者が少なからずいた。9・11の後、同盟国はテロと戦う米国を支援することに意欲的だったからだ。しかし、財務省は徐々に、同盟国の協力を得なくても、自国だけで行動できることに気づき始めた。

2001年9月24日、ジョージ・W・ブッシュ大統領は、米国は「テロの資金源を断つ」ために、「法執行のあらゆる手段、金融上のあらゆる力(80)」を行使すると宣言した。財務省の法律家たちはブッシュの大統領令13224号の草案づくりに協力した。その大統領令は、テロリストと取引した者は米国と取引できなくなることを銀行に通達した。それに続いてブッシュが署名して成立した米国愛国者法は、マネーロンダリングに対する政府当局の権限を大幅に拡大した。

財務省に戦時体制を取らせるには、多くの作業が必要とされた。国際担当財務次官だったジョン・テイラーは後に、「（それまで自分は）金融の流れの妨害の仕方については、ほとんど知らなかった[81]」と認めた。彼の「グローバル金融に関する任務は、金融の流れを促進することだった」からだ。しかし、ブッシュが明言したように、米国政府の新たな任務は、「邪悪な人間の資金を断ち切り……その出所を明らかにして、凍結する[82]」ことだった。9月17日、財務副長官ケネス・ダムは、テイラーや執行担当財務次官ジミー・グルレを含む財務省高官と会議を開き、議長を務めた。議題は、テロとより強力に戦うために財務省をどう再建するかだった。

具体的な方法については意見が分かれた。テイラーは、国際的な同盟を築き、他国政府と協力して共通の脅威と戦うことを支持した。彼はテロ資金タスクフォースを立ち上げ、「ウォー・ルーム（作戦指令室）」と名づけた。その主な任務は、テロリストの資産を凍結するよう他国を説得することだった。

グルレが指揮する財務省の法執行部門は、表面的には弱体化しているように見えた。財務省は税関、アルコール・タバコ・火器および爆発物取締局、シークレットサービスなど、伝統的な監視機能を奪われかけていた。それでも、外国資産管理局（OFAC）という無名の部署は存続していた。OFAC（その前身は、ナチスが米国管理下の資産を略奪するのを阻止するために1940年代に設置された）は制裁措置を管理する部署で、9・11以前は、専門的な仕事に専念する数多くの部局の一つにすぎなかった。それが今では、新たに強力な役割を担おうとしていた（テイラーのような国際主義者は憂鬱になるかもしれないが)。

9・11以後、OFACは突如として重要な存在になり、注目を集めた。OFACは米国が自国の経済から締め出そうとする外国企業を経済制裁対象者に「指定」し、一方的に資産を凍結する法的権限を持っていた。ブッシュの新たな大統領令は、その権限を拡大し、テロと「つながりのある」外資系銀行や金融機関を指定できるようにした。銀行のように評判に基づく業界では、「指定」はその銀行が「汚れている」ことを意味した。だが、指定するために、テロへの支援を裏づける堅牢な証拠は不要であり、アウフハウザーが批判した「ビナイン・ネグレクト〔犯罪行為に対して積極的な対応をしていないこと〕」だけで十分だった。理論上、指定された銀行は米国に提訴して指定を覆すことができるはずだったが、実際には、顧客や他の銀行に逃げられて破産する恐れがあり、仮に提訴できたとしても指定を覆すことはできなかっただろう。

OFACのおかげで、財務省は海外資産を凍結したい時に、国際金融外交という骨の折れる仕事をしなくても済むようになった。そればかりか、相手国が同意しない、あるいは十分な証拠がない場合でも、一方的にその国の銀行や企業や機関を「指定」できた。また、マネーロンダリングの新たな対策を外国政府に導入させたい時には、OFACを通して圧力を強めることができた。したがって、OFACが持つツールキットは、多国間協調にあまり関心のない政権にとって、極めて魅力的だった。テイラー率いる国際主義者たちは、短期的には「縄張り争い」[83]に勝ったかもしれないが、次第に、OFAC執行者の無慈悲な論理に飲み込まれていった。

ＯＦＡＣが非常に恐れられた理由は単純だ。ＯＦＡＣによって指定を受けた外資系銀行は、米国で営業できなくなるだけではない。米国の規制下でドル決済システムを運営するシティバンクやＪ・Ｐ・モルガンといった銀行と取引できなくなる恐れがあるのだ。また、国際銀行は、米国外の顧客と米ドル建て取引をするためにコルレス口座を持っているが、指定を受けると、それを持てなくなる。そのうえ、他の外資系銀行も、米ドルにアクセスできなくなることを恐れて、指定された銀行との関わりを持ちたがらなくなる。

ＯＦＡＣの標的になった非金融業や個人にも、同じような運命が待ち受けていた。ひとたび指定されると、国際銀行システムを利用できなくなる。米国に本拠を置く銀行にそっぽを向かれ、国際市場での資金調達も、米国企業との取引もできなくなる。もっとも、彼らの状況は、銀行ほど危機的ではない。米国外のサプライヤーを見つけたり、よそで資金を調達したりできるだろう。それでもなお、米国による金融支配を中心に構築されたグローバル経済の中で仕事をするのは非常に難しくなるはずだ。

米国は、中国特別行政区マカオに拠点を置く銀行バンコ・デルタ・アジア（ＢＤＡ）の捜査をしていて、偶然、この「ドル単独主義」[84]の効力の大きさに気づいた。ＢＤＡは、北朝鮮政府に、グローバル金融市場にアクセスする機会をひそかに提供していた。財務省が関与する以前から、国務省のデビッド・アッシャーとウィリアム・ニューカムは「北朝鮮が展開する金融およびビジネスの世界地図」[85]の作成に着手し、やがて、ＢＤＡが北朝鮮にとって重要な「金融のハブ」であることを突き止めた。

財務省のファン・ザラテは、独自に「金融バトル地図」[86]を作成していたが、その地図もBDAの重要性を浮き彫りにした。国務省の計画の意図を知ったザラテは、財務省の「中性子爆弾」[87]である米国愛国者法第311条に基づいてBDAを「マネーロンダリングの主要な懸念」に指定するよう提案した。米国は2005年9月15日に指定を実行し、BDAは米国の銀行のコルレス口座を利用できなくなった。これは他の外資系銀行に対する明確なメッセージとなった。BDAと取引する者は誰でも、米国の強い怒りを買う、というメッセージだ。

結果は、衝撃的だった。BDAで取り付け騒ぎが起きたのだ。マカオ当局は同行を閉鎖し、北朝鮮の様々な団体の資産2500万ドルを凍結した。[88]北朝鮮マネーは有毒だという噂がたちまち金融界に広まった。当時、米国国家安全保障会議のアジア部長だったビクター・チャはこう語る。「口が裂け、[89]顔を平手打ちされたような衝撃だった。北朝鮮側は、最初にこの措置を聞いた時には、新たな制裁措置だと思っただけだったが、4週間後には、自分たちがどんな仕打ちを受けたかを思い知った。北朝鮮は、それがかつて経験したことのない強力な制裁であることに気づき、驚愕した。はっきり言って、彼らは縮み上がった」。北朝鮮の当局者は、初めてチャに直接連絡を取り、話をしたいと告げた。北朝鮮は2500万ドルの凍結を解除しようと必死だったが、それは2500万ドルが大金だからではなく、北朝鮮と取引を再開しても大丈夫だということを各銀行に示したかったからだ。その後、国務省は北朝鮮と外交協定を結んだが、資金の返還は予想外に難しかった。米国が協定を結んだ後も、国際銀行はどこも北朝鮮マネーに関わろうとしなかった。あまりにリスクが大きかったからだ。

チャをはじめとする当局者は、「あれほどの影響が出るとは予想していなかった」[90]。当然ながら、彼らは何らかの結果を期待していた。しかし、米国が取った措置が北朝鮮はもとより、アジアの銀行や世界の銀行システムに与えた衝撃は、彼らの予想をはるかに超えていた。

米国の行動は、中国にとってもメッセージになった。国務省と財務省の幹部がBDAを選んだのは、それが重要な銀行ではあるものの中国経済に深刻な脅威を与えるほどではなかったからだ。中国はメッセージを受け取った。もしマネーロンダリングを取り締まらなければ、マカオは世界的な金融システムから切り離される恐れがあるというメッセージだ。その後の中国の行動は、それをしっかり受け止めたことを表している[91]。

BDA作戦はOFACに、取るべき行動の青写真を提供した。財務省の地図製作者たちは忙しくなった。金融ジャーナリストのアンナ・ユカナノフが説明するように、「(OFACの)担当者は、機密情報報告、財務記録、法人登記を調べ上げ、ある金融ノード〔取引が集中する銀行〕を攻撃すると、他のノードにどのような影響が出るかを示す図を作成した」[92]。ザラテもまた、米国が「チョークポイント」、すなわち、「ノードになる銀行」を見つけることにいかに重点を置いているかを力説した[93]。そして、米国はそれを見つけると攻撃した。

米国政府の他の部門はその戦略を模倣し、時には財務省に協力し、時には財務省と競い合った。米国司法省は米国の制裁に違反した外資系銀行を起訴し始めた[94]。ウォール街を含むニューヨーク南部地区を管轄する連邦裁判所は、連邦犯罪を多く審理してきたが、その裁判所も外資系銀行を標的に定め始めた。民間の弁護士たちは、テロに協力したとして告訴された外資系金融機関を裁く裁判で闘い始めた。

時がたつにつれて、米国は制裁に違反した人を「釣る」ことから、学者のブライアン・アーリーとケビン・プレブルが言うように、「クジラを狩る[95]」ことへ移行し、大手の外資系銀行に高額の罰金を科し、周囲に衝撃と畏怖を与えるようになった。HSBC（元・香港上海銀行）は2012年にマネーロンダリングの罰金として約20億ドルを支払い、BNPパリバは2014年にイラン、キューバ、スーダンへの制裁に違反したことを認め、約90億ドルを支払った[96]。これらの銀行に他の選択肢はなかった。米国の裁判所に訴えても、罰則を覆すことができる可能性は極めて低く、悪くすれば、米国における銀行免許とドル決済システムへのアクセスを奪われる危険があった。アクセスを取り消すという警告を受けるだけでも、突然、倒産する可能性がある。

各銀行ではコンプライアンス部門が新たに力を持つようになった。制裁対象に指定された銀行や企業や個人と関わろうとする人はいなかった。そんなことをしたら、次は自分が当局に目を付けられるかもしれないからだ。リービーが語ったように、米国の法律に従う必要のない銀行でさえ、「規制当局の措置によって、米国や信頼できるグローバル金融界と取引する能力を損なうリスクを考えると、テロや核拡散への関与が疑われる少数の顧客をとどめておくことに何らメリットはない[97]」と考えた。テロリストやその他の米国の敵と間接的な関係があるだけでも、銀行は信用を失い、破滅するかもしれないのだ。

バージニア大学の法律学教授ピア＝ヒューズ・ヴェルディエが指摘したように、この政策には重要な副次的効果がいくつかあった[98]。評論家の大半は、大手銀行が支払った莫大な罰金に注目したが、米国がＢＮＰパリバやＨＳＢＣなどの銀行にコンプライアンスを遵守させるため、大規模な内部監視システムの導入を要求したことに関心を寄せる人はほとんどいなかった。ＢＮＰパリバは、「米国規制当局による直接監視のもと」、米国を拠点とするＯＦＡＣコンプライアンス・オフィス[99]を開設しなければならなかった。全世界でのコンプライアンスを遵守するためだ。ＨＳＢＣも「米国の直接監視のもと」、ニューヨークで同様のことをしなければならなかった。これまでこれらの大手銀行は、顧客が米国からの制裁やマネーロンダリング規制を回避するのを支援してきたが、今後は、米当局に貴重な情報を提供するために大規模な内部監視システムを稼働させ、しかも、その費用を負担しなければならなくなった。後に、中国の大手通信機器メーカーのファーウェイの事件で明らかになったように、これらの要求は予想外の大きな影響を及ぼす可能性があった。

■　■　■

こうした成功によって、米国はますます野心的になり、10年の歳月をかけて、かつては想像もできなかった命題にじわじわと接近していった。それは、米国が自国の力を使ってある国を地図から抹消できるか、というものだ。

イランはその実験台になった。米国は数十年にわたってイランに厳しい制裁を科してきた。そのため、極めて制限された状況を除けば、米国企業はイラン経済と関わりを持つことができなかった。しかし、こうした制裁は、イランを威嚇するどころか、むしろ米国を悩ませた。イランは主要産油国であり、その石油を欲しがる顧客が世界にいくらでもいたからだ。アヌ・ブラッドフォードやオムリ・ベン＝シャハーなどの法律学者は、米国がイランに科している貿易制裁[100]は「他の国々がイランに同等の金額で同等の製品を供給し続けるのであれば効果がない」と主張した。しかし、政治学者のピーター・フィーバーとエリック・ローバーが指摘したように、制裁と米ドルの力を合わせれば、ゲームを変えることは可能だった[101]。

ジョージ・W・ブッシュ政権は、イラクに侵攻し、イラン政府を短期間のうちに倒そうとしたが、うまくいかなかった。2006年1月、財務省のスチュアート・リービーは新たなアイデアを思いついた。バーレーンを旅行していた彼は[102]、スイスの大手銀行がイランとの関係を断ったという新聞記事を読み、財務省は他の外資系銀行に同じことをさせられないだろうかと考えた。2月にリービーは、政府専用機の中でコンドリーザ・ライス国務長官にこのアイデアを売り込んだ。ライスはそれを気に入った。すでに財務省は、「大企業は米ドルにアクセスできなければ機能しない」[103]ことを知っていた。そして今、財務省は、主要国の米ドルへのアクセスを断ち切ったらどうなるかを突き止めようとしていた。

リービーは手始めに、イランの銀行が裏口からドル決済にアクセスできないようにした。[104]イランの石油を買っていた国々は、その代金を支払う必要があった。石油はドル建てで取引されるため、ドイツやフランスの顧客が石油を買う場合、彼らが使う銀行は、米国内のコルレス銀行を通じて決済しなければならなかった。それまで米国がイランに科していた制裁は、イラン企業のUターン取引[105]（ドル決済システムによって、米国外の銀行から別の米国外の銀行へ資金を移動させること）を「例外的」に認めていた。この例外措置は、グローバルな金融取引において米ドルが中心的役割を果たしていることと、ドル決済が政治的性格を帯びたら他の国々がドル決済をやめるかもしれないという米国の懸念の現れだった。しかし、状況が変われば、この例外措置は撤回できる。

２００６年、財務省は、イランの大手金融機関サデラート銀行がヒズボラに送金したとして、同行によるUターン取引の利用を阻止した。その後、２年にわたって、財務省はイランの他の銀行にも制裁を加え、２００８年末にはイランのすべての銀行が、ドル決済システムを利用できなくなった。２０１２年、米議会は新法を可決した。それは、イランの中央銀行やその他の指定銀行と取引する外資系銀行に、米国の銀行がコルレス口座を提供することを禁じるものだった。各国の中央銀行さえも、コルレス口座を持つことができなくなった。さらにこの新法は、イランのエネルギー、海運、造船部門を支援する「重大な」[106]取引を手がける外資系銀行に対して、対抗措置を取ることを財務省に求めた。かつて米国は、他の国々からの抵抗を恐れたが、そうした抵抗は起きなかったため、米国は圧力をかけ続けた。オバマ大統領がテロ・金融犯罪担当財務次官に指名したアダム・シュビンは、2015年に議会でこう断言した。「イランのすべての銀行は米国の金融システムにアクセスできなくなった。……ニューヨークの決済銀行でほんの一瞬、ドル建ての取引をすることさえ不可能だ」[107]

こうした法的措置は、新たな国際外交とリンクしていた。リービーをはじめとする財務省の高官たちは世界各国を訪問したが、政府の役人と会うのが目的ではなく、いきなり銀行を訪問した。[108]そのメッセージは間接的だったが、はっきりしていた。すなわち、イランと何らかの関係を持つ銀行は、たとえその関係が名目上は米国の法律に違反していなくても、米国の規制当局によって厳しく取り締まられるリスクがある、というものだ。HSBCのコンプライアンス部門のトップであるデービッド・バグリーは、2007年6月にリービーがHSBCに質問した時の詳細を、CEO向けの内部文書に書いている。リービーは、「HSBCの顧客の一人がイランへのパイプ役になっている」と主張した。バグリーの記述によれば、[109]リービーは、「その顧客(名前は文書から削除されている)との関係を絶たなければ、HSBCは米国の標的になる可能性がある」と言って脅したそうだ。また、米国を拠点とするある法律事務所は、イランとの金融取引に関する規定や規則は「意図的に分かりにくくしていると思える時がある」[110]と書き記している。規則が曖昧であればあるほど、外資系銀行は、後にそれが自行にとって不利に解釈されるのを恐れて、ますますイランとの接触を避けるようになる。

２００９年初頭にブッシュに代わって大統領に就任したオバマは、イランと友好な関係を築こうとした。しかし、その年、イランは政権に抗議する大規模なデモを残忍に弾圧し、核開発も推進し続けたため、オバマの努力は水泡に帰した。そのため、シュビンをはじめとする財務省の新世代の官僚は、共和党の前任者たちの仕事を受け継ぎ、制裁とドルの力を利用して、イランに核開発を断念させることにした。

彼らは、ＳＷＩＦＴもイランを懲らしめる武器になることに気づいた。２００８年初め、リチャード・ホルブルックとデニス・ロス両大使が率いる著名な政策立案者からなるグループが、イラン政権への圧力を強めるために、「イラン核保有阻止連合（ＵＡＮＩ）」と呼ばれる私的団体を発足させた。この団体は、イランのグローバル市場へのアクセス提供に加担しているとしてＳＷＩＦＴを批判した。[111] 実際、ＳＷＩＦＴの２０１０年の年次報告書によると、イランの約19の銀行[112]と25の団体が、ＳＷＩＦＴの通信システムを利用していた。

２０１２年1月、ＵＡＮＩはＳＷＩＦＴに書簡を送り、[113]「グローバルなＳＷＩＦＴシステムが、イランによる核兵器開発、テロ活動、自国民への残虐な弾圧に資金を供給するために利用されている」と主張した。その直後、米議会は全会一致で、（国際的影響を懸念する）政府の意向に反して、ＳＷＩＦＴからイランの銀行を排除するための法律を可決した。[114] 一方、ＥＵは、米国からの圧力と、イランの核開発に対する懸念から、ＳＷＩＦＴがイランの銀行にサービスを提供することを禁止する独自の法案を可決した[115]。ＳＷＩＦＴは法律に従って、イランの銀行を実質的に世界の決済システムから切り離した。ＳＷＩＦＴのＣＥＯはそれを「前例のない極端な措置[116]」と評した。

米国による制裁とＳＷＩＦＴからの排除は、イラン政府に甚大な経済的影響を及ぼした。イランは石油の代金を回収できなくなった。石油輸出量は１日当たり３００万バレル弱から75万バレルにまで減少し[117]、イランは石油を「インドの小麦や紅茶、ウルグアイの米、そして中国のファスナーやレンガ」と物々交換しなければならなくなった。制裁とＳＷＩＦＴの措置の解除は、核開発を巡るイランとの交渉において、重要な取引ポイントになった[118]。米国や他の大国との正式な交渉が始まると、イランの外務大臣ジャヴァード・ザリーフは、「この取引が成立するか否かは、米国が制裁を解除したいか、それとも維持したいかによって決まる[119]」と明言した。

もし米国が自国の新たなスーパーパワーであるドル決済システムの武器化を発見していなかったら、イランは核開発計画に関して、大幅な譲歩はしなかっただろう。「包括的共同作業計画「イランの核問題に関する最終合意」」において、米国と他の大国は、イランの石油産業と銀行への制裁を解除し、重要な「指定」を取り消し、イランが再びＳＷＩＦＴを利用できるようにした。しかし、米国は、自国内での制裁を解除しなかった。

いずれにせよ、イランに対する国際的措置を白紙に戻すのは、ほぼ不可能だった。不安や畏怖や恐怖に基づく政策は、蛇口をひねるようにオン・オフできるものではない。オバマ政権の官僚は欧州の銀行や企業にイランへの融資や投資を勧めたが、誰も耳を貸そうとしなかった。[120]米当局が再び心変わりして、ＯＦＡＣの裁定や規則の曖昧さに乗じて、制裁に違反したとして自分たちを厳しく罰するのではないかと恐れたからだ。

米国は、信用を得るには、あまりに強大になりすぎた。「政権が交代したり、規則の解釈が変わったりしても、約束を違《たが》えることはない」と言っても、信用する人はいなかった。政界を去ってＨＳＢＣの最高法務責任者に就任したスチュアート・リーヴィーは、ウォール・ストリート・ジャーナルに、オバマ政権は「米国の銀行にとっていまだに違法であることを、他国の銀行に強いている[121]」と苦言を呈した。さらにリーヴィーは、やがて米国の規制当局はイラン市場に参入した銀行を罰するかもしれない、と強くほのめかした。北朝鮮の核開発を巡る６カ国協議で米国代表を務めたクリストファー・ヒルは、「米財務省は、元に戻すことができず制御不能になる制裁を解き放った[122]」と率直に表現した。

問題は他にもあった。ジョージ・Ｗ・ブッシュ政権の高官だったレイチェル・レフラーは退任後にこう警告した。「新たな金融の武器を濫用すると、その効力は失われ[123]、米国の信用は傷つき、米国を支援するはずの銀行を遠ざけることになる」

オバマ政権で財務長官を務めたジェイコブ・ルーはさらに踏み込んだ発言をしている。ルーは、退任直前の２０１６年3月のスピーチで「米国は強大な金融パワーを備えているが、最終的にそれが自国を蝕むことになりかねない」[124]と語った。ルーは、金融制裁が「明確でよく調整された外交政策目標のための強い力」になったことを認め、「我が国の制裁力は、世界における我が国のリーダーシップと切り離すことができない」と主張し、次のように続けた。もしも米国が「世界最大の経済大国」でなければ、また、米国の金融システムが「世界の商取引において支配的な役割」を果たさなければ、米国による制裁は効力を失うだろう。しかし、制裁には無言の誘惑と代価が伴う。制裁は非常に効果的に思えるので、政策立案者は新たな危機に直面した時、まず制裁に頼りたくなるだろう――。

ルーはさらに続けた。このことは徐々に制裁の力を弱めるだけではない。グローバル経済における米国の優位性を損なう恐れがある。制裁に頼りすぎると、「最終的に世界の経済活動を、米国の金融システムから遠ざける」ことになりかねない――。だが、実際には、米国を中心から外してグローバル金融システムを再構築するのは難しいだろう。加えて、シティ・オブ・ロンドンはEU離脱の打撃を受け、香港は中国によって経済的自立性が損なわれるなど、金融の中心になりそうな他の場所も弱体化している。しかし、後にルーは、「米国の中心的地位を徐々に崩すための配管が……試されている」[125]と警告した。その言葉は、ピラミッドの上にある瞬きしない目「ドル紙幣に描かれた米国の象徴」には見えないところで金融のつながりを創出しようとするロシアやトルコなどの取り組みや、独自の代替的なグローバル金融システムをひそかに構築しようとする中国の粘り強い努力を的確に言い表している。

■
■
■

他の領域と同じく、米国は金融の領域でも世界の地図をつくり、それをつくり直すことに成功した。しかし、その力が顕著になればなるほど、そして、米国がその力を行使しようとすればするほど、他国の政府や企業は別の地図をつくろうとする。もしかしたら、それらの政府や企業は、米国からの圧力に対して脆弱ではない非中央集権的なネットワークをつくったり、複雑な配管の中に隠れたり、大きな全体［既存のグローバルシステム］に無秩序につながる独自の分室をつくったりするかもしれない。あるいは、米国を模倣し、力と権力の源泉になる独自の集中型ネットワークを構築しようとするかもしれない。

第3章

War without Gunsmoke

砲煙のない戦争

孟《メン》晩舟《ワンツォウ》がついに深圳《しんせん》の本社に戻った時[1]、出迎えたファーウェイの大勢の従業員は、歓喜に沸いた。拳を突き上げ、スマートフォンで動画を撮影し、手を振り、微笑み、親指を立てた。喜んだのは従業員だけではない。中国の大手ソーシャルメディア、微博《ウェイボー》では、「孟晩舟、復職[2]」がトレンドのトップになった。

孟晩舟は中国の大手通信機器メーカー、ファーウェイのＣＦＯ（最高財務責任者）であり、創業者、任正非《レンジエンフェイ》の娘だ。銀行詐欺などの容疑で米国政府に起訴された後、カナダのバンクーバーの邸宅に軟禁され、米国への身柄引き渡しを巡って争い、「3年間、異国で苦しんだ[3]」。最終的に、彼女の弁護士が米当局と司法取引をして、中国への帰還が許された。祖国の空港に降り立ったのは国慶節の数日前で、群衆は歓声を上げ、「歌唱祖国[4]」を歌って迎えた。孟晩舟は愛国の意を表して赤いドレスに身を包み、「信念に色があるなら、それは中国の赤に違いありません[5]」と言った。

ファーウェイはただの中国企業ではなかった。創業間もない頃は、電気通信見本市の片隅で中国の国旗を掲げていたが[6]、成長するにつれて、中国のほうがファーウェイの色に染まっていった。ファーウェイが、世界の最高レベルの企業と競い合い、打ち負かしていったからだ[7]。

しかし、空港の熱狂は残念な真実を覆い隠していた。孟晩舟は勝利に包まれて帰国したわけではなかった。彼女がカナダで逮捕された頃、ファーウェイは世界最大の通信機器メーカーであり、スマートフォンでも世界最大のブランドになろうとしていたが、最も重要なのは、次世代インターネットのインフラを構築していたことだ。孟晩舟がカナダで軟禁されていた数年間、米国政府はファーウェイの野望を打ち砕こうと、前例のない組織的なキャンペーンを展開した。同社が先端半導体を購入するのを妨害し、携帯電話事業を機能不全に陥れた。また、セキュリティー上の懸念があるとして、同盟国がファーウェイの通信機器を導入するのを阻止した。

つまり、孟晩舟は帰国したものの、ファーウェイは苦境に追い込まれ、スマートカーやサーバーファームなど、最先端半導体を必要とせず、米国の逆鱗に触れない技術の生産者として再起を図るしかない、という状況にあったのだ。創業して間もない頃のファーウェイは、儲かるものなら何でも手を出す、日和見的な小さな商社だった。今や世界中に約20万人の従業員を抱える巨大コングロマリットになったものの、同社は新たな市場を探して、再びなり振り構わず走り始めなければならなくなった。

孟晩舟の逮捕は、米国と中華人民共和国との関係が大きく変わったことを語っていた。米国政府は20年にわたって中国と経済的な相互依存関係を深めてきたが、近年は中国企業全般、とりわけファーウェイに対する不信感を募らせていた。そしてついに行動を起こした。グローバル金融、グローバル情報、グローバル・テクノロジーを駆使し、ファーウェイの息の根を止めようとしたのだ。そうしなければ、ファーウェイはさらに成長し、その支援により、中国が影響力と支配力を備えた帝国を構築するのではないかと、米国は恐れた。

金融は、米国の行動に法的正当性を与えた。ファーウェイが世界的な銀行を違法行為に関与させたというのが、孟晩舟逮捕の理由だった。逮捕を可能にしたのは情報だ。ファーウェイの取引銀行だったＨＳＢＣは、孟晩舟が違法行為に関与した証拠となるデータを、米当局に提出せざるを得なかった。そして、米国による半導体サプライチェーンのコントロールは、ファーウェイの利益の大半を稼ぎ出していたこの市場から、同社を追放するための武器になった。

任正非は娘を、大規模な紛争に巻き込まれた犠牲者として描き、「米中貿易戦争という壮大な状況下にあって、（孟晩舟は）二つの巨大な国の衝突に巻き込まれた小さなアリのようなものだ[8]」と述べた。しかし、米国の政策立案者の多くは、そうは見ていなかった。ファーウェイのシステムが広まれば、中国がコントロールする海底ケーブルシステムや基地局、ルーティング・スイッチが構築され、米国のインターネットへの影響力が損なわれる恐れがある。米国の目的は、単に、ファーウェイが米国の軍事技術にアクセスするのを制限したり、対中貿易の不均衡を是正したりすることではなかった。自国の覇権がファーウェイによって揺らぐのを防ごうとしたのだ。

たとえファーウェイの世界進出が（米国の政治家の多くが考えるような）中国の陰謀でなかったとしても、米国は自らの経験から、商業的成功がいかに早く帝国権力に変貌するかを知っていた。中国とファーウェイは、自分たちを強力な敵と戦う弱者と見なしていた。中国政府はその戦いを、中国の政治と社会を変えようとする米国の介入を防ぐための「砲煙のない戦争[9]」と評した。中国の政治家と防衛専門家は、米中のバランスを是正しようとする自国のこうしたステルス戦術を、「暗殺者のこん棒」という刺激的な言葉で表現した。ファーウェイ自身も、市場の覇権を狙うことは、圧倒的な力を持つ大国との不平等な闘いだと考えていた。同社は中国における自社の台頭を、毛沢東が唱えたゲリラ戦の原則、「まず、地方を支配し、徐々に都市部を包囲し、征服する[10]」になぞらえている。

ファーウェイ問題は、携帯電話や基地局を巡る経済的な小競り合いではなかった。グローバル経済の心臓部を掌握している帝国と、自らを帝国の犠牲者と見なす成長途上の大国との冷酷な闘争の新局面だった。米国は半ば偶然に地下帝国を築いたが、地下帝国を手に入れた以上、それを守るために必要なことは何でもするつもりだ。となれば中国は、アメリカ帝国の侵略から自国を守るため、あるいは自ら帝国を築くため、あるいはその両方のため、米国に対抗できる強固な立場を築こうとして、あらゆる手を尽くすだろう。

■　■　■

ファーウェイはかつて順調だった頃、好んで自らを軍隊に例えた。同社は戦略と冷酷さによって、競争が激烈なことで知られる中国の通信市場での戦いを勝ち抜いた。任正非が社内スピーチで警告したように、通信分野は「最もタフでリスキー」なビジネスだ。しかし、「市場は……勇者だけに敬意を表する。ファーウェイが生き残るつもりなら、血塗られた道を自ら切り開かなければならない[11]」。

英語圏の人には聞きなれない言い回しだが、このような流血を連想させる比喩に邪悪な意味はなく、サッカーの解説者がチームの敗北を「massacre［虐殺］」や「bloodbath［血の海］」と表現するようなものだ。ただ、任正非は血の気が多い人物だった。彼は１９９８年にファーウエイ大学［華為技術大学、ファーウェイの従業員向け研修施設］を設立し、「軍隊の教化［軍隊の規律、価値観、戦術、リーダーシップ、倫理観などを兵士に教える］」のような管理者教育を行い、同社のリーダーたちに「ビジネスに対する軍隊式マインド[12]」を叩き込んだ。同大学の核となるテーマは、

「市場は戦場である」。その講座には、「戦争法の特殊性と戦争の本質」「戦争の指針と戦略[13]」『兵法』の再読」から仏教哲学や西洋美術まで、幅広いジャンルがあった。

任正非はビジネス戦略のアイデアを毛沢東に学んだ。毛沢東は、型破りな戦術で中国を支配した。その異例尽くめだった権力への闘争は、20世紀初頭の非正規軍リーダー、例えばアイルランドのマイケル・コリンズなどの教えをベースとした。それは「誰も注意を払わない田舎、辺境の地から始める」というものだ。

ファーウェイも田舎からスタートした。任正非は、自らが貧しいへき地で育ったことを好んで語った。彼は文化大革命の最中、重慶建築工程学院〔現・重慶大学土木建築学部〕で学んでいた[14]。文化大革命では、毛沢東の指導により、知識人青年を地方へ送って過酷な農業労働に従事させる「下放」運動が行われた。しかし、任正非は知識人ではなかった。彼は目立たないように行動し、その後人民解放軍の工兵隊に入隊し10年間所属した。

除隊した数年後、任正非は沿岸部の小都市、深圳でビジネスを立ち上げた。毛沢東はすでに他界し、後継者の鄧小平は、中国経済の近代化と急成長を望んでいた。深圳はそのための実験場になった。1978年、鄧小平は、ライバルを破って最高指導者になる直前、後に深圳経済特区となる地域[15]で、「改革開放」と呼ばれる新たな政策に着手した。鄧小平は権力基盤を固めながら慎重にスタートし、毛沢東の粗野で残忍なマルクス主義に代わるイデオロギーとして、より市場に親和的なユーゴスラビアの共産主義アプローチを採用した。深圳地区は、共産主義国家における市場経済を徐々に切り開いていった。

当初、任正非は、新しい中国で金儲けをしたいがその方法が分からない無数の起業家の一人にすぎなかったが、政治的なコネがあったらしく、中国共産党の第12回党大会で代表を務めている。[16] しかし、ビジネスチャンスを見いだすには時間がかかった。ファーウェイは子ども用の風船や火災報知器を販売する普通の商社としてスタートした。その後、電話交換機のビジネスに参入し、商機をつかんだ。中国の農村部の貧困を解消するには、近代的な通信システム、つまり電話網の整備が必要であり、そのためにはファーウェイが輸入・販売する交換機が不可欠だった。やがてファーウェイは自社で交換機を製造するようになった。数年後には通信機器メーカーになり、ネットワーク構築を巡って他社と顧客獲得を競い合うようになった。

ファーウェイは毛沢東の言葉を借りて、初期の戦略をこう表現した。田舎を占領して、「都市を包囲する[17]」。つまり、大手企業との直接対決を避けたのだ。任正非は「非常にターゲットを絞った戦略[18]」を採用し、大都市ではなく、大企業が相手にしない農村部に焦点を当てた。農村部の顧客と深い関係を築き、彼らを広域ネットワークにつなぎ、敵の本拠地に攻め入るための資源と力を徐々に蓄えた。

任正非を称賛する本に描かれているように、ファーウェイはオオカミの群れのようだった。[19] 強いライオンを倒すために、オオカミは「周辺からライオンの縄張りに食い込み、様々な型破りな手段を用いて、中心部へ進んでいく……そして比類のない適応力と市場理解によって、ライオンが備えている優位性を無意味なものにする」。中国の通信業界を支配していたライオン、すなわち上海ベル、グレートドラゴン、米国企業のルーセントなどは、次々と敗北し、買収されたり中国市場から追い出されたりした。

他の中国企業も、米国が築いた世界で領土を奪い取らなければならなかった。これらの新しい企業は、海外からの投資を切実に欲していたが、それは資金だけでなく、投資を通じて得られる経営や市場戦略などのスキルや知識、技術が欲しかったからだ。中国政府は外国企業を誘致することで、それを手助けした。中国のサプライヤーは、最初は欧米向けの部品の製造や、先進技術のコピーからスタートするかもしれないが、彼らの望みは、欧米の競争相手を模倣し、いずれ打ち負かすことだった。周辺から攻め込んで、最終的に米国の技術的優位性を奪うのが、恐らく彼らの戦略だ。そうなれば、中国の国力が強化されるだろうが、あくまでそれは偶発的な副次的効果だ。中国のビジネスリーダーの大半は、愛国心を表明していたが、金儲けのほうを重視していた。

米国はターゲットであると同時に、モデルでもあった。任正非は、後に続く多くのハイテク起業家と同様、米国に憧れていた。[20] 最も影響を受けた人物を尋ねられると、毛沢東とIBMのCEOルイス・ガースナーの名前を挙げた。[21] 中国企業が世界で正当な地位を得るには、米国のハイテク企業がどうやって成功したのかを理解し、その教訓を中国の状況に当てはめる必要があった。

ファーウェイは多額の資金を投じてIBMから経営アドバイスを受け、強力な社内文化を構築した。それはIBMが重視する企業への忠誠心と、毛沢東主義の自己批判セッションを融合させたものだった。1995年に社歌としてつくられた「ファーウェイの歌[22]」は、中国の再活性化を説きつつ、「米国の先進技術を学ぶ」ことを従業員に奨励している。

ファーウェイが成長するにつれて、任正非は中国政府高官の寵愛を受けるようになった。1994年、彼は中国共産党総書記の江沢民に会った。その会合の様子について、任正非が語った言葉は、後で振り返ると不吉な響きを帯びている。彼はこう言った。「『交換機の技術は国家安全保障に関わるものであり、自国製の交換機を持たない国は、自国の軍隊を持たないようなものです[23]』と私が進言すると、江沢民総書記は『まさにその通り』と言われた」

ファーウェイは、別の形でも支援されていたようだ。ファーウェイの元上級幹部はフィナンシャル・タイムズにこう語った。「ビジネスの最初の10年間は鳴かず飛ばずだったが、その後、急激に伸び始めた。何らかの支援があったに違いないと人々は疑っているが、社内でもそれは謎だ[24]」

2000年代初めに世界のITバブルが崩壊した時、ファーウェイは従業員を削減する一方、携帯電話事業に進出した。特に目を引くのは、危機的状況を利用して海外市場に総攻撃をかけたことだ。中国国内と同様に、ファーウェイはまず周辺部を掌握し、その後中心部を攻略することにした。国際的な大手通信企業が無視していた[25]東南アジア、南アメリカ、南部アフリカの市場をターゲットにしたのだ。確かな技術を最低価格で提供することで、ファーウェイは評判を急速に高めていった。

同社の成功は、任正非の実行力と妥協を許さない非情さに負うところが大きいが、中国の産業発展モデルからも恩恵を受けている。後にバイデン政権の国家安全保障会議で中国担当局長を務めるジュリアン・ゲワーツが述べたように、鄧小平らは「米国との交流や資本主義超大国への過度な依存を防ぐため、開放に制限を設けていた[26]」。中国の指導者は、中国がグローバリゼーションを積極的に受け入れることで、自分たちの立場が危うくなることを恐れた。中国政府はファーウェイなどの輸出企業を支援する一方で、中国市場に参入しようとする外国企業にますます厳しい条件を課し、中国のビジネスパートナーと技術を共有するよう求めた。

これは、グローバリゼーションがもたらす政治的リスクを管理しながら、経済的機会を活用しようとする政府の戦略の一部だった。中国の軍事ハッカーはしばしば副業で企業のために働き、海外のライバルのコア技術に関する戦略的情報を提供した。米国の政治家は、中国が外国のノウハウを利用して製造大国へ変貌しつつあることに憤慨した。もっとも、米国も100年前には、自国の企業が英国やドイツから価値ある技術を盗めるよう、寛容な知的財産法を制定していたのだが[27]。

米国の政策立案者は中国経済を、単一の目的のために行動する全体主義の怪物《リヴァイアサン》と見なした。しかし、中国は一枚岩ではなく、官僚の内紛や政府と企業の水面下での衝突、企業間の激烈な競争によって引き裂かれていた。とは言え、米国側の見方は、全くの間違いではなく、中国の企業の野心と政治権力は、時には互いを強化し合った。

米国はグローバル経済のトップという立場から、外へ、下へと権力を振るった。一方、中国は、苦労を重ねた末に、グローバル経済の周辺部から中心部へと攻め込み、上へ上へとはい上がってきた。中国企業は、ソーラーパネルやバッテリーの製造など、経済戦略上重要な分野で、外国のライバルを打ち負かした。しかし、その他の分野では、政府の大規模な投資にもかかわらず、後れを取った。中国政府は、国内の半導体産業を育成し、最先端チップ(28)を製造しようとしたが、国内の工学知識と能力の不足のせいで頓挫した。壮大な野心と実力の欠如というギャップに乗じて、怪しげな起業家が出現し(29)、最先端の半導体製造工場を建設すると約束して、地方自治体から数十億元をだまし取る事件も起きた。

ファーウェイの成功は詐欺ではなく事実だが、借り物のアイデアの上に築かれていた。同社は研究と開発に多額の資金を投じたが、その大半は他社製品のリバースエンジニアリング［既存の製品やシステムを分解し、設計、製造方法などを分析すること］に費やされた。同社と仕事をしたことがある関係者の一人は、「ファーウェイに、独自の技術による製品は一つもない(30)」と述べている。その後、ファーウェイは、知的財産を盗用したとして、ネットワーク機器メーカーのシスコシステムズから訴えられた。また、2007年には米国政府によってスリーコムの買収を阻止された。こうした攻撃にもかかわらず、ファーウェイは成長を続けた。

■
■
■

2012年、シスコのCEOジョン・チェンバースはファーウェイへの反撃を開始し、知的財産に関してファーウェイは常に「ルールを守っている」わけではないと主張した[31]。この訴えは、米当局が行動を起こすきっかけになった。しかし、米国の政治家が案じたのは、ファーウェイが米国のノウハウを盗んでいることだけではなかった。ファーウェイが中国政府と密接につながり、米国の安全保障を危険にさらしていると考えていたのだ。

こうした懸念は、ファーウェイが米国市場に参入しようとするにつれて高まっていった。地方の小規模通信事業者の中には、すでにファーウェイの機器を購入しているところもあった。しかし、米携帯電話大手スプリント・ネクステル［後にソフトバンクが買収］がネットワークインフラを更新しようとした際、ファーウェイが入札したことに対して、アリゾナ州の共和党上院議員ジョン・カイルが声高に反対した。他の上院議員と連名で出した書簡の中で彼はこう警告した。ファーウェイとZTEは輸出融資や補助金を通じて中国政府から資金提供されており、中国軍による[32]「通信の妨害、傍受、改ざん、意図的なルート変更」を可能にする交換機、ルーター、ソフトウエアを米国ネットワーク内に組み込む恐れがある――。

ファーウェイはこの批判をかわそうと、下院情報特別委員会の少数派委員であるC・A・ダッチ・ルッパーズバーガーを香港に招待し、任正非に会わせようとした。これが裏目に出た。

ルッパーズバーガーと同委員会のマイク・ロジャース委員長は、ファーウェイとZTEを米国の安全保障に対する脅威と見なす報告書を共著した。[33]二人は、中国がファーウェイとZTEの機器を「悪意のある目的」のために使用する可能性があると主張し、技術的な保護ではその脅威を完全に抑えることはできないと述べた。彼らはくしくも20年前の江沢民と同じく、「交換機は軍隊のようなものだ。それを制御できなければ、国の安全を制御することもできない」との結論に至った。

ある通信企業の元幹部は[34]私たちに、「自分の会社はファーウェイに契約の入札をするよう勧めたが、彼らとビジネスをするつもりはなかった」と語った。ファーウェイの入札額は驚くほど低く、競合するエリクソンやノキアに値引きさせるのには役立ったが、ファーウェイとビジネスをすれば、低い入札価格で得る利益をはるかに超えるトラブルを招くことを、その元幹部は知っていた。ファーウェイが米国に侵入することは決して許されないのだ。

次第に米当局は、ファーウェイが他国でしていることについても懸念するようになった。同社は発展途上国を拠点に、勢力圏をより豊かな国へと広げていったが、その中には米国の同盟国が数多く含まれていた。米国はファーウェイの機器に代わるものを提供できなかった。なぜなら、米国の大手通信機器メーカーはすべてグローバル競争に敗れ、消えるか売却されたからだ。その結果、スウェーデンのエリクソン、フィンランドのノキア、中国のファーウェイの3大通信機器プロバイダーだけになり、それぞれがグローバル市場の15～30パーセントを占めていた。[35]

米当局は、ファーウェイの二枚舌を苦々しく思っていた。ファーウェイの重役によると、任正非は社員に対し、「中国国内では、ファーウェイが中国共産党[36]を強力に支持していることを明言し、国外では、ファーウェイが主要な国際的トレンドに従っていることを強調すべきだ」と語ったそうだ。ワシントン・ポストにリークされたファーウェイの極秘マーケティング資料[37]には、声紋識別や位置追跡システムを備えた最新の監視装置の詳細が記載されていた。それは、中国の国家安全保障と防衛に関わる顧客のために、インターネットやモバイル機器の使用を追跡するためのものだ。マイケル・ヘイデンは、国の安全を守るために境界線を引き直そうとしたが、中国政府にとって、そのような境界線は存在しなかった。米国が安全保障を維持するには、敵対国の動きを追跡することが欠かせなくなってきた。

米国が恐れたのは、中国がファーウェイに助けられて、かつて米国が中国や他の国々にしたのと同じことをすることだ。周辺地域から進軍するというファーウェイの戦略は成功を収めており、エリクソン、ノキアなどの欧州企業は、米国外での契約獲得に苦戦していた。なぜなら、ファーウェイの基地局やネットワーク製品があまりにも安かったからだ。ファーウェイはブロードバンド携帯電話ネットワークの新たな通信規格である5G（第5世代移動通信システム）の導入に向け、世界の通信インフラを再構築しようとしているように見えた。

米当局はそれを、自国の安全保障に対する重大な脅威と捉えた。5G以前の携帯電話基地局は、次世代の通信ネットワーク基盤の一部ではなく、付け足し《アドオン》にすぎない。5Gが完全に実装されれば、その新しい基地局はグローバル通信インフラにとって欠かせない構成要素になるだろう。5Gの支持者は、あらゆるモノとモノが会話できるようになると予測する。つまり、冷蔵庫、自動車、監視カメラ、ペースメーカー、ロボットなどの様々なデバイスが、ファーウェイの技術で構築された基地局を経由する目に見えない会話のネットワークに取り込まれる可能性があるということだ。ファーウェイは世界の基幹通信システムの中核になり、常時、あらゆるデバイスと最新情報を送受信し、情報、資金、物流など、すべてが中国製の機器を通して流れることになるのだ。

米政府関係者は、差し迫ったスパイ行為のリスクを懸念した。米国が真に恐れたのは、ファーウェイが世界の5Gネットワークの基本インフラを構築することによって、米国が築いてきた地下帝国を弱体化させ、徐々に吸収していき、中国の目的に合うように変えていくことだった。ファーウェイのマーケティング資料は、「政治的な利害関係者」[38]を追跡する能力を強調していた。同社は、インターネットを再構築して、権威主義的な国々[39]が自国民の行動を容易に監視できるようにしようとしていた。それが同社の目指す新しいグローバル・スタンダードだ。ファーウェイが、米国ではなく中国の価値観に基づくインターネットの実現に手を貸すことは、容易に想像できた。見返りが大きければ、ファーウェイは敵対勢力を追跡・監視したり、中国の意に沿わないことをする国の通信システム全体を停止したりするかもしれない。

オバマ政権で技術の輸出規制を担当した商務次官補ケビン・ウルフは、私たちにこう語った。「中国側はいつも私に、米国は中国を包囲しようとして[40]経済的に差別し、押さえつけようとしていると文句を言った」。もっとも彼は、自分の職務は国の安全保障の確保であり、経済問題とは無関係だと考えていた[41]。彼から見ればファーウェイは、携帯電話や交換機を販売する普通の中国企業ではなかった。ファーウェイの「規模の大きさ、製品の普及度、中国政府とのつながり」は、同社の現在の行動ではなく、その存在がもたらす今後のリスクが問題であることを意味した。

しかし、これを米国の同盟国に伝えるのは難しかった。同盟国の中には、仮定にすぎない安全保障上の脅威より、安価なインフラに関心を寄せる国もある。2019年、トランプ政権は、ファーウェイの機器を使用しないよう同盟国に呼びかけた。オーストラリアなどいくつかの国はすでにファーウェイに疑念を抱いていたため、すぐに説得できた。しかし英国のように、そうではない国もあった。

英国の国家安全保障会議では、5Gを巡って緊迫したやり取りが交わされた。財務大臣のフィリップ・ハモンドは、ファーウェイが提供する5G技術を利用すれば、数十億ポンドの節約になると言って、同僚を説得した[42]。国防大臣ギャビン・ウィリアムソンは強く反対したが、その会議の重要な詳細をマスコミにリークしたとして罷免された[43]。米当局は、英国の決定に愕然とし、英国はファーウェイに「装填された銃[44]」を手渡し、「中国が未来のインターネットを支配」[45]することを許可した、と懸念を表明した。

中国による監視の脅威には対処できると英国は主張したが、米国は耳を貸さなかった。米国の情報機関はファーウェイを調べ上げ、製品が脆弱性だらけであることをつかんでいた。米国が真に恐れていたのは、ファーウェイに助けられて、中国が独自のネットワーク帝国を築き、米国を片隅に追いやることだった。もし中国が世界のあらゆる国に5Gネットワークを構築できるのであれば、米国からファーウェイを締め出すだけでは無意味だ。米国の大都市は徐々に容赦なく包囲され、やがては屈することになる。米国の政府関係者は、ファーウェイを抑え込むことができている間に、高所から攻撃する方法を探し始めた。

■　■　■

ジャーナリストのスティーブ・ステックロウは、中国とイランの経済関係について取材し始めた時、国際的な危機を招くことになるとは思ってもいなかった。彼は監視技術を取材するウォール・ストリート・ジャーナルのチームのメンバーだった。取材チームが出した記事の中には、ファーウェイがイラン最大の携帯電話会社に、警察が携帯電話利用者を追跡できるシステムを販売したことを報じたものがあった。[46]ステックロウが並外れた情報源を持っていたのは確かだ。移籍したロイターでは、ファーウェイのライバルである中国企業ＺＴＥが、イランの国営通信事業者にインターネット監視システムを販売した経緯についての詳細なレポートを書いた。[47] リークされた製品リストは、ＺＴＥが提供した主要な機器の一部が米国製であることを示唆していた。

その9カ月後、ステックロウは2本目の記事を書き、表向きはファーウェイから独立しているとされるスカイコムが、米国製の機器をイランに売ったことを報じた。奇妙なことに、スカイコムの従業員の多くは、[48] リンクトインでは「Huawei-skycom（原文まま）」に勤務していると自称し、全員がファーウェイの社章をつけていた。数週間後、ステックロウは3本目の記事を発表し、その中で、孟晩舟がスカイコムの全株式を保有する持ち株会社の秘書[49]だったことを明らかにし、企業間の関係を隠蔽する詐欺的な工作を暴いた。

ステックロウの記事は、孟晩舟にとってトラブルの前兆だった。米国がこの記事にすぐ反応できたのは、すでに金融支配を脅しの道具に変えていたからだ。

記事を受けて、米司法省と商務省は調査を始め、多くのことが明らかになった。ＺＴＥは米国の輸出規制を、厳格な法的制限としてではなく、迷惑な障害として捉えていた。そんなＺＴＥにとって、イランの市場は魅力的だった。イランは新しい電話ネットワークの構築を早急に必要とする中所得国だが、ほとんどの西側企業はイランとの取引を禁じられていた。ＺＴＥにとってこの取引の問題点は、自社の主要製品が米国製の部品に依存しており、米国製の機器と組み合わせた時に最も効果的に機能することだった。もしＺＴＥが技術輸出に関する米国の規制に違反すれば、巨額の罰金を科せられるか、今後、米国の技術の利用を禁じられるリスクがあった。
大手多国籍企業がジェームズ・ボンドの敵役のように、その邪悪な陰謀を詳細に説明するのは極めて異例なことだが、ＺＴＥはまさにそれを実行していた。「極秘」「機密」[50]とされたＺＴＥの内部文書には、米国が「テロ支援国家」に指定した国で自社が「大量の取引」を行っていたことが記されていた。これらの国々への輸出許可を米国から得るのは「ほぼ不可能」なので、このビジネスには「莫大な法的リスク」を伴う。

ＺＴＥは解決策を見つけた。その「極秘」文書には、米国の煩雑な規制を回避するための「ハウツーガイド」が記されていた。まず、北京、香港、ドバイに中国人が経営するペーパーカンパニーを複数設立し、取引網をつくる。そのうちの１社が米国から技術を購入し、それを２番目の会社に売り、さらに３番目の会社に転売する。この３番目の会社が、問題の国の現地法人と契約を結ぶ。この手の込んだ迂回商法により、ＺＴＥは、米国が輸出をブロックしているイランやその他の国と、禁じられた取引をしていないように見せかけることができる。ＺＴＥの「ハウツーガイド」が懇切丁寧に説明しているように、ダミー企業の取引網によって、「米国が規制対象の製品の実際の流れを追跡・調査するのは難しくなる」はずだった。

この壮大な計画は、大失敗に終わった。２０１４年、ＺＴＥの最高財務責任者は、ボストンのローガン空港で呼び止められた。伝えられるところによると、彼のアシスタントのノートパソコンには、「極秘」[51]文書を含む、イランにおけるＺＴＥの違法ビジネスに関する文書の「宝の山」[52]が入っていた。米商務省はZTEを380件以上の輸出規制違反で起訴し、企業幹部の意図[53]を示す証拠として、その文書を引用した。ZTEは4億3000万ドルの罰金（さらに3億ドルの預託金）を支払うとともに、独立した企業コンプライアンス・モニターによる監督を受け、関与した従業員を懲戒処分にすることを約束させられた。その後、ZTEがその約束を守っていないことが判明したが、同社は米国の制裁を辛うじて回避し破綻を免れた。

しかし、ZTEは本命のターゲットではなかった。ケビン・ウルフが語ったように、「米国がZTEを追及した動機の大半は、ファーウェイについてまだ得られていない情報を得ることだった」。アシスタントのノートパソコンには別の機密文書[54]も含まれており、閲覧できるのは上級幹部とZTE法務部門の責任者のみとされていた。この文書には「F7」というコードネームで呼ばれる別会社についての簡潔な記述があり、F7が米国の技術をひそかにイランに売る方法のひな型を提供したことが記されていた。通信市場を知る人なら誰でも、F7がファーウェイを指すことを知っていた。

もっとも、そのF7文書は伝聞にすぎず、ファーウェイが米国の法律に違反した確たる証拠にはならなかった。ステックロウの記事もそれは同じだった。彼も認めているように、「私は、ファーウェイが米国の制裁に違反したことを証明できていない[55]」。そのわずか数年後、ステックロウはその話については「ほぼすべて忘れた」と言った。それでも、彼の記事とF7文書は、孟晩舟の逮捕とファーウェイの転落へとつながる一連の出来事の端緒になった。

■　■　■

孟晩舟は1990年代初め、任正非が設立したばかりのファーウェイで、三人の秘書の一人としてキャリアをスタートさせた。ファーウェイの成長とともに、彼女の役割も大きくなっていった。任正非は、家族を後継者にするつもりはないと明言し、複雑な交代制の経営体制を敷いた。それでも、孟晩舟を将来の後継者と見なす人は多く、彼女は同社の最高財務責任者[56]にまで出世した。その結果、彼女は、米国が自国の技術を使用する外国企業に課している複雑なルールをファーウェイがどのように遵守するか、そもそも遵守するかどうかを、他の上級幹部とともに考えなくてはならなくなった。

ルッパーズバーガーとロジャースの報告書は、ファーウェイが米国のイラン制裁を遵守しているかどうかについて鋭く追求している。孟晩舟と任正非はどちらも、コンプライアンスについて複雑な感情を抱いているようだった。サウスチャイナ・モーニング・ポスト（南華早報）によると、二人は社内の質疑応答で「ルールを守らない場合のリスクとコストを検討した結果、リスクを受け入れるシナリオに行き着いた[57]」と従業員に語ったという。

2018年12月1日、孟晩舟は香港からメキシコシティでの会合に向かう途中、カナダのバンクーバーに立ち寄った。孟晩舟（カナダの友人にはサブリナまたはキャシーと呼ばれていた）と彼女の夫は、バンクーバーを第二の故郷にしていた。彼女の子どもたちはバンクーバーの学校に通い、夫（カナダではカルロスと呼ばれた）はバンクーバーの大学で修士号を取得した。10年前、一家は400万ドルの家を購入した。バンクーバーがとても気に入ったので、その後、1200万ドル以上の豪邸に引っ越した。[58]

孟晩舟はバンクーバーの家に戻れず、乗り継ぎもできなかった。バンクーバー国際空港のゲート65で飛行機から降りた彼女を待ち構えていたのは、カナダの国境警備隊だった。[59]彼らは孟晩舟を取調室に連行し、通信を遮断するバッグに彼女の電子機器類を入れ、パスコードを提出させた。午後2時頃、3時間近く尋問を受けた後、彼女は銀行詐欺容疑による米国からの引渡令状に基づき、王立カナダ騎馬警察に逮捕された。

売ってはならない技術をイランに売った容疑として、銀行詐欺というのは奇妙に思えるかもしれない。しかし、それには理由があった。NSAのハッカーは、ファーウェイに関する多くの機密情報を集めていたが、[60]米国は、情報源と入手方法を明かしたくなかったため、その情報を法廷では使わなかった。もっと大きな理由は、孟晩舟をカナダから米国に送還しようとしていたことだ。米国の制裁に対する違反はカナダでは罪に問えないが、銀行詐欺は明らかに犯罪だ。容疑の裏づけとして、米国の検察は孟晩舟が銀行をだましたという明白な証拠を提出する必要があった。幸いなことに、米国の検察が目をつけたHSBCは、ファーウェイの国際銀行である一方、地下帝国にも絡んでいた。

その数年前、米司法省は、シナロア麻薬カルテルが麻薬密売で得た利益8億8100万ドル[61]

を、米国の金融システムを使って資金洗浄するのを助けたとして、HSBCを起訴した。HSBCは、19億ドルの罰金[62]の支払いに同意し、多年にわたる「起訴猶予」を受け入れた。この同意によりHSBCは、疑わしい顧客との取引やマネーロンダリング法の遵守状況を監視する独立監査機関[63]に協力する限り、刑事訴追（と、恐らくは破綻）を回避できることになった。

HSBCの幹部は、監視されることを好まなかった。監査人の非公開の報告書によると、HSBCは帳簿を調べて不正行為を見つけようとする監査人を妨害するため、「信用を傷つけ、否定し、はぐらかし、遅らせる[64]」作戦に出た。しかし、まもなく、HSBCの外国為替デスクが不正取引に関与したことや、HSBC経営陣がその責任者を処分しなかったことが明らかになり、米国の検察は、HSBCの該当部門に対する刑事告訴を検討し始めた[65]。起訴猶予が取り消され、HSBCが破綻する可能性が出てきた[66]。

ロイター通信によると、HSBCはファーウェイとの取引に関する情報[67]の提供を約束して、訴追しないよう米国政府を説得しようとした。HSBCは一流の弁護士事務所にファーウェイとの過去の取引を調べさせ、関係者と100回以上面談し、何十万通もの電子メールと何年にもわたる金融取引を精査した。2017年、同行は米司法省との一連の会合で、この調査結果を提出した。

HSBCにとって、これらの会合は、HSBCが自浄作用を発揮し、過去の悪行を文書化していることを米国の検察当局に納得させるためのものだった。また、意図的か偶然かは別として、ＨＳＢＣは、金色の大皿にファーウェイという料理を載せ、切れ味鋭いナイフとフォークを添えて米国に提供した。

ステックロウが書いたスカイコムとファーウェイに関する記事が公表された時、ＨＳＢＣは孟晩舟に説明を求めた。米国によると、孟晩舟はそれに応えて、パワーポイントを使ったプレゼンテーションをして、スカイコムは単なるビジネスパートナーにすぎず、ファーウェイは米国の法律と規制を厳守している、と断言した。それこそが米司法省の検察官が求めていたものだった。孟晩舟が真実でないことを述べたのであれば、彼女は「米ドル決済を含む、国際銀行サービス」へのアクセスを維持するため、ＨＳＢＣを欺いたことになる。[68] そして、それは詐欺として解釈できた。検察は、ＨＳＢＣ（ファーウェイの起訴状では「金融機関1」と記されている）が「米国経由で1億ドル以上のスカイコムに関連する取引を決済した」[69] と述べ、それが「民事罰または刑事罰」の対象になると主張した。しかし、米国は暗黙の取引によって片方を守った。つまり、起訴されたのはＨＳＢＣではなく、孟晩舟だった。

起訴後、孟晩舟の弁護士は、彼女が逃亡する恐れはないと主張したが、ウィリアム・アーク判事は７００万ドル超の保釈金を要求した。孟晩舟は保釈金を支払って釈放されたものの、常に警護特務部隊の監視下に置かれた。加えて、電子ブレスレットの装着を強いられ、[70] 午後11時から午前6時まで外出を禁止された。それでも彼女は、贅沢な買い物[71]や高級レストランでの食事など、富裕層の特権を享受し続けたが、カナダを離れることはできなかった。

米国によるグローバル金融支配は、孟晩舟逮捕の根拠だけでなく手段も提供した。その帝国が存在しなければ、HSBCのような外国の銀行は、米国の要求を進んで満たそうとはしなかっただろう。彼らが生き残るためには、ドル決済システムへのアクセスが欠かせなかった。破綻の瀬戸際にあった時、HSBCは米国の検察当局をなだめるため、必要なことを何でもしようとした。もし、米国がこうした力を持たない、あるいは行使しない世界だったら、孟晩舟は旅の途中での休憩を楽しみ、そのまま旅を続けられただろう。米国によって旅を邪魔されるとは夢にも思わなかったはずだ。

■ ■ ■

孟晩舟が逮捕されると、中国メディアは、HSBCが米司法省と「共謀」してファーウェイを「罠」にかけたと報じた[72]。政府系新聞の記事は、孟晩舟の起訴は米国とHSBCの長期にわたる陰謀の結末であり、少なくとも2012年から、米国とHSBCは中国で最も重要な通信会社を罠に掛けるべく協力してきたと示唆した。

HSBCの意図はともかく、米国の意図に関して、彼らの見立ては正しかった。米国政府の高官は明らかにファーウェイを潰したがっていた。しかし、「長期にわたる陰謀」という推測は、まったくの間違いだ。当時の米国大統領はドナルド・J・トランプで、中国への態度は、気まぐれや機嫌、あるいは最後に誰と話したかによってころころ変わった。そのせいで、米国政府高官は政府中枢の混乱《カオス》の対処に追われ、この件についてもいつも以上に即興的に対応をせざるを得なかった。驚くべきことに、予測不可能で混沌とした政権における、政府高官たちの懸命な努力の結果、帝国の新たな武器が生まれたのである。かつてリストンが、企業を政府から解放するものとして期待した知的財産が、手かせと足かせにつくり替えられた。

トランプは、そうしたいと思えば、米国の安全保障上の利益を徹底的に守ることができた。2020年2月、彼は英国首相ボリス・ジョンソンに電話をかけ(73)、英国の通信事業者がファーウェイ製の機器を購入するのをジョンソンが阻止しなかったことに「逆上」し、怒りをぶちまけた。その怒りは、言葉だけにとどまらなかった。トランプが刺客として欧州に差し向けたリチャード・グレネル駐独大使は、トランプが「今しがたエアフォースワンから電話をかけてきて、信頼できない5G機器を選択する国は、最高レベルでのインテリジェンス（原文まま）と情報共有能力を失うことになるとはっきり伝えておけ、と私に指示した」とツイートした。つまり(74)、英国がファーウェイの機器を購入し続ければ、トップレベルの機密情報を米国と共有する「ファイブ・アイズ」クラブから追放するという意向を明確に示したわけだ。

しかし、トランプは一貫性に欠けていた。中国を罰したがる一方で、自分の交渉術の巧みさを有権者にアピールできるような貿易協定を結ぶことに熱心だった。猛烈なタカ派で、国家安全保障問題担当大統領補佐官を務めたジョン・ボルトンは後に、中国と貿易協定を結びたいというトランプの願望を「ブラックホール(75)」と表現し、それがファーウェイを含む「周囲の問題をすべて歪曲させた」と述べた。

トランプは、米国がファーウェイに対して取った措置を、貿易交渉で有利な条件を引き出す材料として使うことを示唆し続けた[76]。同時にトランプは、自分の言うことを聞かない人を許せなかった。英国などの同盟国が米国の方針に従わない場合、たとえそれが、ボリス・ジョンソンのように個人的に気に入っている者の判断でも猛然と反発した。短気で派手好きで衝動的な性格だったからこそ、ボルトンのようなタカ派はトランプを巧みに操って、ファーウェイを潰し米国の国家安全保障上の利益を守る政策に向かわせることができたが、一方で、トランプを目標に集中させ続けるのは難しかった。

トランプは孟晩舟逮捕の知らせを受けた時、大いに喜んだわけではなかった。2018年のホワイトハウスのクリスマスディナーで、彼はボルトンに、ファーウェイが中国最大手の通信会社であることを不満げに語り、孟晩舟は「中国のイヴァンカ・トランプ[77]［トランプの娘］」だと言った。ボルトンによると、トランプは、ファーウェイが貿易交渉の切り札になることをほのめかし続けたそうだ。

2019年5月、米商務省産業安全保障局は、ファーウェイといくつかの関連会社を「エンティティーリスト［禁輸リスト］[78]」に載せるという重大な決断を下した。ケビン・ウルフが聞いたところによると、「中国との貿易交渉中に……トランプが、ネブラスカ州などの[79]穀物を中国に買わせるため圧力をかけようとして……このような事態になった」。ファーウェイをエンティティーリストに載せた影響は広範に及んだ。このリストは、米国が国家安全保障上のリスクと見なす企業を特定するものだ。米国企業は、政府からの特別な許可を得た場合に限り、これらの企業に米国製の技術や製品を販売することができる。

このことはファーウェイに大打撃を与える可能性があった。同社は米国の知的財産に依存して携帯電話を製造していたからだ。トランプ政権の商務長官ウィルバー・ロスは記者会見で、エンティティーリストの目的は「米国のテクノロジーが、米国の安全保障や外交政策の利益を損なう形で外国企業に利用されるのを防ぐ[80]」ことにあると説明した。これはトランプのお気に召したようだった。ボルトンによれば、トランプは部下たちに、このプレス向けの声明は「最高に素晴らしい。上出来だ[81]」と語ったそうだ。

しかし、トランプは中国との取引を模索し続けた。大阪で開催されたG20サミットで、習近平国家主席と会談した際には、ファーウェイ問題について歩み寄ったように見えた。トランプは中国製品への関税の引き上げを先延ばしにし、「中国企業ファーウェイが（米国ハイテク企業から）製品を購入することを認めることで合意した。これはわが国の安全保障に影響しない[82]」とツイートした。しかし、トランプの集中力は持続せず、ロスやボルトンなどの政府高官がトランプの「軽率なコメント[83]」のほとんどを「元に戻した」。

タカ派は、エンティティーリストをファーウェイと闘う武器にしようと試みたが、その限界に何度も直面した。リストは、米国製品と米国の知的財産にのみ適用される。ネブラスカ州選出の上院議員ベン・サスは、「ファーウェイのサプライチェーンは米国企業との契約に依存している」ため、エンティティーリストは「米国の敵を効果的に混乱させる[84]」ことができると主張した。問題は、ファーウェイが米国企業に代わる外国企業のサプライヤーを見つける可能性があることだった。

ウルフが述べた通り[85]、トランプ政権は「ほとんど明文化されていない目的のために、輸出規制を特定の企業の制裁に使おうとしていた」。二次制裁（セカンダリー・サンクション）は、米ドルの世界的なパワーのおかげで、米国外でも効果的に機能した。これとは対照的に輸出規制のほうは、「たとえそれが米国のテクノロジーや企業によってつくられたものであっても」、米国外では、「外国製の製品に法的な影響を及ぼさない」。つまり、それは「米国企業のライバルに有利に働き、ファーウェイには何ら影響を与えない制度」だった。

後に明らかになったことだが、私たち〔本書の著者〕のアイデアが、図らずも解決への道を示すのを助けることになった。2019年、私たちは「武器化された相互依存[86]」と題した論文を執筆し、相互依存するグローバル金融ネットワークを米国が威圧の道具に変えてきた経緯を述べた。その論文執筆は後に本書に結実した私たちのアイデアを具体化するのに役立ったが、それだけではなく、他の人が独自のアイデアを具体化するのも手助けした。

本書を書き終えようとしていた頃、タフツ大学の歴史学者クリス・ミラーが、半導体と米国権力の歴史に関する画期的な著書『Chip War[87]』〔邦訳は『半導体戦争　世界最重要テクノロジーをめぐる国家間の攻防』ダイヤモンド社」を発表した。私たちの一人は発行日にその本を買って読み進めるうち、自分たちの研究が影響を与えていることに驚いた。ミラーの著書には、私たちの論文がグローバル経済を武器化することの危険な結末を米国に警告したが、トランプ政権の高官たちは私たちの論文から全く異なる意味を汲み取ったと書かれている。

米国は、規制をさらに強化しようとした時、私たちの論文の核になっていたアイデアを利用した。それは、単一のチョークポイントを敵対勢力と戦う武器にすることだ。ミラーは電子メールで私たちにこう語った。「私がインタビューした政府高官が、あなたたちの論文『武器化する相互依存』を読んで戦略を実行に移すための指南書だと思った(88)、と言ったので、私は椅子から転げ落ちそうになった」。彼の著書の中で、政府高官はこうつぶやいている。「武器化する相互依存、素晴らしいアイデアだ(89)」

恐らくトランプ政権の当局者は、私たちの論文を読まなくても、チョークポイントの価値に気づいただろう。いずれにせよ、より重要だったのは、彼らが発見した特別なチョークポイントだった。それは、輸出規制の黎明期からのあまり知られていない規定で、それによって彼らは、米国の知的財産をドル決済制度と同等のものに変え、半導体サプライチェーンをファーウェイと闘うための武器にすることができた。数十年間、米国は米ドルを扱う外国銀行の管轄権を主張し、ドル決済の管理権を用いて、それらの銀行を従わせてきた。そして今、米国は、米国の知的財産を間接的にであっても扱う外資系ハイテク企業に対しても、管轄権を主張するようになったのだ。

すでに米商務省のルールによって、外国製品でも、知的財産の25パーセント以上が米国に由来する場合[90]は、輸出をブロックすることが認められていた。2020年、同省は「外国製直接製品規制(FPDP)」という面倒な名称の規制を利用して、その適用範囲を大幅に拡大した。米国の知的財産を含む製品だけでなく、米国の知的財産に依存する製品やプロセスを利用してつくられた製品についても管轄権を主張したのである。ウルフが述べたように、「数兆ドル規模の取引[91]が、「320ページにわたるエンティティーリストの一番下の脚注にちっぽけな文字で書きこまれた」ルールの影響を受けた。

この一見難解な脚注は、半導体に重大な影響を及ぼした。もはや米国は1990年代のような規模では半導体を製造していなかったが、外国企業や多国籍企業が半導体を製造するのに必要な知的財産を握り続けていた。半導体の設計は、ケイデンス・デザイン・システムズのような米国資本の企業が独占し、半導体の製造には米国の技術が不可欠であったため、ファーウェイが米国政府の許可なく最先端半導体を購入するのは、極めて難しかった。

官僚たちの創意工夫のおかげで、トランプの無秩序な政策アプローチから、新たな経済兵器が誕生した。同時に、その武器の使用方法は複雑になった。習近平との会見後のトランプのツイートは、米国政府の公式政策である。米商務省の役人は、米国の技術をファーウェイにライセンス供与する方法を考えなければならず、最終的に数十億ドル相当のライセンスを供与することになった。企業は、米国政府からの許可があれば、ファーウェイに製品を販売できた。もっとも、5Gやクラウド・コンピューティングにおけるファーウェイの野望を支援しないという条件付きだ。こうしてファーウェイは生き残ることができたが、繁栄はできなかった。世界規模の代替ネットワークを構築して世界のテクノロジー経済の頂点に立つという夢はついえた。

ファーウェイは防衛策を講じ、輸出禁止が実行される前に、最新の半導体を大量購入し備蓄した。最終期限の数日前には、特別な貨物機をチャーターし[92]、最後の積み荷を運んだ。それでも、最新の半導体の在庫が尽きてくると、携帯電話事業は他社に後れを取り始めた。2021年第1四半期までに、同社の携帯電話の世界シェアは、全盛時の20パーセントから4パーセントに落ち込んだ[93]。

ファーウェイは、クアルコムなどが設計したそれほど先進的でない半導体を購入できたが、それにも米国政府の許可が必要だった。新しいルールはTSMCも巻き込んだ。2019年、米国は、TSMCがファーウェイに先端半導体を販売するのを阻止するため、台湾向けのロビー活動を活発化させた[94]。新しいルールは、米国が直接TSMCの手綱を締めることを可能にした。TSMCは世界の半導体市場の50パーセント以上を支配し、技術面でも最も近いライバルである韓国のサムスン電子の一世代先を行っていた[95]。最先端チップ（10ナノメートル未満）に至っては、製造をほぼ独占し[96]、世界生産量の90パーセント以上を占めていた。2019年、TSMCにとってファーウェイはアップルに次ぐ第2位の大口顧客であり[97]、同社向け売り上げは54

億ドルだった。米国が新ルールを発表した後、ＴＳＭＣは自社の最先端チップをファーウェイに売るか、それとも最先端チップの開発・製造に必要な米国のテクノロジーを利用し続けるか、二者択一を迫られた。痛みを伴う選択だったが、答えは見えていた。

ＴＳＭＣが米国への追従を決めたことで、英国政府はファーウェイを契約から排除する口実を得た。英国国家サイバーセキュリティーセンター（ＮＣＳＣ）の技術責任者であるイアン・レヴィは、次のように警告した。「（米商務省のルールに）対応してつくられたファーウェイ製品は、エンジニアリング上の課題を数多く抱えており、セキュリティーと信頼性の問題が多発する可能性が高いため、安心して使用することは難しい(98)」

孟晩舟逮捕の約3年後、米司法省は、彼女の弁護団と合意に達したと発表した(99)。孟晩舟は、スカイコムがファーウェイのダミー会社であったこと、スカイコムが「禁輸」対象の機器をイランに販売していたこと、また自分がＨＳＢＣに「虚偽の説明(100)」をしたことを認めた。その見返りとして、米国は起訴を猶予し、今後4年間にわたって彼女が法律を遵守すれば、起訴を取り下げることで合意した。

米国はファーウェイに対して、何億ドルもの罰金を科したり、長期的監視を約束させたりしなかった。そうすることに意味はなかったからだ。孟晩舟が深圳に戻った頃、ファーウェイはすでに極めて厳しい規制を受けていた。何らかの技術上の奇跡が起きるか、米国からの圧力が弱まらない限り、ファーウェイの世界的な野望はしぼんでいくだろう。

ファーウェイは、米国の心変わりを期待するより技術上の奇跡のほうが有望だと考えた。2021年8月、任正非はファーウェイの研究者との会話の中で、「特に化合物半導体と材料科学分野における理論上のさらなるブレイクスルー」[101]の必要性を強調した。中国は、半導体の新たな材料を開発するための研究プログラムを立ち上げており[102]、それが業界に革命を起こして、米国と同盟国の先を行くことを期待していた。非常にリスクの高い戦略だったが、任正非が述べた通り、「現実的なことばかり追求していたら、永遠に後れを取るだろう」[103]。

ファーウェイは依然として「周辺部」に販売することはできたので、西側諸国に無視されている新興市場の開拓を強化した[104]。米国との結びつきが英国ほど強くない国々は、ファーウェイから基地局を購入することに前向きだった。中には、あえてファーウェイを選ぶ国もあった。ロシアの「政府関係者」が述べたように、「どうせ米国か中国のどちらかに盗聴されるのなら、害の少ないほうを選ぶべきだ」[105]と考えたからだ。しかし、ファーウェイには、大都市市場を攻略するために必要な競争優位性が欠けていた。ライバルの欧州企業、ノキアとエリクソンが5Gの契約を着々と獲得していく中、ファーウェイは挫折に次ぐ挫折を味わった[106]。

1980年代にウォルター・リストンは、知的財産のグローバルな広がりによって、ビジネスを国境内に閉じ込めていたルールが弱まることを期待した。しかし、それどころか、米国の知的財産は、目に見えない長い釣り糸となり、その先にある光輝くルアーの針に外国企業は食いつき、飲み込んだ。米国が釣り糸を巻き上げ始めると、ファーウェイと中国は、自分たちの運命がますます敵対的になる大国に左右されることを思い知った。ライオンはオオカミの群れに立ち向かい、縄張りの外へ追いやったのだ。

■ ■ ■

わずか数年前までファーウェイは、世界のテクノロジーの覇者になろうとする中国の野望の中心的存在だった。しかし今では、中国の脆弱性を語る訓話の主人公になった。米国は、グローバルな通信、金融、テクノロジーの流通経路を掌握することで、最も強力な中国企業さえ人質に取ることができたのだ。

中国政府は、自らも包囲され、危険にさらされていると考えた。習近平は、すでに2018年のスピーチで、「重要で核となるテクノロジーが他国に支配されている状況は根本的に変わっていない[107]」と述べた。新しい経済の頂点に築いた要塞から指令し続ける旧帝国に立ち向かうため、習近平は新たな長征を呼びかけ、力を蓄え「再スタートせよ[108]」と檄を飛ばした。

中国政府は、中国企業の首を絞める恐れのある技術的な「チョークポイント[109]」を特定したかった。中国商務部は、独自に「信頼できない企業リスト[110]」を公表し、中国の安全保障を脅かす企業の市場参入を制限しようとした。秘密裏に設置された委員会[111]は、外国のテクノロジーを精査し、米国からの輸入品を国産品で代替する可能性を探った。習近平は、「テクノロジーにおける自給自足と国力増強」を目指して科学技術システムを再構築する3カ年計画[112]を承認した。

経済5カ年計画では、技術的自立を中核目標[113]に掲げ、主要技術を巡る「困難なバトルを闘い抜く」ことを約束した。政府は、半導体製造を強力に支援し、1180億ドル[114]を追加投資することを発表した。

しかし、中国が自立できるかどうか、ましてや、独自の技術帝国を築けるチャンスを得られるかどうかは、全くの未知数だった。上海を拠点とする中芯国際集成電路製造（SMIC）などの中国の半導体企業は依然として、先端半導体の量産には至っていなかった。加えて、中国は欧米のソフトや機器から製造技術を学んできたが、次第にそれらへのアクセスも、米国とその同盟国によって阻まれるようになった。国内のサプライヤーも頼りにならなかった。日経アジアによると、中国の電子設計自動化ツール大手である北京華大九天科技（エンピリアン・テクノロジー）の幹部は、「私たちにシノプシスやケイデンスの代役を期待するのは、自動車メーカーにロケットの製造を依頼するようなものだ[115]」と不平を漏らしたそうだ。それでも、中国は諦めなかった。習近平は、信頼できる助言者である副首相の劉鶴《リュウハァ》［2023年3月に副首相を退任］を、自立戦略の監督に任命した。劉鶴はこう述べた。「我が国にとって、テクノロジーとイノベーションは成長だけに関わる問題ではなく、国の存亡に関わる問題だ[116]」

中国は、スパイ行為や破壊活動に対しても脆弱だった[117]。スノーデンは、米国がグローバル通信ネットワークにおける中心的立場を利用して、戦略的に価値のある情報を収集していたことを暴いた。これに驚いた中国の指導者たちは、外国のテクノロジーがもたらす脆弱性に注意を向けるようになった。スノーデンが暴露した監視プログラムを中国のジャーナリストたちが理解するにつれて、「信息安全（情報セキュリティー）」といった言葉が、国営新聞に頻繁に登場するようになった。『政府調達情報』などの専門誌は、中国の機関は「外国の企業や勢力の影響を完全に排除」し、「輸入に頼る製品やサービスを、独立してコントロールできる国産のハードウエアやソフトウエアに置き換え……国と軍の中核的利益を守る」[118]必要があると主張した。

習近平が直面したより深刻な問題は、米国がHSBCを従わせるのに用いた金融構造を中国が持っていないことだった。なお悪いことに、中国は米国の圧力にとても脆弱だが、米国は中国から圧力を受けても平気だった。

2020年8月、米政権は、中国当局による民主主義弾圧に加担したとして、香港の行政長官キャリー・ラム（林鄭月娥）に制裁を科し、林鄭は中国の銀行に口座を持てなくなった[119]。個人、企業、団体を制裁対象に指定する米国の力は強大であり、中国の銀行は、林鄭への制裁に違反することを恐れた。林鄭の給料は現金で支払われ、林鄭は公邸になっている総督府（植民地時代に建てられた邸宅で、プールが二つある）のあちこちに現金をしまい込んだ。中国はその報復として、ガイル・マンチン（当時の米国際宗教自由委員会委員長）に、入国禁止の制裁を科したが、米国の銀行は意に介さなかった。マンチンは中国が自分に関心を寄せたことを「光栄に思う」[120]と公言したが、中国へ行く予定はなかったので、その制裁は彼女の人生に何ら影響を与えなかった。

だからこそ、中国政府はグローバルな金融インフラからの独立を試みた。北京で開かれた産業フォーラムで、元財務相の楼継偉《ロウチーウェイ》は、米国のナショナリズムの高まりとドル支配の強化は、中国と米国を新たな「金融戦争」[121]へ追い込む恐れがあると警告した。アナリストや元金融当局者は中国政府に「強硬手段」[122]すなわち、米国によってドル決済システムから締め出されることへの備えを呼びかけた。

中国の知識人の一部は、中国が独自の金融ネットワークを構築することで、将来的に自国を守り、敵国への報復も果たせると期待した。ウクライナ侵攻後、ロシア企業は、欧米による制裁を回避するために、相次いでドルではなく人民元で決済するようになった。[123] ２０１５年、中国は独自の決済システムである人民元国際決済システム（ＣＩＰＳ）内に、ＳＷＩＦＴに似た機関を創設した。[124] 公式の発表によると、ＣＩＰＳは２０２１年までに12兆６８００億ドル相当の取引[125]を処理していたという。この数字は恐らく誇張されている上、ＳＷＩＦＴが処理した金額の10分の１にも満たない。それでも、中国銀行のある部門は国内の他の銀行に、決済システムをＳＷＩＦＴからＣＩＰＳに切り替えるよう助言し、「敵に一撃を加えることで、将来、敵からの何百もの攻撃を避けることができるようになるだろう……精神的にも実践的にも、事前に準備しておく必要がある[126]」と警告した。

中国は、たとえグローバル経済の配管をコントロールできなくても、強力な武器をまだ一つ持っていた。それは中国市場へのアクセスだ。中国では何億人もが中流階級に仲間入りして活発な消費を牽引しており、中国のメーカーは工作機械、原材料、石油、石炭など無数の商品を渇望していたため、中国国内市場へのアクセスに対する需要は高まっていた。また、中国政府がグローバリゼーションをコントロールするために開発した政策ツールは、中国の機嫌を損ねる企業や国家を罰するために利用できた。もっとも、それにはコストが伴った。

ノルウェーのノーベル賞委員会が中国の作家で反体制活動家の劉暁波《リウシアオポー》にノーベル平和賞を授与すると、中国はノルウェー産サーモン(127)の輸入を制限した。また、オバマ政権が中国軍の将校5人(128)をサイバースパイ容疑で起訴すると、中国政府は、ウィンドウズの最新バージョンを政府のコンピューターで使用することを禁止した。

中国にとっての問題は、これらの制裁の効果が自ずと限られていたことだ。ノルウェー産サーモンの輸入を制限しても、中国はダメージを受けなかっただろうが、ノルウェーも他の国がサーモンを買う限り、大したダメージは受けなかった。しかし、制裁が大規模になると、標的にした国と同等のダメージを中国が受ける恐れがあった。オーストラリアが新型コロナウイルスの発生源についての調査を要請した際(129)、中国は貿易制裁で報復し、オーストラリアからの重要産品についての輸入を制限、あるいは禁止した。しかし、最も重要な輸入品である鉄鉱石の輸入は禁止しなかった。なぜなら、中国にはそれがどうしても必要だったからだ。また、中国政府は、国営の発電事業者に、オーストラリアから石炭を輸入することを禁じたが、数カ月後、中国経済はエネルギー危機に見舞われ、発電事業者はひそかに輸入を再開した(130)。他の制裁措置も、ほとんど効果がなかった。オーストラリアの輸出業者は新たな買い手を簡単に見つけることができたからだ。結局のところ中国は、自らを傷つけることでしか他国を傷つけることができず、他国を傷つけたとしてもその傷は浅かった。

それでも武器化された市場は、役に立つ場合がある。中規模の国は、中国の神経を逆なでする行動、例えばダライ・ラマの訪問などを避けた。[131] 企業は中国の不快感に対して立場が弱く、中国に依存していればなおさらだった。新疆ウイグル自治区における人権侵害について意見したロンドンの弁護士グループを中国が標的にした際、他の弁護士たちは、[132] 攻撃の矛先が自分に向かうことを恐れて沈黙した。中国のテレビ局がNBA（全米プロバスケットボール）の試合中継を中止した時には、NBAは「多額」の損失を出した。コミッショナーのアダム・シルバーによれば、その額はおよそ4億ドル[133]にも上った。中国は、NBA人気チームのマネジャーが香港の民主化デモを支持するツイートをしたことなどに報復したのだ。

それでも中国は、オーストラリアなどの経済が中規模の国にさえ、自国を傷つけることなく大きなダメージを与えることができなかった。米国と違って中国は、グローバル経済の地下組織にある重要なチョークポイントを一つもコントロールできていなかったからだ。1990年代後半、インターネットとグローバル金融システムが急成長を始めた頃、中国はグローバルな市場や技術の流れに積極的に参加し始めたばかりで、世界のインフラを形成する先頭集団からはるかに遅れていた。

経済規模から判断すれば、中国は大国だったが、グローバル経済ネットワークへの影響力から判断すれば、取るに足らない存在だった。一方、米国は、自らの地下帝国を利用して敵も味方も威圧し、コストを押しつけることができた。米国がイランをグローバル経済システムから排除しようとした際、そのコストを支払ったのは米国ではなく他国の銀行だった。それらの銀行は、財政を圧迫する米国の法規制の受け入れを迫られ、それを拒めば、巨額の罰金を科され破滅するしかなかった。米国がファーウェイの半導体へのアクセスを拒否することを決めた時、ファーウェイと中国は、自国で技術を開発していつか米国に打ち勝つことを夢想しながら撤退するしかなかった。

ファーウェイと中国は強大な敵と戦うため、毛沢東の「非正規戦争」の概念に再び頼らざるを得なくなった。ファーウェイのサプライヤーの一人は日経アジアにこう語った。「米国の威圧が最新鋭の戦闘機による爆撃だとしたら、ファーウェイの反撃は間違いなくゲリラ戦法だろう」(134)

第4章

Waking into Winter

冬の寒さで目覚める

2022年3月1日、驚くべきことが起きた。欧州委員会の委員長ウルズラ・フォン・デア・ライエンが歴史的なスピーチをしたのである。

ベルギーのブリュッセルに本部を置く欧州委員会は、欧州連合（EU）の執行機関だ。1980年代から90年代にかけて、対立していた各国政府を単一市場へ導き、国家間の経済障壁を取り払った。2002年、アイルランドのポンド、ポルトガルのエスクード、ドイツのドイツマルク、フランスのフランは、単一通貨ユーロに統一され、トーマス・フリードマンが描いたグローバリゼーションが小さめながら実現した。これからは欧州委員会の専門家たちに導かれて、国家間の激しい対立は自由市場と開かれた国境に道を譲り、自由貿易と国際法が勝利を収めると、多くの人が予想した。

しかし今では、そのビジョンは過去のものとなり、もはや思い出せないほどだ。現在、ＥＵの方向性を決めるのは、欧州委員会ではなく、ドイツやフランスといった大国だ。もはや欧州は、劇的な変革を起こす状況にはなかった。

ロシアによるウクライナ侵攻は、まるでおとぎ話の中で時計が真夜中を告げたかのようだった。自由貿易による安全保障という欧州が見ていた心地よい夢は、爆撃の煙となって消え去った。有識者らは、次のように予想した。ウクライナが無残にも解体され、食い荒らされるのを目の当たりにして、欧州諸国は怒りを込めた非難を表明するが、効果的な経済措置を打ち出すことはできないだろう――。

しかし予想に反して、前ドイツ首相アンゲラ・メルケルの弟子[1]で欧州委員会の委員長であるウルズラ・フォン・デア・ライエンは、欧州の新たな幕開け[2]を告げるかのような発表をした。ＥＵは「光の速さ」で、「ロシアの金融システム、ハイテク産業、腐敗したエリート層を対象とする三つの強力な制裁」を採択した。欧州は、ロシアの主要銀行をＳＷＩＦＴネットワークから締め出し、ロシアの航空会社に対してエアバスの部品供給を停止し、ロシアの新興財閥《オリガルヒ》の口座を凍結した。最も衝撃的だったのは、ロシア中央銀行に対して欧州に保有する資金へのアクセスを遮断し、ロシア政府が政治的干渉とは無縁だと考えていた「数十億ドルの外貨準備高」を無力化したことだ。その後の数日間、欧州と米国は次々に新たな施策を打ち出し、グローバル経済の要衝からロシアを締め出した。ＥＵは何十年もの間、権力政治《パワーポリティクス》のない世界を夢見て眠っていたが、今、目覚めたのだ。

しかし、目覚めることと経済戦争を起こすことでは、次元が全く異なる。ＥＵというプロジェクトの目的は、市場を解放することであり、市場を武器化することではない。それに、ＥＵ自体、脆弱で分裂していて、その急所にクマ（ロシア）が爪を立ててきたと感じていた。ドイツ経済はロシアのガスに依存していた。ハンガリーも同様で、しかもハンガリーの首相はプーチンを支持していた。

だが、それでも欧州がこうした対策を実行できたのは、ウクライナ侵攻の数年前から始まっていた変化が功を奏したからだった。その変化は、思いがけないことがきっかけだった。それはロシアへの恐れでも、中国への懸念でもなく、米国という脅威である。

■　■　■

数年前まで、欧州の主流派の中に、米国を危険視する人はいなかった。ＥＵと米国の関係は、あまりにも基本的なものであり、疑う余地はなかった。時には、政策に関して意見が分かれたり、一時的に対立したりすることもあったが、友好関係が揺らぐことはなく、ましてや、一方が他方を強く脅かすようなことは決してなかった。

　実際、近代欧州には、米国がつくり上げた側面もある。第二次世界大戦の惨禍の後、欧州の連邦主義者は、欧州を統合したいと考えた。その崇高な理想は、同盟国を一致協力させて経済再建に取り組ませたいという米国の現実的な願望と一致した。これが一部の連邦主義者が期待したような欧州超大国の誕生に結びつくことはなかったが、ＥＣＳＣ[3]、ＥＥＣ、ＥＣ、そして最終的にＥＵという、紛らわしく覚えにくい略称を持つ組織が次々に誕生した。

　略称は変化したが、欧州を苦しめてきた紛争を終わらせ、経済協力を構築するという夢は変わらなかった。ＥＵを創設した二大国であるドイツとフランスは、それまで約一世紀にわたって激しく対立し、悲惨な戦争と危うい和平を行ったり来たりしてきた。この両国がＥＵに加盟すれば、戦争は起きないはずだ。両国は、他の創設国とともに、戦火に引き裂かれた大陸を市場によって結びつく平和地帯に変えるために、「より緊密な連合[4]」を築くことを約束した。

　ＥＵは、市場を通じた平和というストーリーを基盤としていた。主要な加盟国はＮＡＴＯ加盟国でもあり、米国の核の傘に守られていたため、戦争について考える必要はなかった。いずれにしても、貿易はある種の安全保障を提供していた。貿易相手国と戦争をして、自国の経済をあえて損なおうとする国があるだろうか。

　もっとも、同盟国を守るという米国の意志は、時折、欧州の貿易への熱意と対立した。冷戦時代にレーガン政権は、ソ連がハードカレンシー［他国通貨と交換可能な米ドル、ユーロ、円などの国際通貨」にアクセスするのを阻止しようとした。しかし、ドイツなどの欧州諸国は、安定したエネルギー供給を必要としており[5]、ソ連のガスと石油を購入したかった。それらの国々は、ソ連の天然ガス生産会社であるガスプロムを積極的に支援し、シベリアの天然ガスを西ヨーロッパへ運ぶパイプラインさえ建設した。

ハーバード大学の秀才アントニー・ブリンケンの卒業論文は、まもなく著作として刊行された。その中で彼は、「米国はこのパイプラインが敵への支援になると考えているが、欧州諸国は、パイプラインは平和の可能性を高めると主張している」と述べた。米国は「経済戦争[6]」によってソ連を破壊しようとしたが、主要な欧州諸国は、ソ連の変革を望んだ。パイプラインはロシアをグローバル経済に組み込むのを助け、ロシアの政治を変え、行動を軟化させるだろうと考えたのだ。

レーガン政権は、パイプラインを建設している欧州企業に経済制裁を科し、欧州が協力しないのであれば、米国は「西ヨーロッパへの軍事的支援を見直す[7]」とまでほのめかした。しかし、欧州は米国の制裁を公然と無視し、米国の報復を恐れず、企業を支援し続けた。彼らは「欧州が所有・運営し、国営でさえある企業」に米国が干渉することに激怒していた[8]。この反発にレーガンは驚き、制裁が欧州の違反者よりも米国企業を傷つけることを恐れた。結局、パイプラインは予定よりほんの数カ月遅れただけで完成した。

冷戦が終わり、ＥＵが自由貿易という新たなグローバル経済秩序を熱狂的に受け入れると、こうしたことはすべて忘れ去られた。欧州は、国々が平和に共存するには経済的な相互依存が欠かせないため、米国の保護は当然続くだろうし、グローバル経済の開放は自国の利益に直結する、と考えた。ドイツ人の言葉を借りれば、欧州は「Wandel durch Handel（貿易による変革）」を目指したのだ。

そうした理念と利益は表裏一体だった。貿易は中国経済を西側モデルに近づけると同時に、ドイツの自動車メーカーや機械メーカーを潤わせた。ガスプロムのパイプラインはロシアを西側に近づけると同時に、ドイツの大手化学メーカーBASFなどに安価なエネルギーと原料を提供した。EUの主要国であるドイツとフランスは、ガスプロムとロシアの石油大手ロスネフチに、欧州のエネルギー・インフラの一部の所有権を与えるのは妥当だと考え、ポーランドとウクライナの抗議を無視した。利害を共有することで、ロシアと欧州の関係がさらに密接になるのは確実だった。欧州はロシアのガスに頼り、ロシアは欧州の資金に依存した。もしロシアが欧州への天然ガスの供給を止めるようなことがあれば、ロシアは高価なインフラを放棄し、莫大な利益を失うことになる。

ひょっとすると交易の魔法は、荒々しく威嚇的な獣を、礼儀正しい宮廷人に変えるのかもしれない。しかし、このおとぎ話の裏には、飽くことのない欲望という美しくない話が潜んでいた。冷戦時代の「東方外交」(9)は、貿易と政治的なつながりを通してロシアと東ヨーロッパを徐々に変えることを目指していたが、欧州の政治家を儲けさせる利己的なコネクションにしばしば陥った。ドイツの社会民主党党首で元首相のゲアハルト・シュレーダーは、欧州にエネルギー・インフラを建設するロシア企業を熱心に支援したことで知られる。[10] 首相の座を失う前年、彼は自分の伝記作家に、政界を離れても「金儲け」[11]をしたいと語った。ガスプロムやロスネフチなどのロシアの大手エネルギー企業は、彼の野望を喜んで支援し、コネクションの代価として、多額の報酬を支払った。

ＥＵは安全保障を米国に、エネルギーをロシアに、貿易を中国に依存していたが、それが問題になることはなかった。彼らには、平和な経済交流が無限に繰り広げられる未来しか見えていなかった。米国の地下帝国の成長、ロシアの領土的野心の復活、中国の権威主義の高まりといった動きはすべて、別世界で起きているかのようだった。

欧州の政治家はシリコンバレー企業の台頭を懸念していたが、それは単にＥＵ企業が市場から締め出されつつあったからだ。欧州の政治家は、ユーロがやがてドルに取って代わることを期待したが、ドル決済システムを大きな戦略的脅威とは見なしていなかった。米国がそのシステムを武器として欧州を攻撃するはずがない、と彼らは考えていた。欧州の人々が世界貿易とサプライチェーンについて心配する時、注目するのは経済であって、安全保障上のリスクではなかった。ＥＵの高官は、ロシアのガスに依存することによる地政学的リスクなど気にも留めなかった。むしろ彼らが心配したのは、エネルギー供給が限られた企業に集中し、経済競争が阻害されることだった。エネルギー企業間の競争の管理は、欧州委員会に任せておける仕事だった。もはや同委員会の任務は、新しい欧州のビジョンを形づくることではなくなり、オフホワイトの壁に囲まれた殺風景なオフィスで、植物検疫規制に関する曖昧な変更(12)を布告するといった、専門的で細かな仕事に終始した。委員会は依然として大きな力を持っていたが(実際、エネルギー市場は重要だったのだが)、その力が及ぶのは、役所の外では誰も気にも留めないような退屈な事柄に限られていた。

EUは、集団安全保障のメリットについて考えることさえ難しかった。EUのいわゆる共通外交・安全保障政策は、加盟国の個別の利益と政策にとっては、中途半端な後付け(13)にすぎなかった。欧州委員会は、自らが支配する「貿易と単一市場」の領域を、フランスなどの加盟国が経済介入の口実にしかねない外交政策上の懸念から切り離そうとした。1990年代後半、NSAの監視システムであるエシュロンに関するスキャンダルなど、安全保障上の問題が起きても、EU当局者はほとんど関心を示さなかった。2016年、オーストリアのプライバシー保護活動家マックス・シュレムスは、「根本的な問題は、国家安全保障に関する管轄権がEUに全くないことだ(14)」と私たちに語った。欧州にはOFACのような組織がなく、制裁措置の決定には加盟27カ国すべての賛同が必要で、措置の実施は、各国の政府機関(制裁措置を実施するためのリソースに欠けている機関も少なくない(15))に委ねられた。他国が貿易を武器にしたりサプライチェーンを攻撃したりしてEUの安全保障を脅かした際、EUの最初の選択は、反撃でも防衛でもなく、世界貿易機関(WTO)に事態の収拾を願い出ることだった。

ＥＵのグローバリゼーションへの信仰は、最悪の場合、リスクの無視につながった。しかし、最善の場合には、長く厳しい対立から毒を抜くための取り組みを促した。例えば、イランが核開発の制限に同意した２０１３年の協定の成果はその一例だ。欧州の当局者は、この協定によって、米国・イラン間の化膿した傷が治癒することを期待した。そうなれば、欧州企業は米国による制裁を気にすることなく、イランに進出できるようになり、米国とイランの暫定的な和平の基盤も築かれるだろう。うまくいけば、ＥＵにとっても利益になる。ＥＵはこの交渉で端役を務めたわけではない。当時の米国務長官ジョン・ケリーによれば、ＥＵの外務・安全保障政策上級代表キャサリン・アシュトンは「粘り強く骨のある」[16]交渉人だった。「包括的共同作業計画（イラン核合意、ＪＣＰＯＡ）」［２０１５年に締結］の最終合意を取りまとめる上で、彼女は「決定的な役割」[17]を果たした。

ＪＣＰＯＡは、貿易を通じたイランとの和平構築の総仕上げとなる大仕事だった。ＪＣＰＯＡのもと、イランはＳＷＩＦＴに復帰し、国連はイランに科していた制限を解除した。米国は依然として、自国企業のイラン進出を許可しなかったが、外国企業を対象とする「二次制裁」の放棄には同意した。見返りにイランは、核燃料濃縮の制限に同意したが、数年後に制限を緩和または解除する「サンセット条項」[18]を主張した［主張は、合意に組み入れられた］。

ＥＵは、イランとのより健全な関係に米国を導けば、イランに対する圧力は弱まり、イランは核兵器開発計画の必要性を感じなくなるだろうと期待した。この合意は、欧州の外交手腕と、新たに見いだされた世界的な関係性[19]の象徴となった。平和と友好は貿易と相互依存に基づいて築くことができることを、自分たちが証明した、とEUは考えた。

■ ■ ■

２０１７年、ドナルド・トランプが第45代大統領に就任すると、欧州はまどろみの中でうなされ始めた。しかし、駐米ドイツ大使であるピーター・ヴィッティヒが私たちに語ったように、欧州の人々は、当初はそれほど心配していなかった。[20]大統領という職責が、人間を形成すると考えていたからだ。トランプは気まぐれで短気だったが、お世辞に弱い一面もあった。政権発足後の最初の数カ月間、欧州の指導者は相次いでワシントンを訪れ、トランプに敬意を表した。

実は、欧州はＪＣＰＯＡを巡るトラブルを予期していた。２０１５年のティーパーティー［保守派のポピュリスト運動］の集会で、トランプと共和党大統領候補の指名争いでライバルだったテッド・クルーズは、どちらがＪＣＰＯＡをより嫌っているかで言い争った。[21]クルーズが、将来の大統領は「この破滅的な合意をズタズタに引き裂くべきだ」と主張すると、トランプもこの合意を「最悪」「不愉快」「ひどい」「恐ろしい」「笑える」などと罵った。[22]

それでもトランプは、大統領になってすぐ合意を破棄したわけではなかった。クルーズや他の共和党員と違って、トランプはＪＣＰＯＡの基本的な考えに反対していたわけではなかった。彼がＪＣＰＯＡを嫌ったのは、個人的な感情[23]からだった。トランプは、自分の卓越した「取引の芸術的手腕[24]」をもってすれば、自分以外の誰かが交渉して取り付けた合意よりも、数段良い条件で合意を引き出せると確信していたのだ。2018年1月、トランプは二次制裁の放棄に関しては更新したものの、欧州が「JCPOAのひどい欠陥の修正[25]」に同意しなければ、120日以内に米国はJCPOAから離脱すると脅しをかけた。

欧州と米国の非公式な会談は、JCPOAのサンセット条項を巡って決裂した。その条項は、約10年後にイランが核濃縮を再開することを認めていた。米国務省のイラン担当特別代表を務めるブライアン・フックが私たちに語ったところによると、欧州の当局者もJCPOAに欠陥があることを認識していたが、彼らの「創作物への誇り[26]」が問題解決を妨げていた。欧州の当局者はフックのことを、トランプ政権の他の高官より尊敬していたが、フックのこの分析には同意しなかった。彼らは、イランを相手に実行可能な合意に達したことを奇跡のように感じていたため、米国がそれを破棄したがっていることが信じられなかったのだ。2018年4月、マクロン仏大統領がワシントンDCを訪れ[27]、より包括的だが漠然とした新たな合意を受け入れるようトランプを説得しようとしたが、トランプは応じなかった。

そのわずか数週間後[28]、トランプ政権はイランとの合意を一方的に破棄した。米国の対イラン経済制裁は再び発動された。標的はイランだが、欧州企業も危険にさらされることになった。米国は外国企業への制裁を再開し、自ら交渉し署名した合意からの離脱を同盟国に強いたのである。マクロンは、米国がJCPOAから離脱すれば「パンドラの箱[29]」を開けることになると予想した。その後の数年間、恐怖と憎悪が大量に生じたが、それに続く希望はほとんどなかった。

今回、米国が引き下がる理由はなかった。レーガンが大統領に就任して以来、グローバル金融に対する米国の支配力は大幅に拡大し、経済制裁などで米国の輸出企業が受ける影響を欧州の企業に転嫁できるようになった。欧州は自国企業を守るために熱心なロビー活動を繰り広げ、特例を認めるよう米国に求めたが、叶わなかった。その結果、フランスのエネルギー大手トタルは、イランのサウスパース油田を開発する48億ドルのプロジェクトから撤退せざるを得なくなった[30]。他の欧州企業もイランからの撤退を強いられた。フランスの政治家カリーヌ・ベルジエが述べるように、欧州は「大きな問題」を抱えていた。欧州企業が直面する困難に対して、「経済的観点からの解決策はなかった[31]」。選択肢は、イランを切り離すか、米ドルや米国企業と絶縁するか。難しい選択ではなかった。デンマークの海運大手マースクのトップは、率直にこう述べた。「米国の制裁のせいで、米国でビジネスをする企業は、イランではビジネスができなくなる。そして我が社は、米国で大々的にビジネスをしている[32]」

理論上、EUの法律は、欧州企業が米国の制裁に従うことを禁止している。しかし実際には、欧州企業はその法律を容易に回避できた。「イランでのビジネスを中止したのは、制裁とは無関係の理由による」と企業が主張すれば、当局に、そうでないことを証明する手立てはなかった。あるEU当局者は、EUのブロッキング法［外国の法域で作成された法律の適用を妨げることを目的にした法律」には「信号としての価値[33]」はあるが、実際にどうするかは企業自身に委ねられていると認めた。

2018年8月、トランプ政権は、クルーズなどの共和党上院議員や「民主主義防衛財団」のような反イラン団体から圧力を受け、イランを再びSWIFTから追放することについて検討し始めた。財務長官スティーブン・ムニューシンは、欧州の同意なしにこの問題を推し進めたくなかったが、国家安全保障担当補佐官ジョン・ボルトンなどの高官は、イランに対する「最大圧力」キャンペーンを展開した。匿名の政府高官がムニューシンに対するリーク攻撃を開始し、「ムニューシンはトランプをオバマに仕立てようとしている。欧州人はアメリカ人を愚弄し、二の足を踏むムニューシンを、イランとともに公然と嘲笑している[35]」と主張した。こうした経緯を知ると、ボルトンが後に回顧録の中でムニューシンを批判したことも納得がいく。もっとも、最終的にムニューシンは、制裁対象になっているイランの機関との関係を断ち切るようSWIFTに「勧告」した。11月、SWIFTはイランの銀行を排除することを発表し、「グローバルで中立的なサービス・プロバイダーとしてグローバル金融システムの耐久性と健全性を支えるという使命」に従っての措置だと主張した。そうやって体裁を保ち、米国の要求に応じたという事実を覆い隠した[37]。

欧州は、米国の圧力に影響されないイランへの金融ルートの創出を急いだ。最終的に、欧州の三大国、ドイツ、フランス、英国（2020年にEUを離脱）は、イランとの関係を維持するためだけに、新たな金融機関を共同設立することに同意した。こうして誕生したのが、米ドルを使わない複雑なバーター取引システムによってイランとの貿易を支援する機関、ＩＮＳＴＥＸ（貿易取引支援機関）だ。

米国は、ＩＮＳＴＥＸを運営する欧州政府関係者への制裁を示唆したが[38]、米国が懸念するには及ばなかった。ＩＮＳＴＥＸは２０２０年３月、最初の取引でイランへの医薬品輸出を支援したが[39]、その後は、ほぼ何もしなかった。２０２１年後半に、ある金融業界関係者が私たちに語ったところによると、ＩＮＳＴＥＸの「部屋には悪い雰囲気」が漂い、「責任のなすり合い」が頻発した。ある欧州当局者は「（ＩＮＳＴＥＸを）奇妙なことを試せる実験室に例え」、そこでは実際に、「金融システムの様々な部分に対する特殊な回避策[40]」の開発が進められていた。しかし、ＩＮＳＴＥＸ自体は大した成果は出せず、ＥＵは米ドルに代わる代替手段の実現に積極的ではなかった。当時の欧州安全保障政策上級代表フェデリカ・モゲリーニが嘆いたように、「グローバル経済と金融システムにおける米国の影響力[41]」に対抗するのは困難だった。こうして「イランに関する苦い経験」は、欧州の産業界にとってＥＵの無力さ[42]の象徴になった。

次第に欧州は、トランプの敵意がイランにとどまらないことを理解し始めた。他の政権と違って、トランプ政権は、それまでの政権のように、単に欧州の譲歩を求めて交渉するだけではなかった。トランプは、機嫌の良い日には、欧州を服従させるべき従者と見なし、機嫌が悪い日には、打ち砕くべき敵と見なした。

2018年夏、トランプは、米国にとって最大の敵はどこかと問われて、「EUだとは思わないが、彼らは敵だ[43]」と答えた。ミート・ザ・プレス［米NBCのトーク番組］で、イラン協定を巡る欧州側の懸念について尋ねられると、トランプは、「欧州のことなど気にしていない[44]」とぶっきらぼうに回答した。トランプは非公式の場で、米国をNATOから脱退させたいと言った[45]。彼は、NATOは欧州の利益のため米国を搾取する目的で設立された詐欺的な組織だと見ていた。

この新しい米国は恐ろしく、潜在的に敵対的であり、欧州はそれに対してほとんど何もできなかった。数十年前まで欧州政府は、自国の経済的利益が危機に瀕した場合には、米国に手を引かせることができた。しかし今では、懇願と無力な苦情の訴えを繰り返すだけだった。欧州は、自分が眠っている間に、米国の同盟国から帝国の辺境地域に格下げされたことを知った。今や金融システムもビジネスも、やりたい放題の米国の要求に従わざるを得なくなっていた。

■ ■ ■

欧州当局者は目を覚ましたものの、自分たちに起きたことを説明する言葉をなかなか見つけられなかった。欧州にとって「グローバリゼーション」という言葉には、開かれたグローバル経済の中で欧州が利己的なニーズや欲望を満たすという意味合いがあった。今、その経済の支配者は、杖や鞭を使って欧州の同盟国を牛のように扱っている。では、米国の後ろ盾がなくなった世界で、欧州には何ができるだろうか。その最初の答えには、EUではよくあることだが、デルフォイの神託のような曖昧さがあった。まるで、アポロン神が信奉者の前に降り立ち、官僚的なキャッチフレーズをずらずらと唱えているかのようだった。

「戦略地政学的欧州」「戦略的自律」「戦略的主権」といった競合するバズワードが、伝染病のようにブリュッセル、パリ、ベルギーに広がった。そしてシンクタンクの政策概要や政治家の演説で語られるうちに、そのDNAは急速に変異していった。ドイツ緑の党の新進外交思想家フランツィスカ・ブラントナーによれば、このような言葉を巡る争いは、よく言われるような「有害な論争」[46]ではなく、「為政者が、言葉の本質的な意味やそれが生む結果を隠すための手段」だった。官僚が書く報告書や分析にはそれぞれ独自のストーリーがあり、役人たちは、何が正しいかを巡って争った。争点は、欧州の意味、米国との関係、市場開放への献身を堅持すべきか、それとも欧州自ら市場を威圧の手段として利用すべきか、だった。

一見すると無害なバズワード「戦略的自律」は、特に激しい意見の対立を引き起こした。このキャッチフレーズ[47]は2016年、EU初期の外交局である欧州対外行動庁によってつくられ、EUは米国に頼るだけでなく独自に軍事力を整備する必要があることを示唆するために使われた。JCPOAが破綻した後、欧州の高官たちは、「戦略的自律」の枠組みに、次のような経済的問題も含めるようになった。EUは自由市場主義を貫くべきか。突如として信用できなくなった米国から独立して行動するには、どうすればよいか。欧州の利益が米国離反を求める場合、どのような行動が可能だろうか。

仏大統領のマクロンは、欧州は経済と軍事の両面において戦略的自律を採用する必要があると主張した。しかし、その言葉は、独首相アンゲラ・メルケルによって拒絶された。メルケルは、米国との強い関係を本能的に信奉していた。メルケルの党の元国防当局者が言うように、「ドイツの安全保障・防衛体制は、『戦略的自律』という言葉を全く好まない(48)」のだ。ドイツの国防当局は、マクロンと仏政府が「欧州が米国に頼ることなく自らの安全保障を担う」世界を望むことを恐れた。２０１７年のソルボンヌ大学でのスピーチで、マクロンはこの挑発的な言葉を意図的に避けた(49)が、ドイツの疑念をあえて和らげようとはしなかった。マクロンは、こう主張した。ＥＵは「安全保障は自分たちの仕事ではない。米国の仕事だ」という理屈に基づいて、あまりにも長い間、自らを他の国々から遠ざけてきた。ＥＵが市民を守り、市民にとって重要でありたいのなら、「欧州の主権(50)」を発展させる必要がある。「ＮＡＴＯを補完する形」で、自らを防衛できるようにならなければならない――。

ドイツにおいてさえ、状況は変わりつつあった。フランスの経済・財政相ブルーノ・ルメールがＥＵに、「経済的主権」を発展させ、「(米国の)命令にすぐ応じる従順な家臣(51)」にならないことを望んだのは、驚くに当たらない。驚くべきは、メルケルの主要閣僚の一人が公に同意したことだ。その一人とは、外務大臣のハイコ・マースだ。彼はドイツの一流紙にエッセーを寄稿し(52)、米国と欧州はトランプ政権のずっと前から、徐々に離れ始めていたと主張し、次のように述べている。「米国から独立した決済チャネルと、独立したＳＷＩＦＴシステム」を持つ、より独立したＥＵを構築すべき時だ。欧州は米国の「対抗勢力」として、新たな国際秩序の「柱」になれるはずだ――。

メルケルにとってこの考えはあまりにも急進的だったので、彼女はマースのエッセーを単なる「個人的意見の表明」[53]としてすぐに退けた。メルケルは、自分は相談を受けておらず、特にＳＷＩＦＴ再構築の提案には強く反対する、と表明した[54]。

しかし、マースはよく考えずに意見表明したわけではなかった。ドイツ外務省内では、ドイツ連邦共和国初の「対米国戦略」を策定するためのタスクフォースが設置されており、マースの意見はその作業を反映していた。戦後、ドイツはそのような戦略を必要としなかったし、歴代の米国大統領もドイツを敵と見なさなかった。しかし、ドイツのある外交政策高官が語るように、そのタスクフォースは「ドイツの外交政策の抜本的な改革に取り組んでいた。なぜなら、我々が米国との友好関係に全面的に依存していることが問題の大元になっているからだ」[55]。

メルケルが真っ向から否定した後も、ドイツの外務省はその「あり得ない考え」を捨てようとしなかったが、自らの足跡を残さないようにする必要があった。そこでフランス外務省を通じて、著名なシンクタンクである欧州外交問題評議会に、金融システムを使った米国の威圧に欧州はどう対応すべきかを助言する報告書の執筆を依頼した[56]。その報告書は、二人の若き政策有識者、エリー・ジェランマイヤとマヌエル・ラフォン・ラプヌイユが執筆した（まもなく二人は欧州外交問題評議会を退職し、フランス外務省の企画室に移った）。ドイツの元高官が私たちに語ったところによると、両国の外務省は「直接の足跡を残したくなかった」が、欧州の自律というテーマを「テーブルに載せたかった」[57]のだ。

その報告書には「二次制裁への挑戦」という平凡なタイトルがついていたが、内容は過激だった。ジェランマイヤとラプヌイユは次のように主張した。米国が経済的威圧を続行し、欧州の利益を損なう可能性は非常に高い。欧州はそれに対応する準備を積極的に進め、米国の金融力に対抗するために独自の威圧的手段を構築しなければならない。ＥＵは、国際金融ネットワークにおける米国の支配的役割を理解するだけでなく、その理解に基づいて行動し、自らの脆弱性を軽減するとともに、「欧州の利益のために自らの力を行使する決意を示す」必要がある。ＩＮＳＴＥＸは「米国とつながる従来のルートと並走する欧州の貿易システムの要」になり、米国の干渉から欧州企業を守ることができるはずだ。ブロックチェーン技術とより強力なユーロによって、ＥＵは米国の圧力にもっと抵抗できるようになるだろう。重要なのは、ＥＵが米国の威圧に報復できる体制を整え、米国の銀行や企業の資産凍結、あるいはＥＵ内での営業許可の停止といった措置を取ることだ――。これらの提案は急進的であり、ジェランマイヤとラプヌイユは、この報告書の存在が米国の越権行為を抑止し、提案したツールが実際には使われないことを望んだ。

この報告書は、欧州委員会が自らの役割を再考するきっかけになった。欧州委員会は長い間、自らを自由市場の守護者と見なしていた。ＥＵの設立条約に掲げられた「四つの自由（モノ・サービス・資本・人の移動の自由）」は、言うなれば、遺伝子の構成単位であるアデニン、グアニン、チミン、シトシンであり、それらの組み合わせが、より大きな組織[58]のコードを表していた。しかし、ジェランマイヤとラプヌイユの報告書が発表された数カ月後、ウルズラ・フォン・デア・ライエンがＥＵの新委員長に就任した。彼女は前任者［ジャン＝クロード・ユンケル］と違ってＥＵが進化することを望んでおり、自由貿易の推進という従来のコミットメントを維持しつつ、国家安全保障の新たな焦点とのバランスを取り、独自の経済兵器を開発することさえ視野に入れていた。

フォン・デア・ライエンは、前職のドイツ国防相（「ドイツの大臣の墓場[59]」として悪名高い役職）時代は、特に目立った存在ではなかったが、実効性のある欧州安全保障戦略が必要だと確信していた。彼女は欧州委員会の高官の娘としてブリュッセルで生まれた。国防相として欧州各国の首都を巡り、安全保障協力と欧州共通の軍隊の必要性を訴えた。彼女を欧州委員会の委員長に推したのはマクロンだ[60]。マクロンも、ＥＵが防衛に真剣に取り組むことを望んでおり、フォン・デア・ライエンなら、より強力で政治的に独立した欧州委員会という構想に対して、彼女の母国であるドイツの支持を取りつけることができるだろうと期待した。メルケル（ドイツ政界でライエンのメンターだった）はそれに同意し、ＥＵの本拠地にして故郷でもあるブリュッセルで、欧州と自身のキャリアを再構築する機会をフォン・デア・ライエンに与えた。

委員長に任命されると、フォン・デア・ライエンは「地政学委員会」[61]を設置する必要があると述べた。彼女は「地政学」の意味をはっきりとは説明せず、貿易と単一市場というEUの中核的責務の周りに何十年もかけて防御壁を築いてきた委員会幹部たちとの論争を避けた。

フランスの政治学者ピエール・アロシュが説明したように[62]、欧州委員会の幹部たちは、地政学や戦略的自律に関するレトリックが、言うなればトロイの木馬で、自分たちが何十年も回避してきた経済保護主義と国家介入という軍隊を隠しているのではないかと懸念していた。防御壁に穴を開ければ、そこから敵が飛び込んできて、壁全体を倒壊させる恐れがあった。幹部たちは、宿敵から身を守るためにできることをした。広く報道されたスピーチ[63]の中で、欧州通商委員のフィル・ホーガンは、「今後、欧州の通商政策は『開かれた戦略的自律』というコンセプトに導かれることになる。そのコンセプトのもと、EUは世界貿易システムのルールの範囲内で、より強力かつ積極的に行動し、トランプの攻撃から可能な限り欧州を守るだろう」と述べた。ホーガンは、「開かれた」という形容詞を加えることで「戦略的自律」のコンセプトを弱め、貿易を国家安全保障に従属させるのではなく、国家安全保障を貿易に従属させようとした。この見事にどっちつかずのキャッチフレーズは、たちまち嘲笑の的になった。例えば、フィナンシャル・タイムズの貿易分野の特派員アラン・ビーティーは、読者が表中の単語から形容詞と名詞をランダムに選ぶだけで、新しいコンセプトの名称を作成できる「秘密の貿易新コンセプト名ジェネレーター」[64]を新聞に載せて茶化した。それでも、このキャッチフレーズは、自由貿易勢力が宿敵に対抗するための旗印となった。

レトリックの争いは、やがて政策闘争に発展した。「自由貿易は欧州の問題を解決する普遍的な手段だ」と真顔で主張するのは、ますます難しくなった。コロナウイルスのパンデミックに見舞われた時、EU加盟国は個人用防護具（PPE）を中国に、ワクチンを米国の製薬会社に依存していたことに気づいた。欧州が頼みとするジャスト・イン・タイム［必要な時に、必要なものを、必要なだけ供給する仕組み］のサプライチェーンは、脆弱性があらわになった。[65]誰もが買いだめを始め、EU加盟国は医療用マスクや人工呼吸器などの品薄な必需品の調達を巡って競い合った。数週間にわたる混乱と非難の応酬の末、今後、互いのPPE購入を妨害しないことで合意し、欧州委員会に采配を任せることになった。委員会には世界の他の国々への輸出を阻止する権限があったからだ。

戦略的自律というテーマは、欧州当局者が欧州の脆弱性を議論する際に必ず登場するようになった。まもなく、そうした議論の対象は米国だけではなくなった。欧州委員会の高官は私たちにこう語った。「経済的観点から言えば、戦略的自律は……PPE、特定の原材料、サプライチェーンなど、欧州が抱えるあらゆる依存関係から生じる脆弱性[66]において必要であり……その依存関係をもたらしたのは中国だ」

トランプに関するそれまでの懸念に加えて、中国に対する新たな懸念が強まったため、欧州委員会はより現実的に、地政学委員会に何ができるのかを考えなければならなくなった。欧州外交問題評議会が提言していたように、彼らはいわゆる「反威圧措置」、すなわち、米国、中国、その他、どの国に由来するものであれ、外からの脅威に対して、ＥＵが「対抗措置」を講じることを可能にする新たな法的枠組みの構築に着手した。

自由貿易の最も頑固な信奉者でさえ、欧州委員会には新たな権限が必要だと確信するようになっていた。トランプが世界貿易機関（ＷＴＯ）の裁定機能を妨害した[67]ため、もはやＷＴＯは頼りにならない。欧州委員会の通商担当の高官であるサビーヌ・ウェイアンドは、ドイツとフランスの国境の町で育ったため、貿易が戦争の代わりになる可能性について深く理解していた。彼女はこう考えた。トランプが大統領になってから、「誰もが依存関係に注目している。依存関係とは貿易上のつながりではなく、脆弱性だ[68]」。だが、前向きに捉えれば、それが意味するのは、欧州は変わらなければならないということだ。「他国が貿易を武器化するのをただ傍観しているだけではなく、対抗できるようになる必要がある[69]」——。

ウェイアンドや他の欧州委員会幹部は、対抗する準備ができていれば、それだけでバランスを正すことができる、と考えていた。「対抗措置が機能することが分かっていれば、それを使う必要はない[70]」。別の当局者が語ったように、「欧州は、紛争を抑止するのに十分な強力なツールを持つことができる」との期待があった。ジェランマイヤやラプヌイユと同様、これらの委員会幹部も、抑止力が存在するだけで外部からの脅威は消え、欧州が長く恩恵を受けてきた多国間貿易の従来の形が復活するだろうと楽観していた。

欧州の金融システムを米国から独立させることを求めたハイコ・マースの提案や、ジェランマイヤとラプヌイユのより急進的な提案は、「事態が悪化した場合に、再度、検討余地がある提案」として、そっと脇に置かれた。欧州はいつものように、可能な限り選択の余地を残しておきたいと考えていた。言葉の曖昧さが、自由貿易に固執する人々と、欧州の地政学的転換を欲する人々との妥協点を見つけ出すのに役立った。

しかし、言葉の駆け引きだけでは終わらなかった。トランプ政権以前には考えられないことだったが、ウェイアンドは次のように述べた。欧州委員会は他国に対する欧州の脆弱性をマッピングしただけでなく、「逆依存関係[72]……他国が欧州に依存している状況」を探し始めた——。欧州委員会の少人数のグループが、他国の経済の弱点を見つけ[73]、必要があればEUがそれを利用できるようにすることをひそかに委任されたのである。

欧州は戦略について考え、議論するようになった。米国の制裁と医薬品供給の脆弱性という緊急事態を欧州は明確に認識していたが、他の脆弱性はあまりにも広域に及んだため、捉え切れていなかった。ドイツなどは、米国の金融と中国の輸出市場だけでなく、ロシアのエネルギー供給にも依存していた。ガスプロムのパイプラインは、ロシアとの距離を縮めるはずだった。だが、それが欧州経済の息の根を止めるために使われたら、どうなるだろうか。

■
■
■

緑の党の欧州スポークスマンで、後にドイツ連邦経済・気候保護省の政務次官になるフランツィスカ・ブラントナーは、冷戦後のドイツの政治体制下で育った。政界に入った後に彼女は、その時代がいかに「息苦しかったか」を思い出した。誰も波風を立てようとしなかっただけではない。ドイツの二大政党である中道右派のキリスト教民主同盟と中道左派の社会民主党との間のコンセンサスが、実のある議論の妨げになっていた。ブラントナーによると、ドイツ人は興味深いアイデアをたくさん持っていたが、そのほとんどは主流の論点にならなかった。ドイツが自覚のないまま、ロシアの天然ガスと石油に依存する道を選んだ理由の一つはそこにある。

近代ドイツ経済は、ロシアのエネルギー供給の上に成り立っている。冷戦後、ドイツと北欧諸国は、ロシアの天然ガスを得る方法を探し続けた。一方、ロシア企業のガスプロムは、パイプラインを分岐させ自国用に安いガスを調達しようとしていたウクライナを迂回する、新たなルートをずっと模索していた。最初に敷設されたのが「ノルドストリーム1」というパイプラインで、バルト海の海底を通ってロシアと欧州を結んだ。続いて「サウスストリーム」というパイプラインが黒海の海底に敷設予定だったが、建設には至らなかった。2014年に欧州委員会が、市場競争が損なわれることを懸念して阻止したからだ。伝えられるところによると、それを知ったプーチンはEU・ロシアサミットでこう怒鳴った。「競争に関する話をこれ以上するなら、おまえたちのアレを凍らせてやる[74]」

そのような脅しは無視された。ドイツの製造業は燃料として安価なガスを必要とした。ドイツの家庭もそうだった。それが知っておくべき唯一の事実であり、ドイツ製造業の経済を動かしているのは何か、それはどのように武器化され得るかを、誰も考えようとしなかった。ドイツ中道派の政治的コンセンサスは、そうした広範囲にわたる意図的な無知の上に成り立っていた。プーチンを称賛するトランプ大統領でさえ、ガスによってドイツが「完全にロシアに支配された[75]」と軽蔑的に語った。

ドイツの緑の党が、活動家や野心的な政治家を魅了したのは、このような幻想を打ち砕き、エネルギー問題だけでなく、環境政策、ジェンダー問題、その他の課題にも意欲的に取り組んだからだ。初期の頃[76]、党内では、中道派のコンセンサスを外側から攻撃しようとするメンバーと、内部から変えていこうとするメンバーが、激しい内部抗争を繰り広げた。しかし、緑の党が政治的地位を確立すると（１９９０年代には社会民主党との連立政権に参加し、その後、バーデン＝ヴュルテンベルク州の第一党になった）、穏健派が優勢になった。彼らは脱原発を含む、結党時の目標の多くを踏襲したが、それらを達成するために他政党と協力することをいとわなかった。

ドイツ政界の主流派は、ロシアの天然ガスを解決策と見なしたが、緑の党はそれを問題と捉えた。ロシアのガスという化石燃料に依存したせいで、ドイツは脱炭素経済への移行が遅れたからだ。ガスはドイツと少数の豊かな北方諸国に利益をもたらしたが、他の欧州諸国はその犠牲になった。また、ドイツはガスを得るために、ますます凶悪になるロシアの独裁政治に依存せざるを得なかった。緑の党は、長年にわたってドイツが奉じてきた「貿易による変革

（Wandel durch Handel）」というスローガンを、利潤を追求するために人権や民主主義を犠牲にすることを正当化する詭弁だと断じた。

政権から離脱している限り、緑の党に事態を変える力はほとんどなかった。2015年、ガスプロムは、バルト海底に第二のパイプライン、ノルドストリーム2を敷設するため、有力なコネを持つ欧州の大手エネルギー企業とコンソーシアムを結成した。[77] 計画は順調に進むはずだった。当時、ドイツの経済・エネルギー大臣を務めていたシグマール・ガブリエルはシュレーダーの長年の側近で、公式の場では、ノルドストリーム2が「これまでと異なるロシアとの良い関係[78]」を築くだろうと主張した。そしてプライベートでは、サウスストリームの失敗は繰り返さないと、プーチンに請け合った。今回、ガブリエルは、欧州当局によるパイプラインへの「干渉」を阻止できるはずだった。ノルドストリーム2の契約は、欧州委員会の介入を阻止するために特別に考案されていたからだ。

メルケルは、ノルドストリーム2は純粋に「商業プロジェクト[79]」であると主張し、彼女が所属するキリスト教民主同盟は、ガブリエルなどの社会民主党と協力して、そのプロジェクトの遂行を後押しした。ロシアの著名な野党指導者アレクセイ・ナワリヌイが謎の毒を盛られた時、緑の党は議会にノルドストリーム2計画の中止の動議を提出したが、他のすべての政党は反対票を投じた。フィナンシャル・タイムズが指摘したように、これは「メルケル率いるCDU／CSU［キリスト教民主・社会同盟］、社会民主党、極左派の左翼党、極右翼のAfD［ドイツのための選択肢」の足並みが一致した数少ないケースの一つ[80]」だった。ドイツの他の政党は、緑の党の「ノルドストリーム２はポーランドやウクライナなどの国を疎外し、欧州を分裂させている」という訴えを単に無視した。

ウクライナの不満は、欧州では聞き入れられなかった。ウォール・ストリート・ジャーナルによると、ウクライナは最終的に米国議会に、より熱心な聴衆を見つけた[81]。ウクライナ国営エネルギー企業ナフトガスに勤めるヴァディム・グラマズディンは、当初、トランプ政権の当局者に働きかけたが、手紙の返事さえもらえなかった。そこで彼は、米国議会へ赴き、ロビイストと協力して「〔ノルドストリーム２の建設のために〕ロシアが必要としながら持っていないもの」を見つけようとした。あるシンクタンクの研究者が、思いがけず隠れた脆弱性に気づいた。ロシアのエネルギー専門家がオンラインフォーラムで、ロシアの船ではノルドストリーム２のパイプラインを敷設するのは難しいと明かしていたのだ。

ついにウクライナ人は、ロシアのチョークポイント（弱点）を発見した。そこで彼らは、ガスプロムを嫌悪し米国のエネルギー企業を支援したいと考える米国上院議員に、具体的な行動を提案した。「フラッキング［岩石を砕いてシェールガスを抽出する手法］」革命のおかげで、米国の天然ガス産出量は70パーセント近く増加し[82]、米国は世界最大のガス産出国になっていた。テッド・クルーズは、トランプと同じくロシアの文化的活力に憧れる[83]一方、欧州のロシア政策には疑念を抱いており、さらには、ガスを産出するテキサス州の代表でもあった。クルーズはグラマズディンのアイデアを気に入り、ロシアが欧州向けのパイプラインをこれ以上増やすのを阻止するため、政治連合を組織し始めた。彼は欧州が米国産の「フリーダムガス」[84]を購入し、それを冷却・液化し、タンカーで大西洋を越えて輸送することを望んでいた。

クルーズが関与した時点で、パイプラインは完成を目前にしていた。しかし、最後の数マイルは、デンマークの海岸近くの海盆［海底の大規模な凹み］を横断する必要があり、そこには第二次世界大戦と冷戦中に大量の化学兵器と通常兵器が投棄されていた。[85]そのため、パイプラインの敷設は非常に慎重に進める必要があった。スイスとオランダのエンジニアリング企業オールシーズは、そのように危険な環境でも1日に3〜5キロメートルのパイプラインを敷設できる独自技術を開発していた。

クルーズと同僚たちは、2020年度国防権限法（NDAA）に盛り込まれた法案の中でオールシーズを標的にした。この法案では「ノルドストリーム2パイプライン計画のために水深100フィート以上の海洋でパイプ敷設に従事する船舶」[86]を特定するよう要求している。クルーズとロン・ジョンソン上院議員がオールシーズのCEOエドワード・ヒーレマに上機嫌で語ったように、その法律に違反した企業は、「破壊的で致命的な法的・経済的制裁」を受ける可能性があった。[87]オールシーズは直ちにメッセージを理解し、船を戻した。さらに、クルーズと仲間の上院議員たちは、保険会社、パイプラインの認証機関、パイプラインを供給していたドイツのムクラン港の従業員など、他の標的にも目を向けた。

ノルドストリーム2の敷設に反対する人々でさえ、米国の政治家が「法的・経済的制裁」を振りかざし[88]、苦境にあるドイツ東部の港湾労働者[89]まで脅すのは行き過ぎだと考えた。メルケルは「私たちはこの域外制裁を容認しない[90]」と控えめな反応を示しただけだったが、緑の党の外交政策スポークスマンは、米国からの書簡を「経済的宣戦布告[91]」と見なし、ドイツ企業が「ワシントンの西部開拓時代の手法」から守られることを望んだ。ハイコ・マースは「欧州のエネルギー政策を決めるのは欧州であって、米国ではない[92]」というドイツの信念を表明したが、ノルドストリーム2の契約が、欧州委員会の介入を阻止できるように考案されていることには言及しなかった。彼はさらに、「橋を燃やす戦略[93]」はロシアを中国へ引き込むことになると警告した。

米国の強欲さと脅迫は逆効果だったかもしれない。ブラントナーは、「トランプがそのプロジェクトは気にくわない、と言い出すずっと前から」ノルドストリーム2に反対していた。それは「気候変動に関する目標……そして欧州の野心と団結」にとって、そのパイプラインがプラスにならないからだった[94]。ブラントナーは私たちにこう言った。「トランプがノルドストリームに強硬に反対したことは悲劇的だった。そのせいで私たちは、『そうか、トランプの味方なのだな』とか、米国の液化ガスが欲しいだけだろうと非難された。思うに……トランプがあれほど強硬に反対しなければ、ノルドストリーム2を巡る議論にもっと簡単に勝てただろう[95]」

トランプが政権から去った後、バイデン政権もロシアのガスについて懸念したが、同盟国との関係も心配した。欧州のエネルギー政策について論文を執筆したアントニー・ブリンケンは、もはやハーバードの若き天才ではなく、バイデン政権の国務長官になっていた。ＣＩＡ長官や主要閣僚の承認公聴会を遅延させるなど、クルーズからの継続的な圧力は続いたが、米国は結局、条件付きでノルドストリームに関する制裁の一時停止に同意した。その条件とは、ドイツがウクライナのグリーン技術に１億７５００万ドルを支援し[96]、ロシアがウクライナや欧州に対してパイプラインを武器化しようとした場合はロシアを罰する、というものだ。

ノルドストリーム２パイプラインは、２０２１年９月に完成したが、最終的な承認はドイツ当局によって延期された[97]。メルケルは政界を引退し、所属政党であるキリスト教民主同盟は選挙に敗れ、社会民主党、緑の党、自由民主党（小規模な親市場派）の連立政権が発足した。

新政権の環境大臣らは、ノルドストリーム２を「地政学的な過ち[98]」と表現し、ロシアがウクライナへの敵対行為を激化させ、ガスの輸送を止める恐れがある、と警告した。こうした発言は、ドイツとＥＵがノルドストリームの承認を阻止するのではないかというロシアの懸念をあおった。

その夏、すでにロシアはガス供給の武器化を始めていた。ドイツは、例年になく寒かった冬の後、ガスを十分に備蓄することができなかった。ロシアの国営通信社は、鈍感でなかなか理解できない人々に向けて、次のようにはっきり説明した[99]。欧州市場における企業の行動を評価する際には、一つの重大な事実を心に留めておくべきだ。それは、「ガスプロムはノルドストリーム2パイプラインの建設を完了させなければならない」ということだ。ガスプロムは、西側諸国のエネルギー安全保障がロシアの協力に依存しているという残念な現実を西側諸国に「認識させる」ため、供給を控えるだろう――。

ロシアがウクライナ侵攻に向けて動き始めた時でさえ、ドイツの政治家の多くは妄想にしがみついていた。社会民主党のオラフ・ショルツ首相は、「ドイツはロシアを罰する」と警告したが、ノルドストリーム2の承認手続きを停止させるかどうかについては、一貫して明言を避けた。[100] 一方、防衛大臣は「(ノルドストリーム2を)この紛争に巻き込むべきではない」と提言した。[101] 流出した政府内部文書には、「ロシアに対するあらゆる制裁において、エネルギーを除外することをドイツは望んでいる」と記されていた。[102]

米国は「除外はできない」と主張した。サミットでバイデン大統領は「もしロシアが侵攻すれば……ノルドストリーム2はなくなる。我々はそれを終わらせる」[103]と脅した。数日後、ドイツの経済・気候保護大臣ロベルト・ハーベックは、[104]「ロシアがウクライナに侵攻したら、ノルドストリーム2は承認されない」と再度警告し、「今日、エネルギー政策は地政学と不可分だ」と述べた。ロシアがウクライナに侵攻した数時間後、ハーベックはノルドストリーム2の承認手続きの停止とプロジェクトの凍結を発表した。[105]

ロシアがウクライナに侵攻していなければ、このパイプラインがどうなっていたかは分からない。しかし、いずれにしても、このパイプライン、そして欧州とロシアの関係は、まだ問題を抱えていただろう。

欧州のエネルギー政策に長年関わってきた外交官が私たちに語ったところによると、過去の対立において、EUはロシアがガス供給を止めることをあまり心配していなかった。結局のところロシアは、数十年にわたって欧州との友好関係から利益を得てきたからだ。しかし、2022年頃には、戦争の脅威があってもなくても、この関係は壊れかけていた。

EUは、脱炭素経済[106]への移行という極めて野心的な計画に着手していた。それが成功すれば、もはや欧州は、ロシアの化石燃料をあまり必要としなくなる。ある外交官の説明によれば、貿易を通じたロシアと欧州の平和な関係は、欧州は長期的にガスを購入することを望み、ロシアは長期的にガスを売りたいという「繰り返されるゲーム」の上に成り立っていた。今、それが崩れようとしていた。

ロシアがノルドストリーム2の完成を強く求めたのは、それが理由だ。ロシアは必死になって欧州を抑え込もうとし、当面のビジネスニーズが、気候変動に対処したいという漠然とした願望に打ち勝つことを期待した。この外交官は、ウクライナ侵攻は「最初の気候戦争」だと言ったが、それは的外れだ。プーチンの動機はエネルギーの売買をはるかに超えていた。彼は、ウクライナを併合した大ロシアについての長くて妄想的な論文[107]を書き、ウクライナがたどたどしい足取りながら、西ヨーロッパへの統合に向かって進んでいることを、自身の権力に対する脅威と見なしていた。もしウクライナが民主化に成功すれば、ロシア国民は、支配者について疑問を抱き始めるだろう。

しかし、気候変動が戦争を引き起こしたのではないとしても、気候変動のせいで、ロシアにとって天然ガスの武器化はより簡単で安価な選択肢になった。いずれ欧州がガスと石炭から脱却するのであれば、そうならないうちにガス供給を武器化すべきだ、とロシアは考えた。もはや将来ずっと続く利益は期待できないからだ。欧州が気づいていてもいなくても、平和を生み出してきた相互依存の連鎖はすでに断ち切られていた。

そして、誰も断言できないが、自分たちがどれほどロシアのガスに依存しているかを認識すれば、欧州は降参するかもしれない。かつてのコンセンサスは失われた。もはや誰も、ロシアのガスを欧州のエネルギー需要に対する商業的解決策とは見なさなくなった。問題は、誰が勝つかだ。緑の党が想像する未来、すなわち欧州が独裁国家の化石燃料に依存しない未来は実現するだろうか。それとも、プーチンが強く望んでいるように、欧州はロシアへの依存を認めざるを得なくなり、ロシアの影響をさらに受けるようになるのだろうか。

■　■　■

ロシアの侵攻から数日後、これらの厄介な問いの答えはまだ出ていなかった。当初は、何をしても手遅れのように思えた。識者は皆、ロシアが勝つことを予想した。ウクライナの抵抗は打ち砕かれ、ロシアの戦車がキーウに攻め込むだろう。欧州による経済制裁は、良く言えば余興、悪ければ大失敗に終わると見られていた。しかし、ウクライナは持ちこたえ、欧州と米国による経済制裁は、大方の予想よりはるかに大規模なものになった。それは、いくらかは、4年前に欧州を夢から覚めさせてくれたトランプのおかげだった。

ロシアのウクライナ侵攻の前、米国務長官のブリンケンは「米国は、これまで行使を控えていた影響力の大きい経済措置[108]」を講じるだろうと警告し、同盟国の団結を称えた。しかし、その団結の程度は定かではなかった。ドイツの大手経済紙ハンデルスブラットは、ドイツ政府はロシアをSWIFTから排除することを拒否したと報じた[109]。

2022年2月24日、10万人以上のロシア軍兵士がウクライナに攻め込んだ時、EUは地政学に真剣に取り組むかどうかを決めなければならなかった。EUは軍隊を持っていないが、経済力はあった。EUは本格的な制裁を加えるだろうか。ドイツが率先して制裁を加えなければ、他のEU諸国が制裁を認める可能性は低かった。EUの制裁には、27の加盟国すべての支持が必要だったからだ。あるEU関係者が侵攻前に匿名で語ったように、「問うべきは、加盟国が望む最大公約数的な制裁レベルではなく、最も慎重な国が容認できる制裁レベル[110]がどこなのかということだった」。

後になって判明したことだが、米国は11月以降、ひそかにEUと連携し、制裁の可能性を調整していた。国務省の当局者がフィナンシャル・タイムズに語ったところによると、米国政府当局者は「EUとの安全な通話やビデオ会議[111]に、週に平均10時間から15時間」を費やした。欧州委員会は調整役となり、米国と欧州の首都の間を行き来して、苦心しながらゆっくりと、何をするかについての合意を練り上げていった。制裁が発表された時、珍しく米国は、欧州が主導権を握ることを容認し、欧州による発表を何度も待ってから、[112]それに追随した。

だからこそ、EU委員長フォン・デア・ライエンの3月のスピーチは歴史的だった。その制裁は、EUがこれまでに打ち出したどの制裁よりも、はるかに広範に及んだ。ドイツがノルドストリーム2を「犠牲」にすると決断したため、[113]他の加盟国も歩み寄らざるを得なかった。譲歩を巡るいつもの駆け引きはなかった。イタリアがSWIFTからのロシア排除に関して拒否権を行使しないことを発表すると、ドイツも、ロシア排除への反対を撤回した。侵攻の数週間前には異論が続出した措置が、たちまち採用され、さらに厳しい制裁に取って代わられた。

欧州と米国は、どちらが先にロシアの銀行やオリガルヒを制裁対象に指定するかを競っているように見えることとさえあった。プーチンとつながりのあるロシアの富豪の多くは制裁対象になった。ロシアの共産主義からの移行期に120億ドルの富を築いたプーチンの腹心ロマン・アブラモヴィッチは、英国のサッカークラブ、チェルシーの所有権を売却せざるを得なくなった。[114]ロシアの国営石油会社ロスネフチのオーナーであるイーゴリ・セーチンは、1月に全長88メートルのクルーザー「アモーレ・ヴェロ号」を修理するため、フランスのラ・シオタ港に送った。3月2日、クルーザーの乗組員は逃亡を図り、[115]「修理しないまま緊急出港しようとした」が、クルーザーはフランス当局によって差し押さえられた。5月には、イタリア当局がプーチン自身のものとされるクルーザーを差し押さえた[116]。

より穏健な制裁のいくつかは予想通りだったが、ロシアの中央銀行準備金に対する包括的攻撃という最も過激な措置については、誰も予想していなかった。この措置は、概要の決定から交渉、そして実行まで、わずか72時間を要しただけだった[117]。ロシアの中央銀行は10年の歳月をかけて、米国の制裁から自らを守るために6000億ドルほどの準備金を蓄えていた[118]。しかし、EUと米国が行動を起こした時、同銀行は突然、予期せぬ形で、その資金の大部分へのアクセスを断たれた。

一部の金塊を除けば、これらの準備金の大半は、米ドル、ユーロ、ポンド建てだった。それらは物理的には存在せず、他の中央銀行や国際決済銀行などの国際機関の帳簿に記載されているだけだった。そのため、米国とEUが迅速に行動すれば、それらへのアクセスを阻止することができた。ここでも、フォン・デア・ライエン率いるEUチームが重要な役割を果たした。官房長(首席補佐官)のビヨルン・ザイベルトは、ロシアの準備金へのアクセスを阻む方法について、米財務長官ジャネット・イエレンや、前欧州中央銀行総裁マリオ・ドラギ、その他の欧州高官と暗号化された通話で長時間議論し、月曜に市場が開く前までに詳細を詰めた[119]。

欧州の政治家は、「欧州はついに地政学的な力を持つようになった」と胸を張った。モゲリーニとアシュトンの後任で欧州安全保障政策上級代表になったジョセップ・ボレルは、2022年5月、「EUは今こそ言葉の力を駆使し、地政学的アクターとして振る舞うべきだ」と述べた。同じ会合でフィンランドの元首相アレクサンデル・ストゥブは、ＥＵの迅速かつ果断な転換について、次のように語った。「ＥＵは極めて迅速に、規制の超大国からアクターに変わった[121]……ユーロ危機ではアクターになったが、数年かかった。コロナ危機でもアクターになったが数カ月かかった。しかしこの戦時においては、ほんの数日でアクターになった……今、ジョセップとウルズラ・フォン・デア・ライエンのリーダーシップのもと……欧州委員会はまさに約束した通り、地政学委員会となった」

■ ■ ■

フォン・デア・ライエンのスピーチの興奮は、長くは続かなかった。ＥＵと欧州委員会は、急いで合意した制裁措置の実行に苦労し、地政学的電撃戦を目指したはずが、出口の見えない塹壕戦に陥ってしまった。欧州委員会は新たな制裁に向けて交渉を続けたが、欧州がロシアに対して行動を起こせば起こすほど、米国の力への依存と、世界貿易に対する脆弱性が明らかになった。

欧州はまだ、自らのストーリーを動かす力を備えておらず、米国に頼っていた。バイデンがそれを武器化して欧州を攻撃するとは思えなかったが、米国に依存しているのは確かだった。

ＥＵがロシアに経済戦争を仕掛けようとした時、それはいっそう明らかになった。

ＥＵは、このような紛争に対応する十分な装備を持たず、経済的な威圧や、敵対国の弱みを利用することについて考え始めたばかりだった。EU加盟国が制裁を実施するには、米国の情報が必要だった。彼らは、誰がどの銀行口座を所有しているのか、どの船が規制を逃れようとしているのかも知らなかった。EUは、自らの力と権威の源泉を築こうとすればするほど、米国が持っている情報や組織、技術的専門知識、グローバル市場に対する影響力を必要とすることを痛感した。元デンマーク首相で元NATO事務総長のアナス・フォー・ラスムセンは、このような限界を考慮して、NATOの安全保障リストに「経済的威圧からの保護」を加えることを提案した。それは「NATOが、安全保障領域で生み出すのと同等の抑止力と団結力を、欧州の民主主義国家の経済領域においても生み出すため」だとした。[122]結局のところ、欧州は米国を支援することはできても、単独行動はできなかったのだ。

欧州委員会の金融サービス担当委員メイリード・マクギネスは、フィナンシャル・タイムズに、制裁監視や加盟国間の政策調整ができるようなEU版のOFAC設立に前向きだと語った。マクギネスが婉曲に表現したように、[123]「制裁の実施に関して強力なインフラがある国もあれば、そうでない国もある」からだ。ショルツ首相は、欧州は「大国が競合する世界で自分たちの声を聞いてもらいたいのなら、（外交政策に関して）もはや各国の拒否権を尊重する余裕はない」[124]と認めた。しかし、他の欧州諸国は、意に沿わない外交政策を阻止する権利を放棄したくなかった。

たとえ欧州がOFACのような組織を構築したとしても、米国など他の国は、欧州の依存を逆手に取ることができた。欧州の政治家たちは、２０２４年の米国の大統領選挙の結果をひそかに案じている。その一人は、アーノルド・シュワルツェネッガー主演の映画に例えて、第二次トランプ政権は「ターミネーター２」になり、オリジナルよりはるかに強力かつ致命的で、洗練されると予測する。もしトランプか、トランプのような人物が勝てば、欧州は再び、暗くて陰うつな厳しい世界に単独で対峙しなければならなくなるだろう。

ロシアは、寒く厳しい冬で欧州を脅すことができると考えていた。２０２２年夏、ロシアは「メンテナンス」と称して、ノルドストリーム１によるガスの供給を停止した。[125] 南欧諸国はノルドストリームを必要とせず、また、２００９年から12年にかけてのユーロ危機の際、借金を巡って散々お説教を食らった経験から、連帯を求めるドイツの声にいら立った。スペインのエネルギー大臣テレサ・リベラは、「他の国と違って、スペインはエネルギーに関して、身の丈を超えた暮らしはしていない」と辛辣な皮肉を言った。[126]

ロシアはこうした緊張をさらに悪化させようとした。２０２２年7月、プーチンは、テレビ中継された演説で、制裁はロシアを傷つける以上に制裁を科している国々を傷つけ、もし米国と欧州がさらに圧力をかければ、「壊滅的な」[127] 結果が生じるはずだ、と述べた。プーチンは明らかに、天然ガス禁輸による経済的打撃によって、敵対する国々の結束が崩れることを期待していた。ハンガリーの外相がロシアを訪れ、和平とガスの供給増加を求めた時、ロシアの外相セルゲイ・ラブロフは、彼を祝福した。[128] ラブロフはこう語った。「戦いは続いている。ＥＵの官僚機構は、彼らが決めた条件を加盟国に押し付け、反対意見を封じ込めて、欧州のすべての人、つまり加盟国の政府を支配したがっている」

危機は同時にチャンスでもあった。緑の党は、この危機によって、脱炭素経済への移行が加速することを期待した。欧州委員会は、ロシアの威圧への最善の対応は「再生可能エネルギーの大規模なスケールアップとスピードアップ」[129]だと主張し、太陽光発電施設や風力発電所の建設を遅らせていた規制の緩和を求めた。こうした変化と投資は、欧州の安全保障を守るだけでなく、気候変動の緩和にもつながる。

これまでとは違う欧州が実現するかもしれない。その欧州にとって軍事衝突に代わる平和的アプローチは、自由貿易や開かれた市場ではなく、グリーンエネルギーと自給自足である。ウクライナ侵攻以前から欧州は、鉄鋼やセメントといった炭素集約度の高い製品[130]の輸入に、高い関税を課し始めていた。そして今では、欧州委員会は、パリ協定の約束を履行しない国に、貿易制裁を科そうとしていた[131]。そうなれば、気候変動を国家安全保障上の脅威と見なしているバイデン政権との関係も変わるかもしれない。金融評論家のエドアルド・サラヴァッレは、地球温暖化を促進する活動を標的とした「グリーン制裁」を提言した[132]。

しかし、そのような変化には何年もかかる。欧州はまず、暖房のない冬を何とか乗り切らなければならなかった。緑の党が長年にわたって化石燃料に抵抗してきたにもかかわらず、ハーベック［緑の党の共同党首で、シュルツ政権の副首相］は石炭火力発電所を再稼働させた。さらに彼は、稼働停止するはずだった原子力発電所を引き続き利用することを発表[133]し、原発反対派と自身の支持者の多くを激怒させた。かつて緑の党は反原発で一致団結していたが、今では、原発の代替案があまりにも悪いため、ハーベックをはじめとする党のリーダーたちは、原発を稼働させ続けたいと考えるようになったのだ。

仮にロシアの問題が解決したとしても、欧州は中国について考え始める必要があった。フォルクスワーゲンのような大企業は、ロシアとの関係が断たれても何とかやっていけるが、中国市場へのアクセスを失うとパニックに陥るだろう。緑の党に所属するドイツの外相アナレーナ・ベアボックは、「相互依存にはリスクが伴う[134]」と企業に警告し、中国との「ビジネス第一主義」を見直すよう呼びかけた。しかし、彼女や緑の党のメンバーが望む脱炭素社会への移行は、中国からソーラーパネルやバッテリーを輸入できなければ、はるかに困難で、恐らく不可能になるだろう。

こうした緊張は米国と中国の距離が広がるにつれて、確実に高まるはずだ。米国を喜ばせたいなら、欧州は中国の政府や企業リーダーが熱望する高性能機器へのアクセスを拒否しなければならず、それには報復のリスクが伴う。しかし、欧州が中国に接近すれば、必然的に米国と敵対することになる。

欧州委員会の副委員長マルグレーテ・ベステアーは、欧州がいかにしてこのジレンマを自らつくり出したかを、はっきりと次のように説明した。[135]「(欧州は)武器化された相互依存の時代という厳しい現実に目覚めた。欧州の考えは甘い、と言う人もいるが、私たちは貪欲だっただけだ。私たち欧州人はロシアの安価なエネルギーと中国の安価な労働力に基づく生産モデルの限界を目の当たりにしており、この教訓を生かさなければならない」。

しかし、それは簡単ではないだろう。欧州は、開かれた市場ではなく安全保障を共有することで団結できるだろうか。新たなプレッシャーを受けて、フランスとドイツ、大国と小国、北欧と南欧、東と西の緊張がさらに高まり、亀裂が生じるかもしれない。また、欧州が地政学的大国に変貌しようとしていることに、中国や第三国はどう反応するだろうか。

かつて欧州は、保護者との友好な関係を享受しつつ、他のすべての国と貿易し、同時に危害からも守ってもらえる、という夢を見ていた。しかし今、欧州は、冬の吹きさらしの丘の中腹で、寒さと孤独に震えながら完全に目を覚ました。簡単にハッピーエンドを迎えられるはずはなかった。

第5章

Hook's Captain

フックに翻弄された船長

2019年8月26日、インドの石油タンカーの船長は驚くべきメールを受信した。メールには、ある簡単なことを実行すれば、数百万ドルの報酬を約束すると書かれていた。船長の銀行口座の詳細を尋ねていたが、メールの送り主は、ロシアから亡命した新興財閥を装う詐欺師などではなかった。フィナンシャル・タイムズのディメトリ・セヴァストプロ(1)が暴いたメールの送り主は、米国務省のイラン担当特別代表を務めるブライアン・フックだった。

フックとトランプ政権の仲間は、イランがグローバル市場で原油を売り続けているのは、イランへの制裁が不十分だからだと考えていた。この状況を打開しようと、フックとそのチームは、「プレッシャーをかけるポイントについて……戦略を練り始めた」(2)。ターゲットの一つは海運だ。フックはこう考えた。イランは顧客に原油を輸送しなければならず、外国の海運会社に頼ることも多い。それらの会社は、仮に米国の制裁によって保険に入れなくなると、賠償責任のリスクを恐れて、イランの原油を運ばなくなるだろう。イランの原油を積んだタンカーを受け入れた港も、制裁の対象になり得る。原油輸送の業界を調べ上げ、弱点を攻めれば、より効果的にイランを締め上げることができる――。

フックはプレッシャーをかける弱点をもう一つ見つけた。石油タンカーの船長である。フックは船長にメールを送り、米国による押収が可能な港にタンカーを向かわせれば、数百万ドルの報酬を与えると約束した。メールには、船長が「これは詐欺じゃないか」と心配しないよう、国務省の電話番号が記載されていた。

まもなくフックから2通目のメールが届いた。それは、より脅迫的だった。「この金があれば、あなたは望み通りの人生と豊かな老後を送れるが、この楽に進める道を選ばないのであれば、あなたの人生ははるかに厳しいものになるだろう」。つまり、もし船長がフックの申し出を断れば、米国は個人的に船長を制裁し、人生と仕事を台無しにすると言っているのだ。申し出を受け入れれば、数百万ドルを手にできるが、果たして、その代償は何だろうか。イラン政府は裏切り者には容赦がないことで知られており（イランの諜報員は国外の反逆者を定期的に暗殺している[3]、船長と家族は新たに得たお金を使って長く楽しむことはできないかもしれない。何日もの間、船長はどうすべきか悩み、タンカーは海上を旋回した。船長から返事が来なかったため、フックは再びメールを送り、米国の制裁法に基づいて船長を制裁対象に指定したことを伝えた。

この船長のジレンマは、グローバル・ビジネスのジレンマの縮図だ。産業界は効率と収益を向上させるため、数十年かけて国際市場を築いてきた。こうした経済ネットワークを、米国政府は鎖と足かせに変えた。米国の同盟国や敵対国が、自国を守ろうとしたり、帝国を築こうとしたりする中、ビジネス界のリーダーたちはこの新たな戦争に駆り出された。

この状況は、企業にとってかつてない政治的リスクを生み出す。グローバルな商取引を促進するための情報・生産・資金のネットワーク自体が、企業の脆弱性の源泉になっており、他国政府にそのプレッシャー・ポイントを見つけられたら、ビジネスは中立の立場を維持できなくなる。企業はこれまで以上に選択の幅を狭められた。尻尾を軽く動かすだけで簡単に企業を叩き潰すことができる怪物同士が戦う危険な海で、航行を強いられているのだ。

米国、中国、欧州、ロシアなど、大国同士が衝突し、自国のために企業を利用しようとする中、個々の企業は懸命に対処しようとしている[4]。一方を選ぶ企業もあれば、他方につく企業もある。決断を無理やり迫られて海上を旋回し続ける者もいれば、数十年前のウォルター・リストンのように、強国の支配が及ばない海賊的な領土を築こうとして、未知の海域へ向かう者もいる。過去数十年間、企業にとって政治的リスクとは、途上国がルールを勝手に書き換えたり、企業の財産を差し押さえたりすることだった。だが今では、力も富も持つ大国が最大のリスクであることが分かってきた。それを理解しない企業は、恐らく破綻するだろう。

■　■　■

2001年、マイクロソフトの取締役会でブラッド・スミスは、「今こそ和解の時だ」とだけ書かれた(5)パワーポイントのスライドを映し出し、プレゼンをした後、同社の法務顧問に任命された。その後、20年以上にわたって、スミスとマイクロソフトは、このシンプルなスローガンの背後に潜む複雑な事情を発見していった。

マイクロソフトは、数百マイル南のシリコンバレーのライバルたちよりはるかに早く、政府権力と対峙した。1990年代、米司法省の反トラスト局(6)は、強くなりすぎたマイクロソフトを、競合する3社に分割することを提案した。マイクロソフトはこの強制的な解体をかろうじて免れたものの、早急に方向転換する必要があることを悟った。

スミスがあのスライドを用意したのは、そういう事情からだった。マイクロソフトの創業者ビル・ゲイツはかつて、「我が社は、政府の人間と話す時間をほとんど持たなかった(7)」と自慢したが、今やマイクロソフトが生き延びられるかどうかは、敵対する国家権力との和解にかかっていた(8)。同社は、当局と戦うためではなく協力するための方法を見つけなければならなかった。その後の数十年間で、スミス（最終的に社長兼法務顧問に就任）はマイクロソフトを悪名高い無法者から、政府に協力することで繁栄する企業に変えることに成功した。解体の脅威はすっかり昔話になった。

もっとも、そうなるまでには時間と労力とお金がかかった。同社は次第に、小国クラスの外交能力を蓄積していった。重要な仕事をする際には常に政府担当チームを設置し、スミスの人間的な魅力と、ボスであるゲイツの影響力を駆使して、政府高官と緊密な関係を築いた。また、そうした関係を自社にとっては有利に、グーグルなどのライバルにとっては不利になるよう活用した。テクノロジーについては、それがマイクロソフトの敵のものであれば政府による規制の強化を支持することが多く、しばしば成功した(9)。

小国の政府のように、マイクロソフトは中立の立場を維持しながら、影響力を行使しなければならなかった。その世界を形成する大国、すなわち、米国、EU、中国の意見が分かれ、矛盾する要求を突きつけられたら、マイクロソフトはどうすべきか。そんな場合は、曖昧な部分を巧みに利用して、どの大国の要求にも応えられる道を探した。それができない場合は、和解するよう大国を説得した。時としてマイクロソフトが規制当局と和解する最善の方法は、規制当局同士の和解を手助けすることだった。

2001年の9・11以降、米国が監視体制を再構築する中で、マイクロソフトはこれまでに培った外交スキルを駆使して、米国とEUに挟まれた危険な海峡（右を見れば岩がぶつかり合い、左を見れば触手がつかみかかってくる）を航行した。ＥＵは、マイクロソフトなどの多国籍企業に対してＮＳＡが何をしているかを知ろうとしなかったが、表向きには欧州市民のプライバシーを尊重することを求めた。欧州の意向がどうであれ、米国はひそかに自国の企業に機密データの提供を要求した。マイクロソフトでは、ある部門が何をしているのかを他の部門が知ることが許されなくなり、プライバシー・ポリシーが次第に危うくなっていった。最終的にそれが崩壊したのは、当然の成り行きだった。

２０１４年12月、プライバシー活動家のキャスパー・ボーデンは、ハンブルクでの講演で、[10]自分がマイクロソフトから解雇された経緯を大勢の聴衆に語った。講演の舞台になったのは、伝説的なハッカー集団「カオス・コンピューター・クラブ」が年に一度開く会議「カオス・コミュニケーション・コングレス」のメーンステージだ。このクラブはいつの間にかルールに縛られない大組織に発展し、会議には毎年１万人ほどが参加している。

この日、ボーデンは大いに満足した。何年もの間、自分の話を聞いてくれる人を探した末、ようやく聴衆を得たからだ。彼は、他の多くの人々よりずっと前から、米国が欧州人同士の会話のほぼすべてを聴くことができることに気づいていた。ただ、それに関心を寄せてくれる人がいなかったのだ。

マイクロソフトのチーフ・プライバシー・アドバイザーになる前、ボーデンはデータ保護の活動家として、[11]英国労働党にテクノロジーの問題に関するアドバイスを提供していた。データ保護活動は、生計の手段にはならなかったそうだ。ボーデンの仲間が私たちに語ったように、英国のデータ保護のコミュニティーは、パブで数名が議論し合う程度のものだった。ボーデンは一切の妥協を許さず、プライバシーを侵害するテクノロジーや規制を、科学的な厳格さで徹底的に調べ上げた。だが、短気な性格のせいで、しばしば喧嘩になった。友人たちは、彼の怒りっぽい性格を大目に見ていた。彼のフラストレーションが、取り組みへの熱意のエネルギー源になっていることを知っていたからだ。

そのため、2002年にボーデンがマイクロソフトに入社した時、友人たちは驚いた。どう見ても、彼はそういうタイプではなかった。彼の新しい仕事は、同社のナショナル・テクノロジー・オフィサー（世界中の政府や政治家とのパイプ役を務める非公式の現地代表者）に、プライバシー問題をどう考えるべきかを助言することだった。しかし、ボーデンがマイクロソフトの社風に合っているかどうかは怪しかった。同社で働くようになってからも彼はしばしば活動家の友人たちに向かって、プライバシーに関してマイクロソフトを「もっと追及すべきだ[12]」と檄を飛ばした。彼の米国政府に対する疑念は増す一方で、次第に彼は、米国の企業で働くのは無理だと思うようになった。

ハンブルクのステージでボーデンは聴衆にこう語った。私は会社の機密情報にアクセスしたわけではないが、そうしなくても、「公開されている情報と米国の法律を読むことで」、米国に大規模な監視組織があることが「推測できた」。欧州の政府や企業はクラウドサービスに傾倒するにつれて、すべてのデータをマイクロソフトのような米国企業が運営するサーバーに置くようになった。それらのサーバーの多くは米国内にあり、米国政府が合法的にアクセスできるようになっている——。

ボーデンによると、問題が表面化したのは、2011年にクラウド・コンピューティングに関する社内会議で彼が発言した時だった。同社の複数のナショナル・アンバサダーに向かって、彼はこう言った。「マイクロソフトのクラウド・コンピューティングを米国政府に売れば……NSAはそれらのデータを大規模かつ無制限に監視できる」。マイクロソフトは、顧客に対しては中立の立場を装いながら、顧客の最もセンシティブな情報を米国がのぞけるようにしていたのだ。ボーデンが発言した途端、部屋は沈黙に包まれた。コーヒータイムになった時、彼は、解雇するぞと脅された。2カ月後、マイクロソフトは理由もなくボーデンを解雇した。数年後、同社が「基本的なプライバシーの権利」を守りたいと意思表明した際、ボーデンは解雇の経緯を思い返し、それはスミスの「うわべだけの姿勢」であり「吐き気を催す皮肉」[13]だ、と切り捨てた。

その後の数年間、ボーデンは米国の監視に関心を持ってくれる政治家や活動家、財団などを探して各地を巡ったが、話を聞いてくれる人はいなかった。2013年6月にエドワード・スノーデンの暴露が発覚する直前、ボーデンは、この問題を真剣に考えてほしいと複数の企業に訴えた。しかし、「彼らは私を笑った」。スノーデンが持ち出した文書が公表されると、ボーデンの主張の多くが正しかったことが証明された。米国の諜報機関は自国の企業にデータを要求することができ、欧州市民のプライバシーは事実上、保護されていなかったのだ。

ボーデンは法律や技術の詳細にこだわり、無遠慮な質問もいとわず、結局はそのせいで職を失った。そのような彼の性格は、隠されていた問題の全貌を解き明かすのには役立ったが、その深刻さを他の人に納得させるのには妨げになった。彼は、怒りに満ちたツイートや、難解な法律用語が散りばめられたパワーポイントでのプレゼンテーションによって世界を変えようとしていた。

だが、仮に彼が天使のように優しく語ったとしても、話を聞いてもらうのは難しかっただろう。マイクロソフトなどの企業は、この問題を公にしたくなかった。仮に公にすることを望んだとしても、米国の法律がそれを禁じていた。一方、欧州政府も、強制されない限り真実を追及する気はなかった。なぜなら欧州の経済は、米国の情報に依存していたからだ。何らかの事実を知っているほぼすべての人に、問題から目を背けたくなる不都合な理由があった。

マイクロソフト、グーグル、アマゾンやその競合企業は、スノーデンがジャーナリストに貴重な秘密を提供し、世間に議論を強いるまで、自らの立場を変えなかった。だが、スノーデンが、米国による大規模な監視活動を暴露した後は、何も起きていないふりをするのは不可能だった。ただ、ボーデンには弁論のスキルが欠けていたので、目的を遂行するために人々の関心を集めることはできなかった。その主張が正しかったことは証明されたが、２０１５年、彼は世界に失望したまま、がんでこの世を去った。

他にも闘いを始めた人がいた。オーストリアの若い弁護士でカリスマ的なデータ保護活動家であるマックス・シュレムスだ。スノーデンの暴露のおかげで欧州と米国の間にくさびを打ち込めるかもしれない[14]、と彼は考えた。2015年10月、シュレムスは欧州の司法裁判所にこの問題を持ち込み、フェイスブックなどの企業が個人情報を米国に送ることを許可している欧州と米国との協定を無効にさせた。フェイスブックなどが、EUのデータ保護法に違反してこのデータを米国の監視機関に渡しているというのが、裁定の理由だ。

これは、欧州の顧客データを米国のサーバーに保存していた米国のEコマース企業に壊滅的な結果をもたらす可能性があった。グーグルの持ち株会社のCEOだったエリック・シュミットは、裁判所の決定はグローバル・インターネットを遮断し[15]、「人類の最も偉大な成果」を破壊しようとしていると警告した。マイクロソフトのスミスは、少なくとも表向きは、それほど心配していないようだった[16]。たとえ、欧州と米国との協定が「古い法体系[17]」とともに崩壊しても、その基盤はとうの昔に崩れていた。クラウド・コンピューティングはもはやグローバルになっている。追いつくべきは法律のほうだというのが、彼の見解だった。

もっとも、後になってスミスは、欧州の裁判所がこの裁定を下した時には「大変な騒ぎになった」と認めた。スミスはじめマイクロソフトの幹部には、スノーデンによる暴露に頭を悩ませる十分な理由があった。ボーデンが疑っていた通り、マイクロソフトは外国人の情報を米国政府に提供していた。公開データが存在する唯一の期間である2011年から2021年にかけて、米国政府は情報収集の権限を行使し、マイクロソフトに毎年、全世界の2万4000～3万9000のユーザーアカウントの情報を提供するよう要請した[18]。この件に関して、同社は公式に釈明することができなかった。司法省は、マイクロソフトが米国政府にデータを提供していている事実を機密扱いにしていたからだ。

スノーデンが機密文書を公開した時、スミスは自分が考えていた以上に事態が悪化していることを知った。その文書には、NSAと英国の情報機関であるGCHQ（政府通信本部）が協力し[19]、英国内を縦横に走るマイクロソフトの光ファイバーケーブルを盗聴しているという強力な証拠が含まれていたからだ。察するに米国は、合衆国憲法修正第4条［動産の不法な捜索や押収を禁止している］は米国外では適用されないという理屈に基づいて、令状なしにマイクロソフトからデータを入手していたようだ。

数年後、スミスはこの事件を振り返ってこう述べた。スノーデンの暴露は「政府とハイテク産業の間に亀裂を生じさせ、今日に至るまでそれを広げてきた。政府がサービスを提供する相手は、州や国など地理的に定義された地域に住む有権者だが、ハイテク産業はグローバル化し、事実上、世界のどこにでも顧客がいる[20]」。

スノーデン事件以前に存在していたグローバル・ビジネスの平和を維持するには、政府とハイテク産業の間に亀裂がないふりをする必要があった[21]。しかし、今や亀裂の存在は、周知の事実となった。スミスをはじめとするビジネスリーダーたちは、各国の政府とテリトリーが存在する世界で、平和を再構築しなければならなかった。

スミスは明言しなかったが、最大の問題は米国だった。数年前、NSAのマイケル・ヘイデンと幹部たちは、米国と外の世界を分ける見えない境界線を引いた。その境界線の内側では、米国は法と国民の権利に縛られるが、その外側はそれらの縛りのない無法地帯であり、NSAは米国の利益になる情報を自由に取得できると彼らは考えていた。しかし今では、他国のテロリストだけでなく、米国の多国籍企業も、自分たちが無法地帯に置かれていることに気づいた。

マイクロソフトは、クラウドサービスへ傾倒するにつれて、そのビジネスの多くの部分が境界線の外側にあることを悟った。マイクロソフトはもはや、フロッピーディスクやCD-ROMで世界にソフトを売る企業ではなかった。同社のビジネスサービスはオンラインでのアクセスとデータ保存を提供し、米国以外の国の政府や企業などの組織が、あらゆる業務をサポートする多様なアプリケーションへアクセスすることを可能にしていた。2021年12月、マイクロソフトのクラウドサービスの四半期の売上高は220億ドルに達し[22]、同社の売上高の約半分を占めるまでになった。

クラウドは、どこにも存在せず、それでいてどこにでもあるように思えるが、クラウドサービスを提供するマイクロソフトなどの米国企業は、米国の法律に縛られている。米当局はそれらの企業に外国人のデータを要求し、従わなければ厳しい罰則を科すと脅す一方で、その要求に従ったことについては秘密にするよう命じた。また、米当局は、海外にある企業からも、令状も事前通告もなしに膨大なデータを押収する権限が自分たちにはあると考えていた。これはマイクロソフトやそのライバル企業にとって、危機的な状況だった。外国の政府や企業は、マイクロソフトやそのライバル企業が、自分たちのデータを将来にわたって保護してくれると考えるだろうか。

マイクロソフトの最初の対応は、グーグルと同じく、自国政府の監視から自社を守ることだった。両社はライバルだったが、海外のビジネスを守るため、米国政府の監視に早急に対処する必要があった。両社は、データセンター間のケーブルを流れる大量のデータを暗号化し始めた[23]。その結果、NSAによる盗聴ははるかに難しくなった。

2015年、シュレムスの訴えが欧州司法裁判所で認められると、スミスはそれをきっかけにして、より永続的で合法的な平和を築こうとした[24]。彼はこう主張した。欧州と米国の政権を選んだ国民の権利と、クラウドサービスの顧客としての権利は、オーバーラップしている。つまり、どの国の国民も自分のデータがどこにあろうと、そのデータと市民としての自由が保護されることを望んでいる。明らかな解決策は、市民のデータには市民の権利が伴うことを、各国政府が認めることだ。欧州の市民は、自分のデータが米国に保存されていても、欧州の法律のもとで保証された権利を持つ。米国人のデータが欧州で保存されている場合も同様である。米国政府は、欧州の市民のデータが欲しければ、欧州の政府に許可を求める必要があり、逆もまたしかりだ――。

この解決策は、NSAにとっては非常に都合が悪かった。新たな協定について欧州と米国が交渉を始めた時、米国の情報機関は、情報収集を自主的に制限することと、欧州のクレームに対処する役人を置くことに渋々同意した[25]（欧州の司法裁判所は、これでは不十分だと判断し、最終的にこの協定を破棄した）。彼らは、いかなる国際的な協定による制限も望まず、（米国の諜報活動のおこぼれで生き延びている）欧州の情報機関関係者も、口には出さないが同じ考えだった。結局、国の安全保障のための監視は依然として無法地帯のままで、「万人の万人に対する闘争［自然状態では人間は利己的で、欲しいものを獲得するため互いに争い続ける］」が繰り広げられていた。

政府の監視は次第に破壊工作へと傾き始めた。2010年、専門家は「スタクスネット」[26]という新たなワーム（ネットワークを介して拡散するマルウェア）が世界中のコンピューターに感染していることに気づいた。イランの核開発を遅らせる目的で米国とイスラエルが仕組んだハッキング・プロジェクト（スタクスネット・プロジェクト）が暴走し、本来、接触するはずのないコンピューターシステムに感染したのだ。

オバマ大統領は危険な前例になることを恐れて、スタクスネット・プロジェクトの承認をためらった[27]。しかし、前例があってもなくても、その後、中国、ロシア、北朝鮮を含む他の国々も、敵国のコンピューターシステム、時には友好国のシステムまで攻撃するようになった。次第に、政府主導のハッキングは、地下の経済犯罪と区別がつかなくなってきた。地下世界では、ハッカーがハッカーを雇い、自作ソフトウエアを使って金を盗み、人々の金融に関する個人情報を商品として大量に売買していた。伝えられるところによると、ロシア政府は外国のシステムを攻撃するハッカーに対し、政府に要請された際に協力する用意があれば、好きなように攻撃してよいという許可を与えたそうだ。米国はそのような不法行為には否定的だったが、グレーマーケットで未知のハッキング技術を見つけたら、金に糸目をつけず手に入れた[28]。北朝鮮は経済制裁を受けた後、国際決済で使用できる通貨を調達するためにサイバー攻撃を実行した。悪名高いSWIFT強盗[29]〔SWIFTの銀行間ネットワークにサイバー攻撃を仕掛けた〕やランサムウエア〔身代金要求型ウイルス〕のワナクライ（TSMCの半導体工場を一時生産停止に追い込んだ[30]）はその例だ。

マイクロソフトなどの企業は、気がつくとトラブルだらけの新世界にいた。国家間の異なる法的義務の板挟みになっていただけではなく、国際的なサイバー戦争の恰好の標的になっていたのだ。スミスが2017年にRSAカンファレンス〔サイバーセキュリティーに関する世界最大級の会議〕で述べたように[31]、サイバースペースは「新たな戦場」になったが、それは「民間部門が所有し、コントロールしている異なる種類の戦場」だった。ソニーが北朝鮮の最高指導者を嘲笑するパロディー映画を製作した時には、北朝鮮政府が支援するハッカーたちがソニーのサーバーに侵入し、ビジネス上の機密情報を大量にネット上に流出させた[32]。他の企業もますます巧妙化する攻撃にさらされた（ワナクライのように、漏洩したNSAのツールや技術に基づくものもあった)。

ロシア政府が支援するハッカーの多くは、自国の国境を尊重した(彼らのプログラムはキリル文字で書かれたシステムには感染しないよう設計されているのかもしれない)。しかし、米国の国境を尊重しなかったのは確かだ。それどころか、彼らはグローバル経済に攻撃を仕掛けた。ロシア軍の諜報機関がマイクロソフトのプラットフォームに侵入し、同社の顧客の個人情報を盗もうとしたこともあった。しかし、マイクロソフトの幹部は、公の場でそれに言及することをためらった。「ビジネス上の利益や従業員に対するロシアの報復」[33]を恐れたからだ。実のところ、マイクロソフトがある公開イベントで間接的にそのハッキングに言及した後、ロシアはビザが必要な同社の従業員に2000マイル[3218キロメートル]離れたロシア大使館に出向いて面接を受けることを要求した。その従業員は無事にビザを取得できたが、同時に一通の封書を手渡された。中にはロシアの強い憤りと不快感を示す二つの文書が入っており、ワシントン州レドモンドのマイクロソフトの経営陣に届けるようにとのことだった。

スミスをはじめとするマイクロソフトの経営陣は、米国政府との対立を避けたかったが、米当局は、国の大義に貢献しない同社に腹を立て、圧力をかけた。その一方で、諸外国の政府当局はマイクロソフトを米国政府の手先と見なしており、同社は両者の間で揺れ動いた。トランプ政権のあるアドバイザーはスミスにこう言った。「マイクロソフトは米国企業なのだから、米国政府が他国の人々をスパイするのを手伝うべきだ[34]」。それに対して他国がどのように報復するかは、マイクロソフトが解決すべき問題だった。実のところ、スノーデンによる暴露の後、中国政府は政府機関におけるウィンドウズの使用を禁止したため(35)、マイクロソフトは、中国政府の技術グループと協力して特別な中国版ウィンドウズを開発するはめになった。

マイクロソフトはこのような状況を何とか終わりにしたかったが、この戦場を非軍事化するのは、規制当局をなだめるよりはるかに難しかった。スミスに言わせれば、必要なのは戦争と平和の国際的ルールをつくり直すことだった。

身のほど知らずの野望のように聞こえるが、スミスたちには確立されたモデルがあった。1949年、赤十字国際委員会(ICRC)は各国政府をまとめて、戦時下で一般市民を守るためのジュネーブ条約を生み出した。スミスは社内会議でこの例に言及した。スミスの同僚のドミニク・カーは、新たな国際協定を結んで、民間人を標的とするサイバー攻撃をしないと各国政府に約束させるべきだとすぐに応じた。マイクロソフトは民間企業だが、ICRCも民間の組織だった。そのICRCが武力紛争の法律を変えるよう各国政府を説得できたのであれば、マイクロソフトに同じことができないと言えるだろうか。

マイクロソフトは、民間人へのサイバー攻撃を禁止する国際協定をつくりたいと考えた。そうすれば、マイクロソフトにとって都合のいい形で、人道的な目標を達成できる。トランプ政権の意向には反するが、マイクロソフトが基本的な責任を負うのは、米国ではなく顧客と株主だ。同社の顧客の多くはサイバー攻撃の標的となる民間人であり、マイクロソフト自体もそうだ。スミスは「デジタル版ジュネーブ条約」を公に提案し、世界の情報を握るマイクロソフトなどの企業は、「信頼される中立的なデジタル版スイス」になるべきだと主張した。どの国からも攻撃を受けない代わりに、どの国の攻撃にも協力しないということだ。

この「デジタル版スイス」[36]という言葉は、ハイテク企業は領土こそ持たないものの、世界を股にかける新しいタイプの国であることを示唆していた。この言葉が見過ごされることはなかった。デンマークの外務大臣が、ハイテク企業は「ある種の国家」になったと発言した時、スミスは完全には同意しなかったが、「その比喩は重要な機会を示している。私たちの会社が国家に似ているのであれば、私たちは独自の国際協定を結べるはずだ[37]」と述べ、次のように続けた。ハイテク業界は「かつてICRCがそうしたように、団結する必要がある[38]。マイクロソフトなどの企業は、台頭しつつあるナショナリズムに代わるものを提供し、どこの国でも顧客を守り、顧客への攻撃を拒むべきで、その際には自らの国籍や、命令を下す政府の国籍には影響されない[39]」。第二次世界大戦中、スイスは連合国にも枢軸国にも加わらず、厳格な中立を保った。スミスは、ハイテク業界が地政学と距離を置き、スイスのような中立を保つことができれば、地政学がテクノロジーを食い荒らすのを阻止できると考えた。

この大胆な提案は、世界を一変させはしなかったが、政治的関心を集めた。フランスのマクロン大統領やニュージーランドのジャシンダ・アーダーン首相などの指導者たちは、法的拘束力のない「サイバー空間の信頼性と安全性のためのパリ・コール[40]」に署名した。バイデン政権も思案の末、2021年後半に署名した[41]。フェイスブック、デル、オラクルなどの企業は、サイバーセキュリティー技術協定[42]に同意したが、アマゾンとグーグルは同意しなかった。

しかし、2022年にロシアがウクライナに侵攻すると、スイスなどは中立の立場を見直し[43]、ロシアに経済制裁を科した。平和についてのマイクロソフトの考え方も変わった。同社は2015年には、自社を含むハイテク企業が安心して事業を展開し販売活動ができるよう、米国とEU諸国に監視に関しての合意を求めた。2017年には「デジタル版ジュネーブ条約を提案し」、戦争と平和のルールを書き換え、世界のテクノロジー業界が中立的な聖域となることを望んだ。しかし今では、中立の立場を捨て、ウクライナをデジタルで支援している。

この新たなアプローチについて、スミスと顧客セキュリティー・トラスト担当副社長のトム・バートは、二つのブログ記事で慎重に説明した[44]。2022年にロンドンで開かれたビジネスリーダー向けの「エンビジョン・カンファレンス」の基調演説[45]では、スミスがさらにはっきりと述べた。

スミスのスピーチは、英国の経済展望を述べたり、新技術の「シームレスな顧客体験」の実現を宣伝したりした他の二つの基調講演とは、次元が全く異なっていた。スミスの説明によれば、ウクライナ侵攻では、新たな兵器が「光速で」動いた。マイクロソフトの従業員はワシントン州レドモンドにいながら、ウクライナの最前線を守っていた。この戦争で最初に「発射された砲弾」は、ロシアのサイバー兵器フォックスブレード[46]で、ウクライナの行政機関や各部門を結ぶ300のサーバーシステムを破壊することが目的だった。マイクロソフトの脅威インテリジェンスセンター（MSTIC《ミスティック》）のセキュリティー部門は、その兵器の配備をいち早く察知した。全世界で稼働するマイクロソフトのデバイスから毎日約24兆ものシグナルが発信されており、(47)そのすべてにアクセスできるMSTICは、サイバー空間を俯瞰《ふかん》する並外れた能力を発揮し、攻撃の波からウクライナを守った。

このスピーチでスミスは、ハイテク企業が民間人を守り、「攻撃ではなく基本的に防御の役割」を果たす「デジタル版ジュネーブ条約」のアイデアに立ち返った。しかし、中立性を再確認するどころか、マイクロソフトが「ウクライナ政府や同国の安全保障に関わるアドバイザーやチームと、さらに緊密な関係を結んだ」ことを公表した。もっとも、スミスは、同僚のトム・バートがバイデン政権の国家安全保障担当副補佐官アン・ニューバーガーと接触し、ロシアのマルウェアのコードをエストニア、ラトビア、リトアニア、ポーランドなどの欧州各国の政府と共有するよう求められたことには触れなかった。後にニューヨーク・タイムズが報じたように、(48)マイクロソフトは「第二次世界大戦中に自動車の生産ラインをシャーマン戦車の生産ラインに改造したフォード」のような役割を果たし始めたのだ。

戦争が激化するにつれ、マイクロソフトはさらに多くのことをやってのけた。ウクライナ政府のサーバーが攻撃を受けた際には、同国の17の省庁のうち16を「ウクライナ国外のクラウド」に移転させた。スミスはロシアのサイバー攻撃を第二次世界大戦中のロンドン大空襲になぞらえた。[49]その時、英国政府は地下深くのシェルターに逃げ込んだ。だが、今は違う。マイクロソフトの行動はまるで、仮想現実のスイスが中立の立場を放棄し、ウィンストン・チャーチル率いる英政府を、奇跡的なテクノロジーを使って難攻不落の天空の城に移したかのようだった。英政府はナチスの爆撃機が到達できない高い場所で、戦争と通常通りの業務をこなすことができる。「民間人と企業」を守るというデジタル版ジュネーブ条約の目的は、「ハイブリッド戦争[50]」において一国を守り、その政府を存続させるという使命へと大きく変貌した。

当然ながら、マイクロソフトは侵略国ロシアに対しては、同様の礼儀を尽くそうとはしなかった。同社は2022年3月にロシアでの製品販売を中止した。[51]病院や学校、子ども、高齢者、市民に医薬品を届けようとする企業には引き続き支援を提供したが、ロシア政府へのサポートは打ち切った。

それどころか、マイクロソフトはロシアの戦争責任の追及を手伝うことにした。スミスは、第二次世界大戦後にナチスの戦犯を裁いたニュルンベルク裁判を引き合いに出し、マイクロソフトが「ここで何が起きたかを歴史が記憶できるようにする」と約束し、粉々に破壊されたウクライナの病院や学校、給水塔などを特定する技術を無償で提供した。スミスはマイクロソフトのコミュニティーに、NATOを支持し、ウクライナを支援するよう呼びかけた。続報によると[52]スミスは、「この戦争によって、『主要なサイバー大国』であるロシアは、表現の自由と民主主義を守ろうとする『国々の同盟』だけでなく、『国と企業とNGOの同盟までも』敵に回した」と主張した。

スミスは、マイクロソフトの法務顧問になった当初、賢明なビジネス戦略には各国政府との和解や協調が欠かせないと主張した。[53] しかし、各国政府が市場を管理するだけでなく武器化するようになると、マイクロソフトが中立を保つのは難しくなった。やがて同社は、戦争と平和のルールを書き換えるという、かつてない野心的な試みに挑み、ついには侵略者に立ち向かう戦争に公然と参加するようになった。スミスはビジネス向けにつくられた自社のツールとソフトが、防衛上いかに大きな利点をもたらすかを自慢した。ある意味でロシアとウクライナの戦争は、マイクロソフト製品は計り知れないほど価値があり、恐らく不可欠であることを示す販促活動のようなものだった。さらに、スミスは、「マイクロソフト傘下の」求職・求人ネットワークのリンクトインさえも、軍事資源になったと主張した。マイクロソフトのセキュリティー担当者は、リンクトインを使って、攻撃されそうなウクライナの組織の情報責任者を直ちに見つけて連絡しているのだ。

■ ■ ■

リンクトインが役に立ったのは、戦時下の防衛だけではなかった。ロシアとウクライナの戦争が始まる少し前、台湾の大手半導体メーカーのＴＳＭＣは、次のような求人広告をリンクトインに掲示した。[54]「当社のビジネスは世界規模に拡大し、複雑化しているため、地政学的・経済的変化がIC業界のサプライチェーンに及ぼす影響を分析するアナリストを求めています」

穏やかな表現とは裏腹に、TSMCの訴えは緊急性を帯びていた。同社の首脳陣は、地政学的な変化が自社を飲み込むことを恐れていた。

TSMCの設立は、グローバル化する経済における一つの賭けだった。開かれた市場と迅速なコミュニケーションは、それぞれの企業が独自のニッチを見つけることを可能にした。TSMCなどの半導体メーカーは、設計・開発から製造まですべてを自社でやるのではなく、得意とする分野に特化し、そうすることで、競合他社より確実に優れた結果を出した。TSMCは半導体製造の前工程に特化したファブリケーション（略してファブ＝製造工場）であり、他の半導体企業が設計した製品の生産を受託した。インテルのように設計から製造まですべてをこなす垂直統合型の半導体メーカーに比べて、生産の改善に注力しやすいため、小さな工夫から大きな技術革新まで、常にイノベーションを絞り出すことができた。

1998年、TSMCの創業者で当時CEOだったモリス・チャン（張忠謀）は、自社の戦略を内部資料[55]にまとめた。TSMCが顧客との関係を深め、顧客が何を欲しているかを学び、営業と技術開発を正しく組み合わせれば、いずれ世界一のICチップメーカーになれるとチャンは考えていた。しかし、この戦略を遂行するには、まず二つの問題を解決する必要があった。

第一に必要なのは、顧客、すなわち、TSMCに自社専用のチップを発注するハイテク企業と信頼関係を築くことだ。市場シェアを巡って激しく競い合っている様々な携帯電話メーカー向けに、ＴＳＭＣはプロセッサーを製造している。それが意味するのは、顧客となるハイテクメーカーは、自社が激しく競い合うライバル企業とも緊密に結びついているＴＳＭＣに、技術上のニーズや事業戦略に関する機密性の高い情報を提供しなければならないということだ。だからこそチャンは、各社の機密情報について秘密厳守していることを信頼できる形で保証しなければならないと考えた。

また、ＴＳＭＣは顧客を公平に扱うことを重んじた。内部資料には、ある顧客に「一度限りの」特別なサービスを提供した場合、その顧客の競合相手にも「同様のサービス」を提供し、前者だけを優遇している印象を与えないようにすることが義務づけられていた。実際、ＴＳＭＣは、エヌビディアとクアルコムのようなライバル関係にある企業を公平に扱い、ウォール・ストリート・ジャーナルに「半導体のスイス」[56]と評された。

二番目に必要なのは、技術力の向上である。高性能の半導体を開発・製造するライバルに追いつき打ち負かす必要があった。ＴＳＭＣは、インテルなどの大手の競合会社が目をつけなかったニッチに対応することから始めた。そして、世界中の顧客から得た情報と自社のノウハウを結びつけることで成長し、新たな市場を切り開いていった。顧客はＴＳＭＣに「規模の経済」をもたらし、より安く生産できるようにしただけでなく、「知識の経済」ももたらした。すなわち、企業が何を必要とし、何を必要としないか、そしてＴＳＭＣが潤沢になってきた研究開発費を何に投じるべきかといったかけがえのない知識を提供したのである。

半導体産業における技術革新とはすなわち、より少ない電力でより高い処理能力を持つ、より小さな構造（ナノメートル［10億分の1メートル］単位で表現される）のＩＣチップを製造することだ。この領域でＴＳＭＣは業界トップになり、先端半導体の製造を支配した。ライバル企業はとても追いつけなかった。チャンはライバルとしてサムスンを恐れていたが[57]、サムスンはＩＣチップだけでなく携帯電話などの最終製品もつくっていたため、主要顧客の信用を得るのが難しかった。顧客企業はサムスンを単なる部品サプライヤーではなく、潜在的なライバルと見ていたのだ。また、インテルも、顧客との結びつきがＴＳＭＣほど緊密でなかったので後れを取り始めた。

ＴＳＭＣの計画では、２０２３年には3ナノメートル・プロセスのＩＣチップの生産に着手し、２０２５年には2ナノ・プロセスのＩＣチップを生産することになっている。一方、インテルは7ナノ・プロセスのチップの製造に苦戦していた[58]。インテルの最大の顧客であるアップルは、サムスンが自社のスマートフォンを発売し、iPhoneと競争し始めたため[59]、２０１１年にサムスンから離れた。２０２０年、アップルは、新たなマック・コンピューターに自社設計のプロセッサーを搭載すると発表した[60]。必然的に、アップルはチップの製造をＴＳＭＣに委託することになった。数十年にわたってインテルの後ろを走ってきたプロセッサー・メーカーの老舗ＡＭＤは、チップの生産からすっかり手を引いて設計・開発に特化し、生産はＴＳＭＣを頼るようになった。

2020年12月、インテルのアクティビスト株主の一人が、ICチップの製造事業を捨てて設計に専念するよう同社に提言した。[61] ある業界アナリストがフィナンシャル・タイムズの記者キャスリン・ヒルに語ったように、業界は「信じられないほどTSMCに依存[62]」するようになっていた。20年前、ICチップメーカーは20社あったが、今では「最先端の製品は、台湾にあるたった一つのメーカーに集中している[63]」。

このアナリストの「台湾にあるたった一つのメーカー」という表現は、それほど大袈裟でもなかった。全世界の顧客を相手にするようになっても、TSMCはあくまでローカルな企業であり続けた。台湾政府の支援を得て設立された同社は、台湾の経済と教育システムに深く溶け込んでいた。台湾から離れなかったのは、台湾のエンジニアが米国のエンジニアに比べてハードワークをいとわないからだけではない。半導体製造に関するイノベーションのある部分は、移転するのが非常に難しいからだ。台湾の半導体産業は「台北の南にある小さな工業団地を中心に」発展した。アジアの半導体製造の専門家ダン・ワンが述べるように、半導体製造は長年にわたって蓄積された「プロセス・ナレッジ」に支えられている。それは何がうまくいき、何がうまくいかないかという知識《ナレッジ》であり、その文化に染まっていない人に説明するのは難しい。TSMCは、他の場所に工場を建設しようと何度か試みたが、うまくいっていない。

当初、台湾を本拠地にしていることは、弱みではなく強みのように見えた。中国が自国のハイテク産業を育成し始めると、TSMCは新たな顧客を見つけやすくなった。また、TSMC

は、慎重に築き上げてきた公平性の評判が功を奏し、米国企業と同じように、中国企業とも付き合うことができた。結局のところ、中国企業のほうが、地理的にも文化的にも言語的にも近い。ＴＳＭＣが特に緊密な関係を築いたファーウェイは、アップルに次ぐ2番目に取引規模が大きい顧客となり、ＴＳＭＣの売上高の15〜20パーセントを占めるようになった[64]。

しかし、地政学的な緊張が高まるにつれて、ＴＳＭＣの立場は厳しくなっていった。中華人民共和国は台湾を自国の一部と見なしており、穏やかな説得と容赦ない力の組み合わせによって、母国への再統一に動いている。ＴＳＭＣは、互いに競合する複数のハイテク企業と関わりながら、どこにも肩入れせず、ハイテク分野のスイスを演じてきたが、米国と中国が互いを警戒するようになると、「反目する両巨人のどちらとも、時々友人[65]になるフィンランド」の役割も果たすようになった［第二次世界大戦後の冷戦時代に、フィンランドはソビエト連邦と西側諸国との間でバランスを取りながら自国の主権と中立性を維持した］。

トランプ政権が地下帝国の武器をファーウェイに向けた時、ＴＳＭＣも巻き添えを食らった。米国が定めたルールにより、ＴＳＭＣは、米国の知的財産を使用している最先端ＩＣチップを、二番目に大きい顧客であるファーウェイに売ることができなくなったのだ。２０２０年の世界的なＩＣチップ不足は、ＴＳＭＣの売上高が落ち込まないことを意味し[66]、同社の市場支配力が再度証明された。しかし、台湾が中国に統合されたら、ＴＳＭＣはどうなるだろうか。そして、この世界で最も重要な半導体メーカーが敵対国に掌握されたら、米国はどう対応するだろうか。

1990年代、半導体産業がグローバル化するにつれ、米国防省もその後に続いた。米軍は先端半導体を絶えず必要としていた。米国は最も「信頼できる」サプライチェーンを国内に維持していたが、チップの生産は、アジア太平洋地域への依存を強めていた。しかし、台湾のメーカーが「グローバル化する米国の国防半導体基盤の重要な一部[67]」になるにつれて、米国防省は神経を尖らせるようになった。そしてTSMCが競合他社を大きく引き離すと、米国は、自国の安全保障システムが、中国の侵攻の脅威にさらされている一つの島にあるたった一つのメーカーに大きく依存していることに懸念を抱き始めた。

TSMCのCEOマーク・リウ（劉徳音）は、「グローバル経済は台湾の半導体に依存しているので、戦争は起こり得ない[68]」と主張したが、米国の国防専門家はもっと悲観的だった。2021年、そのうちの二人が米陸軍大学校の季刊誌『パラメーターズ』に寄稿し、中国に侵攻されたら、米国は「ブロークン・ネスト（壊れた巣[69]）」戦略を採り、TSMCの施設を破壊すればよいと主張した。中国を脅して、台湾侵攻を抑止する一助になることを期待しての提案だった。

これらすべては、TSMCを大いに困惑させた。バイデン大統領が、中国が領有権を主張する島でキーテクノロジーの開発や基幹製品が生産されていることに懸念を表明したことも、いっそう同社を悩ませた。TSMCは、国家安全保障の戦略を練る人々が、同社の成功に目を向けなければさらに繁栄できたのだが、今や同社はグローバル経済のチョークポイントになり、複数の大国がそれを独占しようとしていた。あらゆる企業は、ビジネスの世界で唯一無二の存在になることを願っている。しかし、先制攻撃で自社の工場が吹き飛ばされるかもしれないほど唯一無二の存在になりたいと思う企業はないだろう。

さらに悪いことに、TSMCの競合会社が、この政治的問題を利用し始めた。インテルは技術開発競争でTSMCに惨敗した後、新たなCEOとしてパット・ゲルシンガーを雇った。ゲルシンガーは直ちに、TSMCのビジネスの核であるファウンドリー事業、つまり半導体の生産受託に参入することを発表した。ゲルシンガーは、米国が重要な技術を台湾の企業に頼ることがいかに危険かを指摘し[70]、米国はICチップを国内で確保できるようになるべきだと訴えた。

すでに米国の政治家は、半導体製造拠点を自国に戻そうと動き始めていた。トランプ大統領がTSMCにファーウェイへの半導体供給を制限した同じ日[71]、TSMCは、アリゾナに総工費約120億ドルを投じてファブを建設し、そこで5ナノ・プロセスのICチップを製造すると発表した[72]。

このニュースはゲルシンガーを憤慨させた。彼は、米国が助成するのは「米国に深く根ざした企業[73]」に限るべきだと考えており、TSMCが最先端技術を台湾国内にとどめていることを非難した。ゲルシンガーは2021年の大半を[74]、米国や欧州の閣僚との会合に費やし、インテルなどの国内企業を支援するよう強く訴えた。公開インタビューで彼は、「これからの20年間、ファブがどこにあるかは、石油がどこに埋蔵されているかより重要になる[75]」と述べた。ゲルシンガーたちの努力が実り、米国と欧州は国内の半導体製造を支援するための大規模な法案を可決した。もっとも、一方だけに賭けるのは避け、ＴＳＭＣのように技術面で競合他社をはるかにしのぐ企業にも資金提供を申し出てヘッジを図った。

ＴＳＭＣは、このゲームに参加したくなかっただろう。「ＴＳＭＣの関係者」によると、ＴＳＭＣが「アリゾナに工場を出すことにしたのは、米国政府に懇願されたから」[76]だった。別の時に、ＣＥＯのマーク・リウが説明したように、[77]アリゾナに工場を建設したのは、「顧客に対する政治的な配慮」があったからにほかならない。リウ自身は「米国内で半導体を生産しても、サプライチェーンのレジリエンスの強化にはならず」、かえって損なわれる、と考えていた。

ＴＳＭＣは、補助金を受けることに抵抗はなかった。実のところ、同社はこれまで台湾政府から多額の補助金を受けてきた。しかし、補助金を巡るこの新たなゲームには問題があった。インテルは、技術的にかなわないライバルより優位に立ちたかったため、地政学が市場を再形成することを望んだ。一方、ＴＳＭＣは、地政学的要因をできるだけ排除したかった。欧米の政治家が、半導体の生産拠点が台湾にある危険性に注目すればするほど、ＴＳＭＣのライバルを支援したり、ＴＳＭＣに製造する場所や方法の変更を要請したりする可能性が高まるからだ。

パンデミックがこのすべてをいっそう複雑にした。２０２０年と２０２１年、新型コロナウイルスは、地政学的な緊張と相まって、半導体生産に大打撃を与えた。感染拡大に対処するため工場が閉鎖し、複雑なサプライチェーンは崩壊した。企業は消費者の買い控えを予想して、ＩＣチップの発注を減らしたが、需要は依然として高かったため、深刻な半導体不足に陥った。

ファーウェイをはじめとする中国企業は、米国の制裁［先端半導体技術の対中輸出規制強化］が発動される前に、半導体を大量に備蓄した。こうしたことが、経済全体に大規模な供給不足をもたらした。もはや自動車は走るコンピューターになっており、あらゆる電子機器は半導体を必要とする。「チップパゲドン[78]［ICチップとアルマゲドンをかけた造語］」と名づけられたこの不幸な事態のせいで、サプライチェーンの重要性と、自国経済に必要な物資をいかに確保するかが、日常的な政治的話題になった。

バイデンが大統領に就任してわずか1カ月後、同政権は半導体、バッテリー、医薬品、レアアースという四つの重要なサプライチェーンについて、100日かけて見直すよう[79]指示した。バイデンは国民にこう訴えた。「コンピューター・チップが不足したために[80]……自動車の生産が遅れ、結果的に米国の労働時間が減ったことを我々は見てきた。今、必要なのは、サプライチェーンが危機に陥った後に対応することではなく……サプライチェーン危機を未然に防ぐことだ」。そして大統領令[81]では、「よりレジリエンスのあるサプライチェーンが……国内生産能力の向上、供給源の多様化、冗長性の組み込み、十分な備蓄、安全かつ確実なデジタルネットワークを促進する」ことを求めた。

2021年3月15日、米商務省産業安全保障局（BIS）[82]は、半導体業界に意見を求めた。100日間の見直しでは、商務省が主導する「データハブ[83]［データを一カ所に集めて管理するシステム］」の創設が求められた。「政府内のデータを集約し……需要と供給のバランスの混乱を追跡し、政府と民間部門との間で情報共有を進める」ためだ。バイデン政権は、「ボトルネックがどこにあるかを理解し、定量化するため」、TSMCなどの企業に、「在庫、需要、納期に関する情報を自発的に共有する」[84]ことを求めていると発表した。

語り口は穏やかだが、この要請には強い圧力が伴った。バイデン政権の商務長官ジーナ・レモンドはこう語った。「私が半導体製造企業に告げたのは、『強制はしたくないが、応じない場合、選択の余地はない』ということだった」。TSMCなどの企業がデータを提供しなければ、[85]バイデン政権は国防生産法に基づく権限を行使することになる。しかし、同政権が求めたデータは、TSMCの顧客のビジネスに関する詳細な情報をのぞき見ることを可能にした。

そのような情報を提供すれば、TSMCのビジネスモデルの核である顧客との信頼関係を危険にさらすことになる。もし顧客が、TSMCが自社の情報を米国政府と共有していることを知ったら、どんな反応をするだろうか。中国企業は特に動揺するだろうが、他の企業も不安になるはずだ。

TSMCはバイデン政権の要求にすぐに応えようとはしなかった。TSMCは世界的な半導体不足に対処するため、アリゾナでの工場建設も含め、すでに「異例の措置」[86]を取っていると強く訴えた。1週間後、TSMCの法務責任者シルビア・ファン（方淑華）は、TSMCは詳細な情報は提供できないと明言し、「当社は機密情報、特に顧客に関する情報は絶対に漏らしません」[87]「顧客との信頼関係は当社の成功にとって欠かせない要素です」と述べて、顧客を安心させた。しかし、最終的にＴＳＭＣは、顧客の機密情報は保護されていると公言しながら、情報の一部を米国政府に引き渡した[88]。米国が要求した情報を提供しながら、どうやって機密を守ることができたのか、公に説明することはなかった。

中国の国営メディアは、ＴＳＭＣの米国への黙従を裏切り[89]と見なした。グローバル・タイムズ（環球時報）の社説は次のように指摘した。「ＴＳＭＣをはじめとする半導体メーカーが提供を求められたデータは……中国の半導体産業の利益と企業秘密を脅かすだろう[90]」。米国は、サプライチェーンのボトルネックを特定しようとしただけではない。「機密情報を入手して半導体産業の主導権を握ろうとしているのは明白であり、究極の狙いは、最先端半導体の製造能力を掌握し、国内の半導体産業を復活させることにある」。中国の有識者は、そのデータは「米国政府がより正確な方法で、中国企業に制裁を科すのに役立つだろう[91]」と警告した。しかし、ＴＳＭＣは方針を貫いた。米国の知的財産と米国のサプライヤー、そして米国市場に依存している同社に、他の選択肢はなかった。

こうしたジレンマは、誰の目にも明らかなわけではなかった。ニューヨーク・タイムズのコラムニスト、トーマス・フリードマンは、ＴＳＭＣの信頼に基づくビジネスモデルを、テクノロジーに対する中国の抑圧的なアプローチに代わるものとして称え、次のように述べた。もし習近平が、ＴＳＭＣがつくり上げたビジネスの生態系《エコシステム》を正しく評価できるのであれば[92]、「ＴＳＭＣを手に入れるためだけに台湾を占領するのは愚行だ」と気づくだろう――。

その1週間後、モリス・チャンは、グローバリゼーションについて短くコメントした。チャンはフリードマンのコラムには触れなかったが、グローバリゼーションによって世界が「フラット」になったというフリードマンの有名な言葉に言及し、[93]控えめながら辛辣にこう言った。「トム、世界はもうフラットではない」。ゲルシンガー（チャンは彼を「礼儀知らず」と見なしていた）とその仲間は、「韓国と台湾は安全ではない」と主張した。彼らは、米国が世界の半導体の42パーセントを製造していた時代に戻ることを望んでいた。それに対してチャンは、時計の針を戻すのは不可能だと反論し、仮に米国が何千億ドルもの補助金を投じても、米国内で完全な半導体サプライチェーンを再構築することはできないだろうと述べた。

チャンのフラストレーションは理解できる。TSMCは米国内に半導体工場を建設することを強いられ、自社の利点の一部を放棄した。[94]また、顧客の機密情報の提供を強制され、数十年かけて築いてきた顧客との信頼関係を危険にさらした。さらには、地政学が揺り動かすテーブルの上でプレーしなければならず、慎重に育んできた中立のイメージまでも脅かされている。フリードマンに向けたチャンの鋭いコメントの背景には、米中の対立を危惧することなくテクノロジーと市場だけに集中できた時代を懐かしむ、チャン自身の郷愁があったのだろう。TSMCのリンクトインの広告が示唆するように、そのような時代は永遠に消えてしまった。「世界中のすべての人にサービスを提供できた古き良き時代、あの良き日々は去った。[95]私はただ、これ以上悪くならないことを祈るだけだ」とチャン自身が嘆いている。

■ ■ ■

2015年3月30日、ヴィタリック・ブテリンは、ロンドンで[96]少数の聴衆を前に、経済の中央集権化の危険性を語った。肌寒い日だったが[97]、この22歳の若者はカーゴパンツにストライプのTシャツといういでたちだった。彼はまず、自分が立ち上げたソフトウエア・プロジェクト、イーサリアムの最新情報を報告した。イーサリアムはまだ始動できていなかった[98]。その後、彼は本題に入った。

ブテリンは、ブロックチェーンに資産を分散させるイーサリアムのようなプロジェクトが、経済をどのように変え、世界が悪い方向に進むのを防ぐかを、クリプトファン［仮想通貨やブロックチェーン技術に強い興味を持つ人々］に向けて語った。「クリプト」は「クリプトグラフィー（暗号技術）」の略で、情報を暗号化し、数学的な鍵がなければアクセス不能、あるいは困難にする技術のことだ。クリプトファンは、単にその技術に魅せられていただけではない。暗号資産は政府の力を弱め、政府を完全に排除できると考える人も少なくなかった。

その日のブテリンの言葉通り[99]、「すべての分散化」を望む「ちょっとしたカルト集団」が存在した。クリプトファンの多くは、権力の集中を懸念し、数学とテクノロジーが答えを出してくれると信じていた。しかし、ブテリンは、「一部の自由主義者《リバタリアン》が夢見るような極度に分散化された世界は、現実的ではない」と警告し、憂慮すべきは、経済の基本層が中央集権的な支配の手段になるディストピア的な「シンギュラリティー（技術的特異点）」がもたらされることだと指摘した。

ブテリンは、あらゆる複雑な社会には「基本層のサービス」があるという。基本層のサービスとは、道路、電気、警察などの基本的な制度やインフラのことで、政府が提供する場合が多く、生活や産業に不可欠だ。現在では、インターネットや決済システム（ペイパルなど）、商品化したシェアリング（ウーバーやエアビーアンドビーなど）といった新たな基本層のサービスを、民間企業が担うようになった。ほとんどの基本層のサービスはネットワークからなり、徐々に権力が集中する傾向にある。それが問題なのだ。数年後、ブテリンが私たちに語ったように、分散化を目指すのには、二つの理由がある。「一つは、政府や他の権力がシステムやサービスを停止させるのを防ぐため。もう一つは、システムの運営者による搾取を防ぐためだ」。政府と企業は互いの権力を補強し合い、政府は以前にも増して中央集権化された巨大ビジネスを簡単に動かせるようになった。

ブテリンが望んだのは、ビットコイン（暗号技術を使った新しい種類の貨幣）などの通貨の基礎であるブロックチェーン技術を使って、これまでとは違う基本層で社会の配管を再構築することだった。ブロックチェーンは権威分散型のネットワークを促進するものであり、中央で支配する人はいない。ビットコインと違ってイーサリアムは、単なるデジタル通貨ではなく、多様なサービスをサポートできる多目的マシンだ。特定の条件が満たされれば、自動的に通貨、美術品、情報などを分配するシステムを用いて、独自の分散型自律組織（DAO）を立ち上げることもできる。中央の仲介機関（銀行、美術品ディーラー、証券・商品取引所など）が分散型のコンピューティング・システムに取って代わられ、すべての取引にイーサリアムが使われる世界を夢見る人もいた。

ブテリンは「地下帝国」という言葉こそ使わなかったが、その危険性、つまり社会の配管が中央集権化され、権力と威圧を増長させ得ることを認識していた。ブテリンたちはブロックチェーンがその解決策になることを期待した。うまくいけば、ブロックチェーンをベースにした通貨と社会システムは、仲介者を排除し、帝国の支配から社会の基本層を守り、政府と企業が人々の生活をコントロールするのを阻止できるだろう。

こうした政治的願望は、金銭的な誘惑に押し流される危険性があった。ブテリンの講演の6年後、イーサリアムの時価総額は4834億ドルに達した。[100] 初期の投資家たちはヨットやランボルギーニを手に入れ、自慢した。ブテリンも億万長者になったが、[101] ぜいたくに流されることはなかった。彼が最も幸せを感じるのは、[102] 必要最小限の荷物（40リットルのバックパック、最低限の電子機器、Tシャツ8枚、ショーツ、タイツ、肌着）で身軽に旅行する楽しさをブログ記事につづっている時だった。

この世界は当初から詐欺師たちを引きつけたが、デジタル暗号技術で世の中を変えるという大志を抱く人々もいた。シリコンバレーの投資家たちは、デジタル暗号技術に欠かせない企業に投資して、大儲けしようとした。続々と出現した起業家たちは、分散型経済で利益を上げる最善策は、その一部を再び集中化することだと気づいた。

■ ■ ■

暗号通貨のコミュニティーにとって恵みであり災いでもあったのは、当初から政府を警戒していたことだ。ビジネスや金融に関わる人々の多くは、どうしても必要な時を除いて政治に無関心だった。そうした無関心さが、地下帝国が根を下ろし、成長するのを助けた。

一方、暗号通貨は政府に目を向けていた。異論飛び交う暗号コミュニティーで唯一意見の一致が見られたのは、貨幣の発行と管理を独占する政府の権力を暗号通貨で弱体化させる、という目的であり、それが彼らを一つにまとめていた。

その野望は、暗号通貨が登場するずっと前から、社会に根づいていた。フリードリヒ・フォン・ハイエクは、ウォルター・リストンの父をモンペルラン協会に招いた人物で、民間通貨が政府の浪費とインフレを抑制すると主張したことで知られる。ウォルター・リストン自身、グローバルな「電子通貨」が政府を制御するだろうと予想した。しかし、ハイエクのビジョンの実現に人々が真剣に取り組むようになったのは、インターネットと暗号技術が表舞台に出てからだった。

当初、インターネットは真に分散化されたグローバル・コミュニケーションの手段を提供するように思えた。自由主義者[104]は「インターネットは、情報を検閲する政府の権力を弱め、暗号技術は、金融取引を政府にとって理解不能にする」と公言した。暗号技術の利用を推進するグループ「サイファーパンク」はそのマニフェストにおいて、「暗号技術は不可避的に世界中に広がり、暗号技術が支える匿名の取引システム[105]が普及するだろう」と述べた。誰もが目に見えない経済へ移行し、政府の課税基盤はほとんど存在しなくなるというわけだ。

このような夢は、小説やビジネスプラン（時として、両者は融合する）にインスピレーションを与えた。ニール・スティーヴンスンは著名なサイエンス・フィクション作家だが、航空宇宙企業ブルーオリジンのアドバイザーでもある。彼の近未来小説『クリプトノミコン[106]』は、素晴らしい暗号、従順な島国、第二次世界大戦中に日本軍が隠した埋蔵金が、どのように新世界をもたらすかを描いている。ペイパルの共同創立者で、ブテリンに起業資金を提供したピーター・ティールは、『クリプトノミコン』はペイパル創業チームの「必読書[107]」だったと書いている。このチームのメンバーは皆、「政府の代わりに個人がコントロールする電子通貨を創ること」に夢中だった。後にティールが認めた通り[108]、メンバーは貨幣のことをよく理解していなかったが、彼らの「大いなる使命[109]」は、「米ドルに代わる新たなインターネット通貨を生み出すこと」だった。ペイパルのオフィスには、ユーザーの増加を示す「世界制覇インデックス[110]」が掲示され、ベンチャーキャピタリストたちは、「米国政府がドルの発行によって得ている利益の一部をペイパルは取り込める」と説明するスライド[111]を見せられた。

しかし、国家を転覆するのは、あまりにも難しかった。ペイパルは世界制覇という野望を捨て、（儲かってはいるが）普通の決済会社になった。不服従には結果が伴うことを学んだからだ。2015年、ペイパルは数百件の制裁違反に関与したとして、OFACに770万ドルの和解金を支払った。(112) 2022年にロシアがウクライナに侵攻すると、同社は抵抗することなく、(113) ロシアの口座へのアクセスを遮断した。

新たな支配者を任命しないまま古い君主を倒すのは、国家の転覆よりさらに難しい。真の自由主義的通貨を創出するには、テクノロジーに通じた島国や埋蔵金以上のものが必要とされる。そして、新たな通貨システムが、旧来の通貨システムを支配していた政府と同じような悪事を働かないようにしなければならない。

そのためには、基本的な政治上の問題を解決する必要がある。かつて君主は、国民に何をすべきかを命じ、その命令は暴力の脅威を後ろ盾とした。ニール・スティーヴンスンの初期のサイバーパンク小説『スノウ・クラッシュ』にあるように、ルイ14世の大砲には、「王たちによる最終通告」というスローガンが刻まれていた。(114) 君主の権力は、暴力の脅威の上に成り立っていた。脅威の後ろ盾があればこそ、王は、通貨をいくら発行するか、銀行が債務不履行に陥った時にどうするか、借金を巡る紛争をどう仲裁するかを決めることができた。だが、それが問題を引き起こすこともあった。君主は臣民の金《きん》を没収するため脅しや武力を行使できた。そしてインフレが起きるのを承知の上で、大量の貨幣を発行して、戦争や国の危機対応、宮殿建築の費用に充てた。

自由主義者は、王も女王も中央集権的な権力も伴わないマネーを求めた。しかし、上から命じる人がいないまま、どのような貨幣を発行するか、誰が所有するか、借金が返済されない場合はどうするかという問題に、コンセンサスを形成できるだろうか。デジタルマネーに関して、そのようなコンセンサスを形成する方法があるとは思えなかった。なにしろデジタルマネーは、「魔法のように」希望と数学から生み出され、暗号化された、実態のない「妖精の金貨」なのだから。通常の貨幣も一種の虚構かもしれないが、それは誰もが黙認している虚構だ。どうすれば暗号通貨を一般の人々に真剣に受け入れてもらえるだろうか。誰がいくら所有しているかを追跡する中央集権型の会計システムを持たないまま、どうすれば、（数字の羅列にすぎない）暗号通貨の複製による詐欺を防ぐことができるだろうか。

こうした問題を解決するために考案されたのがビットコインだ。その発明家とされるサトシ・ナカモト（仮名）が記述したように、それは独創的な数学的トリック(115)を使った、史上初の「信用・信頼に依存しない分散型システムによる貨幣」だった。ナカモトはブロックチェーン（誰が誰に支払ったかを追跡できる、改ざんが不可能な分散型のオンライン帳簿）と、新たな通貨をつくるシステムを結びつけた。この組み合わせにより、帳簿の改ざんは極めて難しくなった。コインを「採掘《マイニング》」するには、高性能のコンピューターを多数駆使して、複雑でどこまでも無益な数学的推測ゲームを解かなければならない。マイニングは信じられないほど非効率的で、実のところ、中規模の国並みのエネルギーを消費するのだ。ナカモトの発明は、わら［価値のないもの］から金［非常に価値のあるもの］を生み出したのではなく、コンピューティング・パワーの浪費から金を生み出したのである。

自由主義者にとって、ビットコインの可能性は、マジシャンの袖から色とりどりのスカーフが出てくるように広がっていった。ビットコインのような暗号通貨は、中央集権的な管理なしに貨幣と金融市場が機能するために必要な幅広いコンセンサスを形成することができる。恐らくインフレを止めることもできるはずだ（ビットコインはデフレになるように設計されている）。さらに重要なのは、政府に対する信用を、クリーンで予測可能な数学に置き換えることができることだ。政府や大規模な金融機関が個人に対して不当な影響力を行使するのを阻止するには、複雑な方法を考え出さなければならないが、暗号通貨は一連のロジックによって、そうした政治経済の厄介な問題を一掃する、という期待があった。個人が、法をつくる議員や徴税人のいない独自の金融王国を創造し、維持できるからだ。

ビットコインが「妖精の金貨」だとしたら、イーサリアムはまさに「魔法使いの杖」だった。例えば、イーサリアムは、人の手を介さず契約内容を自動で実行することができる［スマートコントラクト］。ブテリンはそれを「分散型コンピューターで……世界中に張り巡らされた無数のノードで互いと会話している」[116]と表現した。それを使って電子的なコインの送受信だけでなく、媒介者《ミドルマン》に代わってプログラムを書くこともできる。イーサリアムは契約を自動で実行できるので、契約を実行するために弁護士を雇う必要もなくなるだろう。恐らく政府を追い出すこともできるだろう。イーサリアムの開発者の一人であるギャビン・ウッドは、[117] この分散型コンピューターを使えば、「自分の行動が合法か非合法かを気にかけないように」プログラムされたエンティティ［イーサリアムのブロックチェーン上で動作する様々なタイプの単位やオブジェクト］を作成し、実行することができる。ペイパルのような企業は実在する組織で、実在する人々が運営し、その人々は、違法行為をすれば刑務所に送られる。しかし、ウッドが指摘したように、ブロックチェーン上にのみ存在する分散型のエンティティは、人間のオペレーターを必要とせず、最初にプログラミング指示を受け取った後は、永遠に前進し続ける。これらの「自然の力」[118] や「数学の組み合わせ」は、やめるよう威嚇されても、言われた通りのことをやり続ける。ブロックチェーンそのものを停止しない限り、このエンティティを止めることはできない。

最初のＤＡＯ［分散型自律組織］は、２０１６年にイーサリアム上につくられた。それは一種の分散型ベンチャーキャピタル・ファンドで、投資家は事前にプログラムされたルールのもと、第三者の提案に投資するかどうか投票し、利益が出れば分配されるようになっていた。投資総額は1億ドル近くに上り、それは当時存在したイーサリアム通貨の15パーセント近くに達した。しかし、まもなくトラブルが起きた。イーサリアムの共同創設者の一人であるクリストフ・イエンツ[119] は、自分たちは「魔法使いの弟子のほうき［思わぬ大問題を引き起こす源］」をつくってしまったのではないかと恐れた。

彼の懸念は的中した。DAOの状況はさらに悪化した。人々が設計上のミスを指摘し始め、そして誰かがDAOのコードの誤りを発見し、それを利用して投資家から5600ドルずつ、何度も繰り返し引き出した。

これを止めるのは容易ではなかった。イーサリアムとDAOには、資金の所有者を断定する裁判所も、資金を差し押さえる警察もなかった。また、プログラムの実行を止めることも、コードを変えることもできなかった。結局、既存のブロックチェーンとは別のブロックチェーンをつくり、ハッキングによる取引を帳消しにすることにした。「王たちの最後通牒」となる最終兵器を持たない彼らは、イーサリアムのユーザーと開発者のコミュニティーを説得し、プロジェクトを分岐させて新たなブロックチェーンに移行することへの賛同を求めた。怒りに満ちた議論が延々と続いたが、最終的な多数決では、大半が嫌々ながら賛成票を投じた。イーサリアムは生き残ったが、この成り行きはまるで、一国が銀行強盗の後始末のために、憲法と歴史書を書き変える国民投票を強行したかのようだった。

暗号通貨の生態系が育つにつれ、熟した果実の匂いに引き寄せられて、詐欺師やイカサマ師がどこからともなく現れた。2016年6月、ロンドンのウェンブリー・アリーナを何千人もの熱狂的な暗号通貨ファンが埋めた。自称クリプト・クイーン[120]（仮想通貨の女王）のルジャ・イグナトワによるワンコイン・プロジェクトについての講演を聴くためだ。彼女が立ち上げたこのプロジェクトは、ブロックチェーンとは無縁の詐欺だった。イグナトワはパートナーに宛てた手紙で、自分の計画は「お金を盗って逃げて、誰かに責任を負わせる[121]」ことだと明かしている。40億ドル以上の投資を集め、彼女は姿を消した。現在、ＦＢＩの最重要指名手配リストのトップ10に入っている。

一方で、ギャビン・ウッドが「Ｗｅｂ３（ウェブスリー）[122]」と名づけた、さらに分散化されたインターネットの新しい形態で金儲けしようとする従来型の起業家も現れた。１９４０年代、概念芸術家《コンセプチュアル・アーティスト》[123]たちは、空のような予想外のものに「署名」したり、人間をアート作品であると見なす「鑑定書」を発行したりして、前衛さを競い合った。ブロックチェーンに登録された非代替性トークン（ＮＦＴ）はこの芸術的ジョークをビジネスモデルに変えた。デジタル署名された画像、音楽、動画、イベントなどの証明書を売買できるようにしたのである。例えば、アルゴリズムによってサルのキャラクターが自動生成される「ボアード・エイプ（退屈なサル）」のＮＦＴ［「Bored Ape Yacht Club」と呼ばれるＮＦＴコレクション。退屈そうな表情をしたサルのキャラクターのデジタルアートワーク（1万種類）で構成されている］に、セレブや暗号通貨で大儲けした新興投資家たちが何百万ドルも支払った。

暗号通貨で億万長者になろうとする人の多くは、ピーター・ティールが著書『ゼロ・トゥ・ワン』に記したアドバイスに注目した。それは、「ニッチを見つけて、独占を築く」ことだった。ニッチはいくらでもあった。暗号技術者のモクシー・マーリンスパイクが警告したように[124]、Ｗｅｂ３のユーザーでブロックチェーンに直接つながっている人はほとんどおらず、彼らは仲介者に頼っていた。例えば、NFT市場を独占しているオープンシー、暗号通貨の中央取引所であるコインベース、イーサリアムのウォレットとして使われるメタマスクなどだ。[125]暗号通貨に関連するビジネスは、アルケミーやインフュラなど、ブロックチェーンのインフラプロバイダーに依存していた。[126]ダイやテザーなどのステーブルコイン[127]は、暗号通貨と通常の金融の世界をつなぐインターフェースだ。ステーブルコインは、従来の通貨や、より高度な数学に基づく暗号通貨の資産価値と連動するようになっており、ユーロドルのように、フィクションのお金を現実のお金と結びつける。ブテリンが私たちに説明したように、[128]暗号通貨の価値が予測を超えて変動する世界において、ステーブルコインは必要不可欠な継続性を提供する。長期的な取引を契約する場合、決済をステーブルコイン建てにすれば、通貨の変動リスクを軽減できる。こうしてステーブルコインも、分散型システムの中心的な要素になった。

結果的に、マーリンスパイクの言葉通り、「当初から、このようなテクノロジーには、プラットフォームを通じてすぐに集中化する傾向があった。……ほとんどのユーザーはそれを知らず、気にかけてもいない」。[129]20年前のジェイ・アデルソンのように、Web3に依拠する創造的破壊者たちは、自分たちが意図的に、あるいは意図に反して、新たなチョークポイントをつくり出していることに気づいた。アルケミーCEOのニキル・ヴィスワナサンは、ブテリンとのオンライン通話の中で、顧客が「分散型ブロックチェーンのデータにアクセスするための中央集権型のパイプ「サービス」を欲しがっていることを知って驚いた」[130]と明かした。それから

2年もたたないうちに、彼の会社の価値はわずか3カ月で3倍の100億ドルになった。[131]ある作家はこう嘆いた。[132]「Web3企業の大半は営利目的であり、彼らを支えるベンチャーキャピタルも同様だ……ベンチャーキャピタルは独占企業をつくろうとし、独占企業は市場を支配しようとする」

有名になればなるほど、規制当局からの監視も厳しくなった。イーサリアムの創設者たちは、当初から米国政府の動向を心配していた。DAOを始動させた人々は、取引情報を隠すように設計されている暗号通貨交換所であるシェイプシフト[133]を利用するよう助言されていた。通常の銀行は顧客確認（KYC法）を義務づけられているが、暗号企業はしばしばそれを無視した。シェイプシフトも顧客確認を拒んでいたが、ウォール・ストリート・ジャーナルに、犯罪者（北朝鮮のランサムウェア「ワナクライ」の開発者も含まれていた）のマネーロンダリングを許していると非難され、[134]それを改めた。

暗号コミュニティーの中には、国の規制を回避するだけでなく、他者がそれを弱めるのを積極的に支援する者もいた。初期にブテリンを支援し、[135]イーサリアム財団で強い影響力を発揮したバージル・グリフィスは、2022年に懲役5年の刑を言い渡された。北朝鮮に渡り、暗号通貨を使って経済制裁に対抗する方法をアドバイスしたからだ。振り返ってみると、北朝鮮風の服を着てホワイトボードの前に立つ姿を写真に撮られたのはまずかった。彼はそのホワイトボードにスマイルマークを描き、[136]「NO sanction yay（制裁なし、やったね）」と書いたのだ。

しかし、暗号通貨が成長するにつれて、法を回避するのはますます難しくなっていった。米国の規制当局や政治家は、脅威になりそうな暗号通貨プロジェクトを潰すことができた。フェイスブックでは、若手社員のモーガン・ベラーが副社長のデビッド・マーカスに、暗号通貨事業への参入を強く提案した。マーカスとCEOのマーク・ザッカーバーグは、「マーカスの古巣であるペイパルには叶えられなかった自由主義者の夢である『国境のない純粋なインターネット通貨』を、フェイスブックが実現できるかどうか」を語り合った。[137] フェイスブックのライバルである中国企業は、ソーシャルメディアと市場と決済システムを統合して、利益を上げていた。[138] フェイスブックなら一国の中だけでなく、世界を舞台にして同じことができるかもしれない。

これには明らかに政治的な意味があった。マイクロソフトが中立的なスイスになりたかったとすれば、フェイスブックは、グローバル経済のオペレーティング・システムを書き換えて自ら主導権を握るという、はるかに大きな野望を抱いていた。

米国と欧州の規制当局は、ザッカーバーグが米ドルとユーロを私企業のグローバル通貨に置き換えることを恐れた。初期の非公式の会談で、米財務省長官スティーブン・ムニューシンはマーカスに、「この件については何もかも気に入らない」[139]と語ったと報じられた。2019年6月にフェイスブックとそのパートナーが新通貨リブラについて公式に発表すると、フランスの経済・財政相ブルーノ・ルメールは、フランス上院で「リブラが米国の通貨に匹敵する『ソブリン通貨』になることに断固として反対する」[140]と述べた。欧州中央銀行の幹部ファービオ・パネッタは、リブラのような仮想通貨がソブリン通貨に置き換わるリスク[141]を強調した。政治家たちは、「政府が管理できないデジタル通貨は、マネーロンダリングやテロリストへの資金調達を容易にする」[142]と懸念した。政府高官と面談した際、フェイスブックは、国家安全保障に関する厳しい質問に答える準備が全くできていないようだった。

マーカスとフェイスブックは、リブラ・プロジェクトのリーダーとしてスチュアート・リービーをヘッドハンティングした。リービーは制裁を両サイドから熟知していた。2000年代にはテロ・金融情報担当次官を務め、孟晩舟が対イラン制裁に違反して逮捕された時には、ファーウェイの取引銀行であるHSBCの最高法務責任者を務めたからだ。リブラの新リーダーとして彼の最も重要な仕事は、「この通貨について心配する必要はない」と政府高官を安心させることだった。リブラはディームと名前を変え、米ドルと金融システムに依拠するよう再設計された。暗号技術者チームは「取引にマネーロンダリングや制裁違反の兆候がないかを監視するシステムを構築するため、とりつかれたように働いた」[143]。だが、それでは不十分だった。バイデン政権はこの暗号通貨に反対する立場を表明した。フェイスブックは野望を捨てざるを得なくなった。2021年12月、リービーはディームから手を引いた。マーカスはすでにフェイスブックから去っていた。

それでも暗号企業は、政府を説得して革命を受け入れさせようとした。大手暗号企業は[144]ワシントンに赴き、ロビー活動に何百万ドルも注ぎ込んだ。シリコンバレーの大手ベンチャーキャピタルであるアンドリーセン・ホロウィッツは、「Web3の可能性を知りたい」と思う政府向けに、ハウ・ツー本を出版し[145]、政府が「DAOの可能性を解放し」「適切に管理されたステーブルコインの役割を受け入れなければ」、後れを取るだろうと指摘した。同社はその両方にかなりの投資をしていた。例えば、ステーブルコインのダイを発行・管理するDAOであるメーカーDAOに、1500万ドルを投資した。ダイは、イーサリアムと他の暗号通貨を巧みに合成して価値が米ドルと連動するようになっており、大成功を収め、4番目に大きなステーブルコインになった。2021年12月までに4000以上のDAOが構築され[146]、その資産は130億ドルに上った。

しかし、米国の規制当局は疑念を抱き続けた。2022年12月、米国証券取引委員会（SEC）は、米国で初めて法的に承認されたDAOだと主張していたアメリカン・クリプトフェッドDAOに対して訴訟を起こした[147]。SECのゲーリー・ゲンスラー委員長はステーブルコインを、開拓時代の西部のカジノで使われた「ポーカーチップ[148]」に例えた。また、多くのDAOは中央集権化が疑われ、詳細に調べてみると[149]、議決権の大半は、内部関係者やアンドリーセン・ホロウィッツのような投資家が握っていた。そもそもビットコイン自体も、その初期には誰もが知る以上に中央集権化していた[150]。いくつかのDAOは、あらかじめ「鍵」を捨てることで、政府の影響力を受けないように設計された[151]。それらは、イーサリアム上で作動するプログラムとしてビジネスサービスをセットアップできるが、将来のアップデートは受け入れないよう指示されていた。その結果、イーサリアムが存在する限り、変更も制御も停止もできないサービスを提供し続けることになった。

一部の暗号関係者は、政府と集団による選択にはそれぞれ役割があることを認めた。ブテリンは私たちにこう語った。「ネットワークが存在する限り、政府はそれを規制できることを、私は理解している」。しかし、対抗手段《カウンターバランス》をつくることは理にかなっている。なぜなら「基本的に私たちは、民間企業が……民主主義的に合意された法律よりはるかに厳しい規制を課せられるのを見てきたからだ」。ブテリンは、一般の人々が個人としても集団としても、生活をよりコントロールできるようなテクノロジーを開発したいと考えていた。つまり、自分が誰で、何をしたかを特定しやすく、新たなコミュニティーを土台から構築することを容易にする新たなデジタル資産「ソウル・バウンド・トークン（魂に紐付いたトークン、ＳＢＴ）」を推進したいと思っていたのだ。

一方、依然として、政府にあれこれ命令されない自由なユートピアに憧れる暗号関係者もいた。２０２２年、その憧れは、希望だけでなく激しい怒りからも生まれた。政治家やジャーナリストが、ＩＴ企業創業者やベンチャーキャピタリストを尊敬すべきリーダーや預言者と見なさなくなったことをシリコンバレーは快く思っていなかった。彼らの不満は暗号資産を巡る政治にも影響した。

例えば、バラジ・スリニバサンはアンドリーセン・ホロウィッツのビジネスパートナーで、コインベースの最高技術責任者だった。スリニバサンは著書の中で[152]、（彼自身のように先見の明あるイノベーターによって自然に導かれた）個人のネットワークが、どのようにして従来の政府に取って代わるかを次のように語った。「ビットコイン／Web3」のエコシステムは、「人民元／中国共産党」と「NYT／USD［スリニバサンの天敵のニューヨーク・タイムズと米ドルを取り巻く陰謀的な勢力の組み合わせ］」という二つの中央集権型勢力を相手に支配権を巡って争っている。かつてエルサルバドルなどの非同盟国が、力に飢えた二大勢力（米ソ）に揺さぶりをかけたように、ビットコインとイーサリアムは、中国共産党と「NYT／USD」に揺さぶりをかけ、新たな分散型世界の基本層を提供するかもしれない。米ドルと王の大砲に依拠するパックス・アメリカーナ（米国による平和）は、コードに基づく「パックス・ビットコイニカ」[153]に置き換えられるだろう――。

スリニバサンが自費出版した著書のビジョンはひどく偏っていたが（彼は編集者もNYT／USDの陰謀団のメンバーだと思っていたらしい）、影響力はあった。東海岸のメディアと規制当局と金融資本は一種のボーグ［『スタートレック』シリーズに登場する敵対的な種族］のような集団で、すべてを支配しようとする冷酷で独裁的な意図を隠している、というスリニバサンの主張に、テクノロジー界の他のリーダーの多くも同意した。ピーター・ティールはかつて、ビットコインは「部分的には……米国に対抗するための中国の金融兵器だ」[154]と主張していたが、最近は考えが変わったようだ。2022年、彼はビットコイン・カンファレンスの基調講演[155]の最後に、「エネミー（敵）・リスト」に載せた人々を非難し、聴衆から喝采を浴びた。さらに彼はこう続けた。ビットコインの「真の敵」は、ESG（環境・社会・企業統治）基準であり、それは中国共産党に匹敵するほど否定的な影響力を持つ存在だ。「このカンファレンスから出て、世界を征服しにいこう」――。

しかし、その数カ月後、暗号資産に宣戦布告したのは、OFACだった。イーサリアム・ブロックチェーン上で動作する「ミキサー」の一つであるトルネード・キャッシュを、OFACは制裁対象に指定した。北朝鮮のハッカーが盗んだ4億5500万ドルを含む70億ドル以上の暗号通貨の資金洗浄にトルネード・キャッシュが使われた[156]というのがOFACの言い分だ。「ミキサー」とは、様々なソースから暗号通貨を受け取り、それらをかき混ぜて出所を追跡しにくくしてから、手数料を差し引いて返金するサービスのことだ。暗号関係者はミキサーを、プライバシーを保護する手段と考えていた。また、ブテリンはウクライナへ寄付金を送るため、トルネード・キャッシュを使った[157]。しかし、米国政府は、トルネード・キャッシュがしていることは、何千台もの同じ白いワゴン車を銀行強盗にも一般市民にも無差別に貸し出すサービスのようなものだと考えていた。ミキサーは犯罪者が不正な手段で得た収益を持ち逃げするのに役立ち、合法的なユーザーが多ければ多いほど、強盗たちはその中に紛れやすくなった。

米国政府は以前からミキサーについて懸念していた。2020年、司法省のある高官は「このような形で仮想通貨の取引を不明瞭にしようとするのは犯罪だ[158]」と言った。2022年5月、OFACは別のミキサーであるブレンダー・ドットアイオーにも矛先を向け、制裁対象に指定した。財務省のある高官は、暗号企業はもはや、「明らかに怪しげな顧客から目をそらし続けることはできない[159]」と警告した。一部の暗号企業は、法執行機関に協力しようとした。例えばコインベースは、国土安全保障省に追跡情報を販売する契約を結んだ。[160]コインベースのグローバル・インテリジェンス担当副社長であるジョン・コシネックは、議会の委員会で自社のKYC（顧客確認）プログラム[161]について語り、司法省に「たとえその活動が海外だった場合でも、違法行為を助長する個人や団体を起訴する」よう促した。

しかし、コインベースや他の暗号企業は、OFACがトルネード・キャッシュを攻撃したことに激怒した。なぜなら、トルネード・キャッシュの最も重要な要素はコード化された命令であり、イーサリアムのブロックチェーン上で実行されるため、もはや人間の管理下になかったからだ。共同設立者のロマン・セメノフは、トルネード・キャッシュは「止められないように……特別に設計されている[162]」と語った。そのサービスを実行するコードは、いかなるアップデートも受け入れないよう指示されていた。変更も停止もできず、イーサリアムが存在する限り作動し続ける。トルネード・キャッシュは、ギャビン・ウッドが述べた「自然の力」の一つとして神格化されていた。

つまりOFACは、組織や人間だけでなく、イーサリアム上で作動するソフトウエアとは不可分の領域まで制裁対象に指定したのだ。暗号資産の著名なコメンテーターであるジョン・ストークスの言葉を借りれば、「米財務省は、イーサリアムのブロックチェーン全体をオフにしなければ、トルネード・キャッシュを止めることはできない」[163]。したがって、トルネード・キャッシュに制裁を加えることは「技術的に不可能」[164]なはずだった。

8年前、ウッドは、魔法使いの弟子のほうきは一度動き出したら止められないと主張し、次のように述べた。ブロックチェーンを基盤とする数学の組み合わせは、それ自体は「合法」であり、実際に法律違反かどうかはともかく、罰することも取り締まることもできない。政府は「現実に目を向け」、すべてをコントロールするのは不可能だということを認識すべきだ。そうしなければ、政府は「恐竜時代に逆戻りし、風上に向かっておしっこを飛ばす」はめになるだろう[165]――。

もし、ウッドとセメノフが正しければ、スリニバサンとティールが望んだ分散型世界が実現する可能性は高い。魔法使いの弟子が解き放ったほうきは、もはや止めることができない。中枢機能が、イーサリアムや他のブロックチェーン上で作動する止められないプログラムによって遂行されている限り、暗号資産が中央集権化される心配はない。トルネード・キャッシュなどのDAOは、勝手に動く数千本のほうきのように、制裁も君主の権威も一掃してしまうだろう。しかし、ウッドとセメノフが間違っていたら、止められないコードという夢は、電子通貨の止められない力という幻想の一つに終わる。これまでと同じく、政府は中央のコントロール・レバーを使って、金融を意のままに制御できるだろう。

複数の匿名の個人が、あえてOFACの制裁に違反し、混乱にセレブを巻き込む目的で、トルネード・キャッシュを使ってセレブに少額の仮想通貨を送りつける「ダスティング」を始めた。大きな影響力を持ち、議論の的になっているステーブルコインのテザーは、元子役俳優が設立しイタリア人の形成外科医が運営しており[166]、OFACによる指定に従うようを命じられたが、「具体的な指導がなければ、行動を起こせない」と拒否した。また、コインベースは、政府とつながりがあるにもかかわらず、トルネード・キャッシュを制裁対象に指定したのは行き過ぎだと主張し、OFACによるコードの取り締まりは言論の自由の侵害だとする訴訟に、資金を提供した[167]。これに対し、OFACは、ダスティングを受けたセレブたち[168]が罰せられることはなく、トルネード・キャッシュのコードは、不正な目的で使用しない限り再度公開可能だ、と反論した。

メーカーDAOは、コインベースと同じく、ステーブルコインのダイを発行・管理している。その共同創業者ルーン・クリステンセンは、かつては、暗号通貨が規制当局に従うことを望んでいた。「政府のコンプライアンスと……既存のグローバル金融システムへの統合」の必要性に反対する従業員を解雇したこともある[169]。そしてトルネード・キャッシュ危機の数週間前には、地域の従来型のコミュニティー銀行[170]への融資枠を1億ドルに拡大することを決定した。しかし、今ではそれを取り消したいと考えている。

失意と中途半端な楽観との間で揺れ動く気持ちをつづった長いエッセー[171]の中で、クリステンセンは次のように述べている。社会の怒りと「9・11後の金融規制のパラダイムが、分散型暗号資産の成功へつながる道を閉ざしてしまった」。頻発する信用詐欺やスキャンダルのせいで、一般の人々は「暗号通貨の擁護者を、ウォール街の銀行家よりさらにあくどい人間」と見なすようになった。規制当局は「コンプライアンスを遵守し規制に従う銀行でなければ、それはテロリストだ」と考えている。世界の当局がダイを追及する可能性は高いが、それらの要求にダイが応じるのは不可能だ。ダイもまた、「金融監視とコントロールの道具にはなり得ない」よう設計されているからだ――。

歩み寄りは不可能だった。クリステンセンは次のように主張した。暗号コミュニティーは「サイファーパンク」の時代に戻らなければならない。当時、「政府は、暗号化を禁止し、プライバシーのない悲惨なディストピア的未来を押しつけようとした」。暗号資産は、規制に縛られた金融システムとのつながりを断たなければならない。ダイは「現実世界の資産」から離れ、規制当局と協働する「サークル」のような通貨への依存を断ち切り、新たなより良い世界に向かって「自由に流れていく」べきなのだ――。

クリステンセンをはじめとする人々は、ウォルター・リストンについては聞いたこともないだろうが、リストンの後継者だった。彼らは、陸上の君主の世界を離れ、何にも縛られず思うまま船を進めることのできる果てしない海へ、旅立つことを夢見ていた。

しかし、錨《いかり》を下ろし、動こうとしない人々もいた。この人々は、閉鎖を避けて利益を上げ続けたいのであれば、他に選択肢はないと考えた。サークル、アルケミー、インフュラはすぐにトルネード・キャッシュとのつながりを断ち、[172] 君主の臣下であることを受け入れた。他の多くの暗号企業は、財務省の規制に従うために何をすべきかを早急に見つけ出した。結局のところ、有名な暗号資産取引所である「バイナンス」のCEOが、ロシアのウクライナ侵攻後に語った通り、「OFACの制裁はジョークではない[173]……従わなければ、刑務所行き」になるからだ。

■　■　■

かつて、ビジネス界のリーダーたちは、君主の支配から逃れ、遠く離れた公海上に独立国家を築く夢を見た。しかし、今日の企業は、「フックに翻弄された船長」のように、嫉妬深い国に進路を阻まれ、海上を旋回している。TSMCなどの一部の企業は、君主の権威を黙認しながら、できる限り中立の立場を維持しようとしている。また、マイクロソフトのように、中立的な独立という野心を捨て、一方を受け入れるようになった企業もある。リストンの真の後継者である暗号通貨を創造した自由主義者たちは、分散化を目指す自分たちの熱意が様々な形で中央集権化を導き、ひいては独占と政府による支配を新たな形で復活させたが、依然としてより良い世界へ進むことを夢見ている。

数十年にわたって、分散化された国境のない世界を夢見てきた企業は、再び政府による制約を受けることになった。グローバル経済の基本層と、米国が支配する金融、生産、情報の中央集権的なネットワークから逃れたいと願う者もいるが、逃れる方法を見つけ出すのは難しい。

第6章

The Empire of Wind and Light

風と光の帝国

フェイスブックがデジタル通貨リブラの発行計画を公表した時、ヴィタリック・ブテリンはたまたま中国にいた。ブロックチェーンに興味を持つ専門家たちと話していたブテリンは、中国独自のデジタル通貨創出への関心が爆発的に高まっているのを目の当たりにした[1]。だが、関心を駆り立てていたのは、興奮ではなく恐れだった。

ブテリンによると、中国人は「リブラをスプートニクに例えた」。スプートニクとは、宇宙開発競争でソ連がアメリカに先駆けて打ち上げた世界初の人工衛星だ。中国の専門家たちは、米国に拠点を置く企業（フェイスブック）が最初の真の世界通貨を創出し、支配することを恐れた。彼らはブテリンに、もし米国が「中国を追い抜こうとするのなら、我々もすぐ行動しなければならない」と言った。中国人民銀行の研究局を率いる王信《ワンシン》は、演説の中で、リブラは「米ドルと米国が……ただ一人のボスになるシナリオを招きかねない」[2]と警告した。習近平国家主席は、[3]手遅れにならないうちに中国独自の中央銀行デジタル通貨（ＣＢＤＣ）プロジェクトを立ち上げ、デジタル元をつくるよう中央銀行に命じた。

もちろん、リブラは米国政府に支援されていなかった。マーク・ザッカーバーグが望んだのはシーザー［皇帝］に尽くすことではなく、シーザーになることであり、彼が立ち上げた計画は、結局「行き詰まった」[4]。しかし、中国政府の専門家は、フェイスブックを米国政府の手先と見なしていた。つまり、ファーウェイを機能不全に陥れ、中国が最先端の半導体を開発するのを阻止しようとする米国の対中戦略の土台づくりを、フェイスブックは手伝っていると考えていたのだ。当時から中国の指導者たちは、米国が強大な経済力を行使して、中国企業に米国の政策を押しつけることを恐れていた。リブラは、米国にさらに大きな武器を提供するだろうと彼らは考えた。

中国がＣＢＤＣプロジェクトを加速させると、今度は米国が心配する番だった。ビットコインやイーサリアムと違って、中国のデジタル元は政府が中央で管理する。したがって、ユーザーの動きは徹底的に監視され、管理される恐れがあった。それがデジタル通貨という新たなグローバル・インフラの基礎となり、米ドル中心の既存のシステムに取って代わったら？　中国が米国をまねて金融を武器化し、敵国を攻撃したら？　中国がデジタル元を利用して、米国には想像も及ばない攻撃を仕掛けてきたら、どうなるだろうか。

ほどなくして、外交政策の専門家たちは、米国の「スプートニク的瞬間」[5]についての議論を始めた。ホワイトハウスは、政府は「緊急に」[6]、米国のＣＢＤＣの可能性について調査を始める必要があると述べた。米国連邦準備制度理事会（ＦＲＢ）はより慎重だったが、ＦＲＢ副議長のラエル・ブレイナードは「支配的な決済通貨としてのドルの世界的な地位を当然のものと考えるべきではない」[7]と議会で語った。２０２２年6月、ＦＲＢ議長のジェローム・パウエルは、米国のＣＢＤＣは「国家として真剣に検討すべきだ」[8]と述べた。

恐らく中国は、リブラという脅威がなくても、ＣＢＤＣの導入を試みただろう。そして米国の政治家たちも、中国に先取りされるという懸念がなくてもＣＢＤＣを推進しただろう。これまでの流れを見ると、デジタル通貨の中央集権化の物語は、ある大国の不安が、連鎖的に別の大国の不安を増幅させるという筋書きだった。中国も米国も、自国の経済を武器にする相手側の能力に限界があることに気づいていなかった。中国は、フェイスブックに独自の政治的野心があることを理解していなかった。米国の有識者たちは、中国政府が管理するデジタル通貨の魅力を過大評価していた。中国政府が補助金を出したにもかかわらず[9]、そのパイロット版を使いたがる中国人はほとんどいなかったのだ。

地下帝国の存在が可視化するにつれて、地下帝国がもたらす影響や結果は予測しにくくなった。米国はまだ力を失っていなかったが、次に何が起きるかを決めるには、力だけでは不十分だった。気がつけば、米国はますます大規模な介入をするようになっていた。そして介入の規模が拡大するにつれて、予想外の結果が起こりやすくなった。しかし、中国の高官と同じく、米国の高官は、自分たちの行動が渦をますます大きくしていることを理解できずにいた。[10]

帝国を築こうとする中国にとって、大きな弱点の一つは、他国や企業や国民から信用されていないことだ。原因は、他国や企業、国民を好き勝手に利用してきたことにある。米国がその経済力、科学技術力、グローバル・ネットワークにおける支配的地位を利用して、他国や企業を支配しようとすれば、中国と同じ罠に陥る可能性が高い。米国が冷酷に力を行使していると感じた他国や企業は、米国も所詮、中国と同じだと考えるようになるだろう。地下帝国は魅力を失い、暴力に頼らざるを得なくなる。ファーウェイとの関係を断つことを他国に強要した米国の姿は、中国によく似ていた。中国を模倣すれば、中国を強くすることになりかねない。

さらに大きな危険もあった。もし米国の戦略があまりにも成功したら、それは中国を抑止するどころか、好戦的な行動に駆り立てるだろう。有識者たちは、中国がチョークポイントを支配して代替的なグローバル経済の配管を築く可能性を、メディアや報告書において問いかけた。しかし、20世紀に同じような脅威に直面した侵略的な大国がしたように、中国が自国をグローバル経済から切り離し、軍事力によって自国を守ろうとするのではないかと問う人は、ほとんどいなかった。

かつて、スプートニク・ショックは核軍拡競争を導き、キューバ危機の際には、人類の文明を破壊しかねない状況に陥った。その後、核兵器を保有する大国は、対決のリスクを管理するため、協力し始めた。しかし今日では、経済対決という新たなスパイラルが徐々に力を増している。それはグローバル経済を引き裂き、世界を実際の戦争に引き込むかもしれない。その渦の中に引き込まれたくなければ、スパイラルを解読し、その一見抗しがたい力を弱めるための取り組みを始めなければならない。恐らくは、共通の目的のためにそれを活用する方法も、学ぶ必要があるだろう。

■　■　■

地下帝国は、外から見れば、数十年にもわたって入念に設計された、支配するための残忍な機構のように思える。しかし中から見ると、その実体は、場当たり的な官僚的決定と、法的権限の転用を束ねて、行き当たりばったりでつくった建物であることが分かる。それでも、何とか持ちこたえている。なぜなら米国は、同盟国や敵対国よりはるかにグローバル経済を理解しており、それを容易に操縦できるからだ。だが、矛盾が増えるにつれて、壊滅的な失敗を犯すリスクが高まっている。

地下帝国を代弁する人々は美辞麗句を並べる。政治家の演説や政府高官の回想録は、地下帝国の歴史を予定通りの成功の連続であったかのように語る。しかし、個人的な会話から聞こえてくる話は全く異なる。結局のところ、米国の地下帝国は、壮大な計画の産物ではない。それどころか、当局者が次々に起きる厄介な問題に対処しているうちに、半ば偶然に現れたものなのだ。

米国が北朝鮮への制裁として、バンコ・デルタ・アジアを「マネーロンダリングの主要な懸念先」に指定した時、それがイランのグローバル金融へのアクセスを断つ方法の前例になるとは、誰も予想しなかった。そうして実行されたイラン制裁は、前例のない新奇な問題に対処するための、前例のない新奇な措置であり、可能性の天井にぶつかっているように見えた。しかしやがてその天井は床となり、その上にさらに野心的な支配の構造が築かれた。

その過程で間違いが起こり、そのいくつかは影響が長期にわたった。NSAが米国のハイテク企業に機密情報を要求するだけでなく、光ファイバーの接続ポイントから大量の機密情報を盗んだ時には、激しい反発が起きた。マイクロソフトやグーグルなどの企業は、データセンター間の通信を暗号化し始めた。NSAは法に基づいて機密情報を要求することができたが、何とかして暗号を解く鍵を手に入れるか、隠された裏口を見つけない限り、秘密の鏡《ミラー》で情報を見ることはできなくなってしまった。グーグルは自社の通信を暗号化しただけでなく、他社にもそうすることを勧めた。[11] そのためにグーグルは、暗号化されていないウェブサイトの検索順位を下げるなど、あらゆる手を使った。

ほぼ同じ頃、情報化経済の配管である光ファイバーケーブルの世界的システムの再編成が始まった[12]。ファーウェイなどの中国企業は、インド太平洋に新たな海底ケーブルを敷設するコンソーシアムに加わった。それらの海底ケーブルは必ずしも、米国とその同盟国に位置する旧来のネットワークの中心に収束するわけではなかった。長い間支配的だった守旧派の通信企業は、自社専用のデータケーブルを敷設したグーグルやマイクロソフトによって脇へ追いやられてしまった。

また、グーグルなどの企業は、AT&Tやその姉妹企業に比べて、本業が規制当局からの影響をそれほど受けなかったので、米国政府に協力して得るものは少なかった。とは言え、米国政府は依然として、それらの企業を意のままに動かすことができた。2020年、米司法省はグーグルのケーブルが香港に上陸するのを阻止した。同社のケーブルが「香港をアジア太平洋地域の支配的なハブにする[13]という中国の目標を前進させることにつながり」、中国が米国の通信を傍受しやすくなることを懸念したからだ。控えめに言っても、米国は企業との協力関係を前提として統治するのではなく、力ずくで支配することを余儀なくされている。また、企業が経済関係を再構築することで、米国の力が削がれ、弱体化する恐れもある。

一方、修正が可能な間違いもあった。2022年のロシアによるウクライナ侵攻の数年前、トランプ政権はロシアの実業家オレグ・デリパスカと彼の会社であるルサールに制裁を科し、欧州経済機構の主要な要素を不注意にも取り除いてしまった。ルサールはアルミニウム生産・

加工の巨大企業で、デリパスカはプーチンの有力な盟友だった。かつてルサールの国際法務部門を総括していたウィリアム・シュピーゲルベルガーが後に語ったように、ロシアのビジネスリーダーたちは、「トランプが大統領だ[14]……何が起きるだろう？」と案じていたそうだ。トランプは大統領選での勝利に手を貸したかもしれないロシア人を罰したくなかったが、２０１７年に渋々署名した[15]「敵対者に対する制裁措置法（ＣＡＡＴＳＡ）」に縛られていた。

米国が６人のオリガルヒとともに、デリパスカと彼の会社ルサールを制裁対象に指定したせいで、ロシア経済は揺らいだ。この措置は欧州にも脅威を与えた。アイルランドのリムリック県にあるシャノン川の河口に突き出た半島、オーイニッシュにあるルサールのアルミニウム精錬所は、「ＥＵとドイツへの供給のボトルネック[16]」であり、隠れたチョークポイントだった。欧州の自動車工場、機械メーカー、建築業者はすべて製錬されたアルミニウムを必要とし、その供給をオーイニッシュの工場に依存していた。米国は金融に関しては詳細な世界地図を持っていたが、物理的なサプライチェーンについては断片的にしか理解しておらず、自らの行動が与える影響を大きく見誤っていたのだ。

欧州各国の大使は、米上院院内総務のチャック・シューマーに共同書簡を送り、制裁による経済的打撃のせいで、サプライチェーンが「中国にルート変更[17]」される危険性がある、と警告した。すると、驚くほど温かな反応が返ってきた。駐米アイルランド大使のダン・マルホールは、ＯＦＡＣに状況を説明し理解してもらうことは、「思うほど難しくなさそうだ[18]」と感じた。

マルホールによると「金曜日に（オーイニッシュの）工場から電話があり、ガスの供給が月曜に止められることを聞いた」[19]。マルホールはOFACに電話をかけた。その日の午後、OFACから、工場を稼働させるためにガスを供給するサプライヤーは制裁の対象外になるという「温かな声明」が出された。OFACは、シュピーゲルベルガーが辛辣な皮肉を込めて「このボタンを押すとどうなるのか[20]」と表現した経済的威圧の限界を痛感した。その後まもなくOFACは、デリパスカがルサールの経営権を手放すことを条件に、制裁を解除した。

トランプがようやく退陣した後、それに続くバイデン政権は、ルサールの一件のような過ちは犯さず、そこから学び、事前に同盟国と話し合うだろうと予想された。しかし、この新政権の高官たちは、トランプの失敗から逆の教訓を得ていた。トランプ以前の政権は、米国が力を濫用すると、同盟国は離反し、敵対国はいっそう攻撃的になり、企業はチョークポイントを回避するようになる、と警戒した。しかし、トランプ大統領の時代が示唆するのは、そうした慎重さの大部分が見当違いであり、経済的威圧を濫用しても、米国の力は恐らく損なわれないということだった。

トランプは横暴で無能だった。トランプ政権の高官たちは、米国の力を誇示し、重要な同盟国を無情に叩きのめし、それらの国の高官に制裁を科すと脅した。そして、他のどの政権も試したことのない作戦を採用した。ファーウェイを排除したり、欧州政府を脅したりしただけでなく、アフガニスタンでの米兵による戦争犯罪疑惑について捜査している国際刑事裁判所の職員[21]に制裁（資産凍結と米国への入国禁止）を科し、国際的な騒動を引き起こした。制裁対象は、同裁判所の職員に限らなかった。トランプ政権の国務長官マイク・ポンペオは、どんな形であれ彼らを支援した企業や個人に制裁を科す[22]と脅した。

しかし、このような振る舞いが4年続いた後でも、世界の金融システムは米ドルを使い、米国のテクノロジーと知的財産は、依然として国際的なサプライチェーンで重要な役割を果たしていた。米国の同盟国は、不満を抱きながらも米国とのつながりを断っていなかった。中国はファーウェイ事件に関してカナダを罰し、[23]元外交官と北朝鮮の観光事業・投資コンサルタントを人質として刑務所に閉じ込めたが、米国を直接罰する勇気はなかった。バイデン政権の高官たちは、米国は誰もが思っていたよりはるかに大きな力を持っていると感じた。新政権は、トランプの暴力的な愚かさは受け継がないが、力の濫用に伴う弊害についてはそれほど心配しないことにした。

それが、2022年にバイデン政権がためらうことなくロシアに膨大な数の制裁措置と技術制限を科した理由の一つだ。もっとも、トランプ政権と違って、バイデン政権は同盟国との協議に労を惜しまなかった。すべての措置について話し合い、数週間から数カ月も議論が続くこともあった。

しかし、それらの結果の予測は難しかった。米国と欧州がプーチンを孤立させようとした時、世界の石油市場のバランスは崩れ、原油価格は高騰した。ドライバーはガソリンタンクを満たすのに、多くのお金を支払わなければならなかった。企業は電気料金の高騰のせいで倒産の危機に直面した。一般市民は暖房費を払えなくなることを心配した。原油価格が上がれば上がるほど、米国ではトランプ、欧州では親ロシア派のポピュリストが、選挙で選ばれる可能性が高まった。一方、ロシアは、原油の輸出でより多くのドルを得ていたため、制裁に耐えるのはそれほど苦ではなかった。

米国も欧州も、ロシア政府が国際通貨《ハードカレンシー》にアクセスするのを防ぎたかったが、自国の経済を悪化させたくなかった。そこで、かつてない制裁の方法を試みた。ロシアの原油価格に世界的な上限を設け、原油を輸送しようとする船舶だけでなく、上限を超えた価格を支払おうとする企業にも制裁を科す、というものだ。そうすれば、エネルギー価格を抑えつつ、ロシアを痛めつけることができるかもしれない――。

この価格上限規制《プライス・キャップ》[24]は、特に手の込んだ策ではないが、うまくいきそうに思えた。中国やインドなどの国々は、米国が権力を振るうのを好まなかったが、安い石油は欲しいので、抜け駆けする動機はほとんどなかった。米国にとって予想外だったのは、非民主的で厄介な同盟国であるサウジアラビアが激しく反発したことだ。価格上限規制はロシアを痛めつけるためだけに使われると米国は主張したが、サウジアラビアはこの新手の経済兵器が、いつか自国や他の産油国に対して使われることを恐れた。インドネシアの財務大臣によれば[25]、サウジアラビアとOPECが原油の減産を決めたのはそのためで、一種の威嚇射撃だったそうだ。サウジアラビアの高官はこの財務大臣に「価格上限規制は前例となり、次はどの国がターゲットになるか分からない」と言ったそうだ。原油の供給量が減り、ガソリンスタンドで価格が上昇し始めると、政策決定者は戸惑いを隠せなかった。またしても予想外の行動と反動の連鎖が、予期せぬ結果を招いたのだ。

この制裁が、米国の外交上の最大の課題である米中関係にどのような影響を及ぼすかは、誰にも分からなかった。トランプもバイデンも、自国の経済を中国経済から切り離すことを望んでいたが、それは容易ではなかった。中国は米国にとって最も重要な貿易相手国で、[26]2020年には輸入で4504億ドル、輸出で1649億ドルの取引があったからだ。トランプは、中国を切り離せば「5000億ドルを節約できる」[27]と公言し、トランプの貿易アドバイザーだったピーター・ナバロは、中国を切り離さなければ米国は「奈落の底に落ちる」と警告した。バイデン政権は彼らほど荒っぽくはなかったが、中国が新たなチョークポイントをつくっていることに脅威を感じていた。中国は、太陽光発電やその他のクリーンエネルギー関連の技術や生産を独占するだけでなく、高度な電子機器の製造に不可欠なレアアースの生産をコントロールしていたからだ。しかし、米政府高官がもっと懸念していたのは、目に見えないものだった。サプライチェーンにはSWIFTに相当するもの、つまり、全体を把握する簡単な方法がなかった。中国が悪用できる弱点や脆弱性は無数にあるはずだが、それを見つける確実な手段はなかったのだ。

もしかしたら、攻撃が防衛の代わりになるかもしれない。バーニー・サンダースの外交政策アドバイザーだったマット・ダスが私たちに語ったように、米国の政治は「中国に対して誰がより厳しいかという競争」になり、政治家たちは「中国の高官に科すための、より独創的で厳しい制裁を、[28]誰が考え出せるか」を競い合うようになった。ダスはウイグル人の大量虐殺に関わった中国の役人に制裁を科すのは適切だと考えていたが、9・11後に成長した「制裁製造複合体」が、「自分をなめるアイスクリームコーン[29]〔自己生成を繰り返す永続的システム〕」を生み出し、厳しい制裁がさらに厳しい制裁への道を開く悪循環を非難した。

このフィードバック・ループは、中国を弱体化させる新たな方法を生み出し続けた。中国への先端技術の輸出規制の強化や、中国企業への投資の制限、米国で自社株を売却しようとする中国企業に対する厳しい情報開示義務[30]などだ。バイデン政権は、トランプ政権のチャイナ・イニシアチブを打ち切った。それは米司法省による対中取締強化策で、主に中国の機関と共同研究している（多くは中国系の）科学者をターゲットにし、米政府の補助金を得るために嘘をついたとして告発し、犯罪者の烙印を押していた。[31]しかし、バイデン政権もトランプ政権と同じく、パワフルに前進し続ける中国に対抗するには、経済戦争が最善策だと考えるようになった。バイデンの国家安全保障問題担当大統領補佐官のジェイク・サリバンは、技術の「相対的優位性」だけではもはや不十分だと警告した。気候変動問題など米国がライバルと連携しなければならない分野はあるが、米国は世界を「可能な限り大きくリードすべきだ[32]」と彼は言った。それが意味するのは、中国は弱体化させたほうがよいということだ。

中国の政策立案者たちは、米国が中国を憎む以上に、米国を憎んでいた。そして、米国に頼らなければならない状況を嫌悪していた。ジュリアン・ゲワーツがバイデン政権の国家安全保障会議の中国担当局長になる前に語ったように、習近平は２０１４年にはすでに、技術面での米国への依存を減らすためのイニシアチブを立ち上げていた。[33] トランプ政権はこれを中国の経済的侵略の証拠と見なし、[34] 中国はグローバル経済の主要部門を「支配」しようとしていると考えた。トランプが中国に対する経済攻撃を始めると、習近平は新たな経済ドクトリンである「双循環」[35] を発表した。これは、国際的なサプライチェーンを確保しながら国内経済を発展させるというものだ。明らかに習近平は、中国を統一し、周辺地域を再編成して世界を支配する大国になるという野望を抱いていた。広い人脈を持つ中国人学者が匿名でジェームズ・クラブトリーに語ったところによると、双循環計画は「国際的サプライチェーンが遮断された場合」のための「プランＢ」であり、「台湾海峡を挟んで起こり得る戦争への準備」[36] の一環だという。

これらの戦略は、欧米のロシアへの対応によって混乱に陥り、中国の高官は「衝撃を受けた」。ウクライナ侵攻が起きるまで、中国の高官たちは、「米国政府が大国に対して、グローバル金融システム全体を武器化するとは思ってもみなかった」[37]。ロシアは世界貿易の２パーセントを占めていたので、[38] その銀行をＳＷＩＦＴから切り離すのはリスクが大きすぎる。しかし、欧米はＳＷＩＦＴを武器化しただけでなく、ロシアの外貨建て資産を凍結した。

2022年4月22日、中国の財務省と中央銀行は、地方銀行と国際銀行、数十行を招集して緊急会議を開き、中国がロシアのように切り離された場合にどう対処すべきかを話し合った。高官たちは、保有する外貨(ドル)をユーロや円に換えるという案を検討したが[39]、危機に際して、米国の同盟国は、米国よりさらに信頼できなくなる可能性がある。フィナンシャル・タイムズの情報筋が語ったように、「その場で良い解決策を思いつく人はいなかった。中国の銀行システムは、ドル資産の凍結や、SWIFTからの排除に対する準備ができていなかった」[40]。中国人民銀行の元アドバイザーは、「もし米国がルールを守らなくなったら[41]、中国は自国の外貨建て資産の安全を保証するために何ができるだろうか。まだ、答えは得られていない」と嘆いた。

中国は金融面で脆弱だったため、米国のロシアに対する措置に従う可能性が高かった。ブリンケンは、「中国は、ロシアの攻撃を支援するあらゆる行動について責任を問われ、我が国はためらうことなく中国にコストを負わせるだろう」と脅し、商務長官のジーナ・レモンドは「我が国の設備やソフトウエアの使用を禁じて、SMICを実質的に操業停止に追い込むことができる」[42]と表明した。さらに悪いことに、財務長官のジャネット・イエレンは、もし中国が台湾に侵攻したら、「我々には、同じ措置を取る能力と決意がある」[43]と警告した。

習近平が、米国の圧力に屈しない新たなグローバル経済の構築を語り始めたのは、驚くようなことではなかった。BRICSと呼ばれる新興5カ国(中国、ブラジル、ロシア、インド、南アフリカ）のオンライン会議で、習近平は各国の首脳に「一方的な制裁や制裁の濫用に反対し、人類の未来を共有する大きなファミリー[44]を形成して、覇権主義の周辺の小さなサークルを拒否する」ことを強く促した。

しかし、中国が新たなグローバル経済を構築するのは、簡単ではなかった。中国人以外は、必要に迫られなければ、ＣＩＰＳを使いたいと思わなかった。ＣＩＰＳは中国元に依存するが、元は国際市場で常に通用するわけではない。なぜなら、中国が自国に出入りする資金を取り締まっていたからだ。ＳＷＩＦＴは全世界で４０００万件以上の取引を処理していたが、ＣＩＰＳが１日に処理したのは約１万３０００件で[45]、大半は中国本土と香港での取引だった。

また、他の国々にとって、中国が支配するシステムに金融資産を移すのはナンセンスだった。中国のシステムはグローバル金融から切り離されており、政権の気まぐれに左右されるからだ。米国は時として予測できない行動を取るが、少なくとも法の支配があった。一方、中国には、政府が必要と思うものを強奪するのを止められる強い法律はなかった。中国政府は、ゼロコロナ政策を貫くため、何のためらいもなく、金融の中心である香港と上海を世界から孤立させた。金融経済学者のバリー・アイケングリーンが述べたように[46]、「歴史上、基軸通貨を発行してきた国がすべて、行政権力をチェックする共和制か民主制の統治システムを持っていたことは決して偶然ではない[47]」。そのようなチェックがなければ、政府とその通貨は、他国から信用されないからだ。

それでも米国は、中国政府が中国風のグローバル経済を築くのではないかという懸念を払拭できなかった。ブリンケンは2022年に、「中国政府は口ではうまいことを言いながら、非対称的なデカップリング（分断）を追求しており、[48]自国の世界への依存度を減らし、世界の自国への依存度を高めようとしている」と警告した。皮肉なことに、ブリンケンの言葉は、中国の政策だけでなく米国の政策も言い表していた。米国も自国の世界への依存度を減らすことを望んでいた。イエレンの言葉を借りれば、そのために製造業を国内に戻すか、「フレンド・ショアリング[49]（友好国に限定したサプライチェーンの構築）」をして、サプライチェーンの危険なチョークポイントの所在を米国か同盟国の領土内に限定したいと考えていた。米国は中国を押さえつけ、科学技術へのアクセスを制限しようと奮闘する一方で、世界を自国にいっそう依存させようとしていた。

そして米国は、中国を締めつけるために、これまで以上にチョークポイントを利用しようと考えるようになった。オランダのASMLは、最先端半導体の生産に不可欠な極端紫外線（EUV）の露光装置を製造している。すでにトランプ政権はオランダ政府に働きかけ、ASMLが最新鋭の装置を中国に輸出できないようにしていた。2022年半ば、バイデン政権は、旧式の露光装置の輸出もやめるよう、[50]ASMLに圧力をかけた。

オランダ政府は話し合いに応じようとしたが、ASMLは米国には協力したくないと明言した。同社のCEOは投資家との電話会議で、中国のチップメーカーがグローバル市場に製品を提供している事実を「世界は無視できない」[51]と警告した。もし米国が中国に対して、最先端以外のチップ製造まで阻止したら、グローバル経済は混乱するだろう。しかし、阻止しなければ、中国は旧式の装置を使ってより高度な半導体を生産する方法を考え出すかもしれない。SMICはすでに小規模でそれを試みているらしい[52]。だとすれば、米国政府は同盟国を介して企業を説得すべきだろうか。それとも、マルコ・ルビオ上院議員や共和党のリーダーの一人であるマイケル・マッコール下院外交委員長が提言したように、「SMICに機器を販売したら厳罰を科す」と、ASMLなどの企業を脅すべきだろうか[53]。前者は効果がないかもしれない。後者は、同盟国を怒らせ、グローバル市場を混乱させる恐れがある。

結局、バイデン政権は、トランプ政権が開発したツールを使うことにした。輸出規制や外国直接製品規則（FDPR）を通じて、トランプを超える規模で知的財産を武器化したのだ。今回の標的はファーウェイのような一企業ではなく、中国全体だった。米国は、冷戦以降としては最も広範に及ぶ輸出規制を、中国という一国だけに課し、最先端の半導体を製造するための技術を獲得するのを妨げた。これはウルフが評したように、「輸出規制の使い方の根本的な転換[54]」だった。

米国の要求と野心が高まるにつれて、その結果が制御不能になるリスクも高くなった。米国の高官が中国経済を押さえつけようとすればするほど、同盟国や企業からの抵抗は強くなった。欧州のリーダーたちは、グローバル市場の福音《ゴスペル》を信じられなくなった。ドイツのショルツ首相は「緊密な経済的結びつきと相互依存が安定と安全を育てる」という考えが「今では崩壊してしまった」と嘆いた[55]。しかし、米国はまだ、欧州に真の犠牲を求めていなかった。ブルッキングス研究所のコンスタンツェ・ステルゼンミューラーが語ったように、ドイツは「輸出主導による成長を中国に[56]、エネルギー需要をロシアに……アウトソーシングしてきた」。ドイツに限らず欧州の大企業は、中国市場に依存していたので、それを維持するために戦うだろう。フォルクスワーゲンのCEO［当時］であるヘルベルト・ディースは、「恐らく中国は我が社を必要としないが、……我が社は中国を大いに必要としている[57]」と認めた。

米国内でも、企業は米国への支持を表明しながら、選択肢を広げていた。インテルのパット・ゲルシンガーは依然として、半導体製造をアジアから取り戻すため、米国内の半導体製造企業に数百億ドル[58]を投じる必要があると主張していた。ゲルシンガーは、自分は「自由市場を支持するグローバリスト」だが、「国家の長期的成功」のために「米国内での製造」を望んでいると語った。しかし彼は、自分がCEOを務めるインテルが、中国で存在感を高めようとしていることについては語らなかった。インテルが、中国の成都に100億ドルを投じてファブの製造能力を増強しようとした時、バイデン政権は強く反対した[59]。

米国は、中国に対する威圧の新たな選択肢を検討する中で、中国と同じく、他の国々や企業や個人を遠ざけるような行動を取るリスクがある。それが意味するのは、中国の台頭ではなく、何でも売買できていたグローバル経済に暗黒の領域が広がり、アメリカ帝国が衰退していくことだ。

2018年にトランプが再びイランに制裁を科したことは、当時考えられていた以上に大きな誤りだったことが判明している。制裁を受けたイランは、中国、香港、シンガポール、トルコ、アラブ首長国連邦の銀行を通じて、「代理人、隠れ蓑、現金決済」による「前例のない政府によるマネーロンダリング作戦[60]」を実行した。これは、合法的な金融取引よりも効率が悪く、コストもかかったが、年間800億ドルの貿易を可能にした。イランのある高官は「我々のガソリン、鉄鋼、石油化学製品の輸出の大半は、すべて隠れた子会社がやっている[61]」と言い放った。もし米国が中国を過剰に締めつけようとしたら、多くの銀行や企業は地下帝国の明るく照らされた大通りを避け、誰にも見られず通ることができるような、曲がりくねった暗い路地を探すだろう。

そうなっても、中国がグローバル経済を支配できるわけではないが、中国は暗闇に身を置くことで、自分を守れるようになるかもしれない。実のところ米国との関係が危うくなっていることに気づいた中国は、米国の監視と支配を受けないネットワークの構築にますます力を注いだ。米国は、このような中国の自立への欲求を帝国建設への欲求と捉え、負のスパイラルはさらに拡大した。米国には、懸念するだけの理由があった。自立した中国は、台湾を侵攻する可能性が高いからだ。このスパイラルがさらに拡大すると、最終的に二大経済圏が分断され、数十億人の日常生活に深刻な影響が及ぶだろう。

新しい歴史書は、経済的孤立がとてつもなく危険な結果を招きかねないことを示唆している。『The Economic Weapon』[62]〔邦訳は『経済兵器』日経BP〕はニコラス・ミュルデルの最初の著作で、第一次世界大戦後から第二次世界大戦にかけて実施された制裁と経済封鎖の歴史を再考している。国際連合の前身である国際連盟が、好戦的な国家に対してどのような集団制裁を科したかを同書は説明する。逆説的だが、平和を築こうとする国際連盟の努力は、第二次世界大戦を引き起こす一因になった。第一次世界大戦に負けて過酷な経済制裁を科されたドイツは、資源確保のため周辺諸国に侵攻した。一方、日本は、制裁を恐れて、韓国と中国の一部を含む「円ブロック」をつくろうとした。経済封鎖を恐れた日独両国は、他の手段で自国を守ろうとして世界戦争を引き起こし、数百万人もの死者を出すことになった。

ミュルデルは、経済戦争が再び世界の安定を揺るがすことを危惧する。米国政府が好んで使うツールは、「もはやグローバル化を調整する手術用メスのような道具ではなくなった」[63]。これらのツールは戦争の代替手段ではなく、平時の武器庫に並ぶ非常に重要な武器であり、「グローバリゼーションの本質を大きく変える嵐」を引き起こし、「あっという間に制御不能に陥る」恐れがある――。

第二次世界大戦の枢軸国と同様、中国は国家主義・軍国主義・非民主主義を貫く冷酷な国だ。中国が猜疑心を抱くのには理由がある。中国の足を引っ張るために、世界の経済秩序が再編成されようとしているからだ。米国とその同盟国から次々に圧力がかけられる状況で、中国はどのように対応していくのだろうか。いつの日か、米国が仕掛ける罠から抜け出せるほど強くなることを期待して、不本意ながら従うだろうか。それとも、米国経済を根底から揺さぶるため、チョークポイントをはじめ、ありとあらゆる経済的手段を駆使するだろうか。あるいは、ナチスドイツのように軍事的侵略を始めて、武力と領土拡大によって自国の利益を守ろうとするだろうか。

米国はこれらの問いの答えを持たないだけでなく、答えを見つける手段も持っていない。国防総省は、軍事的威圧と、軍事力・反撃能力・抑止力の複雑なバランスについて数十年にわたって考えてきた。しかし、経済的威圧の責任は、財務省、司法省、商務省などの様々な部署に分散している。これらの機関はいずれも、経済と国家の安全保障を、より広い戦略的視野に立って考えるようにはできておらず、やみくもにボタンを押すだけだった。経済的威圧とそれへの反発についての学術的研究が組織化されているわけでもない。経済的威圧について研究する人々は、制裁がいつ成功し、いつ失敗したかにばかり関心を寄せ、威圧が世界をどのように変えるかについては調べようとしなかった。

もしかしたら、今後もうまく運ぶかもしれない。地下帝国の支配者たちは、失敗するリスクと成功しすぎる危険のはざまを縫って、巧みに進んでいくかもしれない。しかし、航路を見定めるのは難しいだろう。中央銀行デジタル通貨の混乱が示したように、米国と中国は互いの行動を、世界を支配するための企てと見なさずにはいられない。どちらも自国は相手に対して脆弱だと考えており、経済と政治の運命を支配しようともがく中で、一方の恐怖が他方の恐怖を増幅させている。米国も中国も、相手の動機が何なのか、両国が共存する新しく複雑な世界が、どういう世界なのか、はっきりとは理解できていない。これまで以上に巨大な金融兵器が開発され配備されるにつれ、すべてが制御不能になる危険性は、増大の一途をたどっている。しかし、それにどう対処すべきか誰も知らない。

■ ■ ■

1957年、最初のスプートニクが打ち上げられ、米国では政治的危機が高まった。スプートニクが引き起こした懸念は、大陸間弾道ミサイル（ICBM）の開発や配備で米国がソ連に大幅に遅れているという「ミサイル・ギャップ」の恐怖へと急速に発展した。ソ連のニキータ・フルシチョフ首相は、自国はICBMを「ソーセージのように」[64]増産していると主張し、アイゼンハワー政権は、ソ連は「一度の大規模攻撃」で米国の核武装を一掃できるほどICBMを保有していると考えていた。[65]ミサイル・ギャップはジョン・F・ケネディの大統領選挙の中心的な争点となり、米国がミサイル誘導システムに使うシリコン半導体に莫大な資金を投じる理由にもなった。現在のシリコンバレーは、1960年代に起きた冷戦がもたらした予期せぬ副産物だ。

しかし、ミサイル・ギャップは幻想だった。冷戦後に記録が公開されると、ソ連は第一世代のICBMを4基しか配備していなかったことが分かった[66]。米国の大規模な軍備増強は、ソ連の軍事能力を根本的に見誤った結果だった。冷戦中、そうしたことが何度も起きた[67]。米国はソ連が優位に立つのを恐れて資金を注ぎ込んだが、ソ連のほうは必死に米国に追い付こうとした。米国は、ソ連が核兵器による先制攻撃の準備を終え、すぐにでも実行しようとしていると考えた。ソ連は、米国のほうこそ準備万端で、核攻撃を仕掛けようとしていると思っていた[68]。それぞれの恐怖が相手の恐怖を増幅させ、軍拡競争に拍車をかけた。一つミスが起きれば、世界的な核戦争という大惨事につながりかねなかった。

今、私たちは、これと同じような危険なフィードバック・ループが再構築され始めた重要な瞬間にいる。米国と中国という二大国の間に恐怖の増幅という力学が働き、欧州諸国や企業、そして一般市民を、拡大する一方の渦の中に引きずり込もうとしている。

どうすれば、これを避けることができるだろうか。地下帝国をつくったのは米国なので、米国が最初の一歩を踏み出さなければならない。まず、自国が直面している問題を理解し、大国には大きな責任が伴うことを認識する必要がある。次に、敵対国も含む他の国々にも、その問題を理解させなければならない。

冷戦はいくつかの重要な教訓を残した。米ソが増幅させた恐怖は、キューバ危機の際に、危うく世界規模の核戦争を引き起こしかけた。後に両陣営の指導者たちは、世界が最終戦争《ハルマゲドン》の瀬戸際にあったことを知って肝を潰した。経済学者から核戦略家に転身したトーマス・シェリングは、将来の危機を抑制する一つの簡単な方法を提案する論文を書いた。それは、米国大統領とソビエト首相が直接対話できるホットラインの設置だ。驚くべきことに、そのようなホットラインはそれまで存在しなかった(69)。

しかし、シェリングと仲間は、より大きなものも提案した。それは、政策立案者が世界の危険性を体系的に考え、それらを軽減する方法だった。シェリングは、数学的ゲーム理論と、自身の親としての経験から(70)、逆説的に思える洞察を生み出した。それは、「交渉では弱さは強さになり得る——こちらが決定権を持たないほうが、相手は約束や脅威を信じやすくなる」というものだ。核攻撃への効果的な防御は、逆に問題を引き起こす恐れがある。なぜなら、防御を始めると、相手は先制攻撃されることを恐れて、攻撃を仕掛けてくる可能性があるからだ。これらの独特のアイデアが、後にシェリングにノーベル経済学賞をもたらした(71)。ゲーム理論は、米国がソ連のことを戦略的に考える手助けをした。ソ連を見境のない侵略国ではなく、米国が共存しなければならない、独自の関心事を持つ強力なアクターとして捉えるよう導いたのだ。

現在、米国はシェリングの思考のフレームワークを必要としている。米国の経済兵器に誰も注意を払わない間は、米国はそれについて戦略的に考える必要はなかった。しかし今では、他の国々が米国の地下帝国の存在に気づき、反応し、自国の利益を守ろうとしている。戦略的な計画がなければ、他の国々の反応や反撃は、予期せぬ方向に急速にエスカレートするかもしれない。今、私たちが直面している問題は、シェリングが1960年代に直面した問題よりもずっと複雑だ。よく知られているように、シェリングは核を巡る対決をチェスにたとえ、[72]攻撃的な一手が予測不可能な結果をもたらす可能性を説明した。現在の戦略ゲームの賭け金は、シェリングの時代より低いかもしれないが、プレーヤーたちは目隠しされ、形の分からないボード上でプレーしている。

本書の著者二人は、国際政治学の教授として、チェスボードの地図をつくり始めた。それは冷戦時代のものとは明らかに異なっている。冷戦を専門とする秀でた歴史学者ジョン・ルイス・ギャディスが指摘したように、冷戦の驚くべき点は、二大プレーヤーが直接戦わなかったことだ。ギャディスが名付けた「長い平和」は、両陣営の「相互依存ではなく、互いとの独立性[73]」によるところが大きかった。米国とソ連は経済的つながりをほとんど持たなかったので、多くの衝突を避けることができた。相互依存の武器化、[74]つまり、政府がグローバル・ネットワークを地政学の道具にすることに関する私たちの研究は、経済的に密接につながった世界における大国の相互作用について考えることを政策立案者に強制し、彼らが世界をどのように捉えるかに影響を与えた。[75]企業間のつながりは巨大な力の源になっている。私たち自身も、本書が語る物語のごく小さな一部だ。

他の国々も自国の地図を作製している。その中には、私たちが描いた複雑極まりない地形をさらに補強したり、補完したりする国もあれば、否定する国、無視する国もある。こうした問題を正しく理解するには、政府の内外で大規模な科学的試みを推進しなければならない。その試みでは、世界を結びつけるビジネス・ネットワークの地図を作製し、現在では絶望的なほど不明瞭になった関係についてのデータを構築し、潜在的な脆弱性を探り、それらを軽減するための最善策を探る必要がある。シェリングと仲間は、軍事戦略家や核科学者と協力した。現代の問題は、より大きなスケールの協力、すなわち、国際関係、金融ネットワーク、サプライチェーン、情報科学、歴史、材料科学を理解する人々との連携が求められる。言うなれば、世界を爆破するためではなく、世界の組成を知るためのマンハッタン計画だ。

それはすでに難しいが、第一段階にすぎない。第二段階は、例えば、中国の台湾への攻撃を抑止するための戦略など、実行可能な戦略を案出することだ。もっとも、行動や報復が制御不能に陥るリスクを最小限に抑えなければならず、そのために米国は、自国内と同盟国間で、新しい制度の仕組みを構築する必要があるだろう。日本は2021年10月に経済安全保障担当大臣のポストを新設し、2022年5月に包括的な経済安全保障推進法を国会で成立させた[76]。驚くべきことに、米国には同様の制度も戦略も存在しない。私たちが話を聞いた人々は、この不在が、米国が経済安全保障について包括的に考えたり、経済安全保障上の脅威に対応したりするのを難しくしていると指摘した。米国は自国の経済安全保障対策を監督する新たな機関を創設し、専門知識を結集させて、自国と同盟国に共通の目的を提供する戦略ドクトリンを作成する必要がある。

米国と同盟国はすでに、米EU貿易技術評議会（TTC）や日米豪印戦略対話（QUAD）など、互いの政策を調整するための新たな枠組みを立ち上げている。同盟国とともに、戦略的理解を深めた後は、敵対国との対話を始めるという、もっと厄介な段階へ踏み出さなければならない。冷戦の緊張が緩和したのは、米国とソ連の高官、将軍、科学者たちが本格的な対話を始め、シェリングと仲間が生み出したアイデアを共有し、実行した時だった。彼らは「核兵器チェス」の指南書を持っていたわけではなく、ルールを学びながらゲームを進めていく必要があった。それを助けたのは「時間の経過」と多くの幸運だった。ピッグス湾事件やキューバ危機、朝鮮戦争などでは、一つ間違えば、人類は滅亡していた。互いの理解が深まるにつれて、米国とソ連は、どのような動きが相手を挑発し、どのような動きが不承不承受け入れられるかを予測できるようになった。また、彼らは1970年代以降、核戦争に発展するリスクを最小限にするため、軍縮協定の交渉を始めた。

今、米国、中国、その他の大国が必要としているのは、グローバル経済の武器化に伴うリスクについて率直に議論し、それを緩和するガードレールを構築するための場だ。世界貿易機関（WTO）などの既存の経済機関は、出現しつつある新世界を反映するよう根本的に改革しない限り、機能しないだろう。これらの機関はすでに消滅した「世界の自由貿易」を前提に設計されている。しかし、敵対する国同士であっても、地図上の空白部分を埋めていくにつれて、関係を完全に絶ち切ることのできないこの世界で共存するための非公式の共有ルールを見つけ出すことができるかもしれない。

■
■
■

冷戦の教訓は、大国政治への回帰によるリスク管理という、現実的だが悲観的なビジョンを指し示している。しかし、もっと良い方法があるかもしれない。実際、スプートニクは、核による対立を招いただけでなく、宇宙開発や世界をつなぐ通信衛星など、未来の世紀に果敢に開拓すべき新たなフロンティアを切り開いた。

今日では、新たな世界を探求するのではなく、今ある世界をより良いものにするために、スパイラルを外へではなく内へと方向転換させるべきかもしれない。SF作家のキム・スタンリー・ロビンソンは2015年に、宇宙への夢を抱いても、地球の生態系の問題を解決する代わりにはならないと警告した[80]。数年後、ロビンソンはSF小説『The ministry of the Future』[81]［邦訳は『未来省』パーソナルメディア］で世界的名声を獲得し、バラク・オバマをはじめ多くの読者の称賛を浴びた。同書は、国連の小さな組織が気候変動を解決するために連合体をつくり上げていく過程を描いている。ロビンソンが自認するように、この思考実験には欠陥があった。彼の目的は、人々に思考と行動を促すことであり、実際に実行するための詳細な指示や青写真を提供することではなかった。特に、現状を維持しようとする強力な利害関係者の抵抗をどう乗り越えるかという問題に対して、同書は有効な答えを出せなかった。

風力発電と太陽光発電を基盤にした連合体の可能性を感じ始めた欧州は、新たなグローバル経済への道を模索するようになった。官僚主義的で、植民地支配時代の負の遺産を抱え、数々の残虐行為を正当化してきた欧州がユートピアではないように、この新たなグローバル経済もユートピアにはなり得ないだろう。しかし、その方向へ進んでいくことで、気候変動による危機の回避を手助けし、化石燃料を武器にして威圧する独裁者から国々を解放するなど、少なくとも世界を悩ませている問題のいくつかを解決できるかもしれない。

本書を書き終えるに当たり、現状では実現可能性の低い未来について考えてみよう。それは、米国が脱炭素経済への移行という大きな課題に取り組むための法律を可決したという未来だ。米国が挫折しなければ、地下帝国の様々な仕組みはその理想を後押しし、ロビンソンが提起した問題の多くに、不完全ながら効果的な解決策を提供するだろう。

ピーター・ハレルは2021年に米国国家安全保障会議の国際経済・競争担当シニアディレクターに就任する前、トランプが米国の経済政策の限界を押し広げ、自らの権限で前例のない方法を使って貿易関係を再編成したと説明した。ハレルはトランプがしたことの問題点を認識していたが、その可能性も感じていた。地球規模の気候変動は、「間違いなく、米国が直面する唯一にして最大の国家安全保障上の課題(82)」だ。

ハレルは、トランプが経済競争に使った手段を、どのようにしたら地球規模の炭素経済に対して使うことができるかを示した。例えば、炭素集約型の輸入品に関税を課す。あるいは、オイルサンドからの石油抽出など二酸化炭素排出量の大きいプロジェクトに関して、米国企業による投資を抑制し、外国企業に対しては、制裁対象に指定したり、米国の科学技術へのアクセスを制限したりする。地下帝国の武器はすべて、気候変動の危険と戦うという米国の国家安全保障の新たな理念を実現するために活用できる。

こうした考えに基づき、米国はすでに、欧州が脱炭素化の未来に向かって前進するのを支援している。ＥＵが二酸化炭素排出量の多い輸入品に関税をかけ始めた時、バイデン政権は、過去の政権がしたような対抗措置を発表しなかった。[83]それどころか、鉄鋼やアルミなどの炭素集約型の輸入品に国境炭素税を課すための交渉を進めた。これは、鉄鋼の生産にＥＵや米国より多くの炭素を使用していた中国などの国を、一時的に不利な立場に置いた。しかし国境炭素税は、それらの国々が低炭素技術を開発するインセンティブになった。

米国はまだ、ハレルのより急進的な提案を受け入れていない。だが、それらの提案は、従来とは異なる種類の帝国の基盤を提供し、国益だけでなく地球全体の利益にも貢献するだろう。そうなれば、国家権力が世界的正当性を強化し、世界的正当性が国家権力を強化するという新たなフィードバック・ループが生まれる。気候変動が緩和されれば、中国は間接的に利益を受けるだろう。中国経済は低地の沿岸都市に依存しており、内陸部はすでに深刻な干ばつのリスクにさらされているからだ。

このような措置は、従来とは異なる権力と世界政治に関するビジョンの種になり得る。米国は、安全保障上の脅威と見なしている脱税と汚職に対して、同様の措置を取った。２０２１年

6月3日、バイデン政権は国家安全保障覚書を発表し、すべての政府機関に向けて「汚職と戦い、不正資金に対処し、汚職に手を染めた者に責任を負わせるために、どのように近代化し、調整し、資源を投入すべきか[84]」を明らかにするよう指示した。同じ週にOFACは、「汚職を標的とする史上最大の行動[85]」に着手した。2021年の秋、同政権は「反汚職戦略」を公表し、汚職を国家安全保障上の「核心的」関心事[86]に位置づけた。

米国は20年にわたって、敵対国や敵組織に対して地下帝国の武器を使ってきた。初期においては、他の国々や人々もその恩恵を受けることがあった。米国がアルカイダのようなテロ組織や北朝鮮などの国を標的にした時、文句を言う国や人はほとんどなかった。しかし野望が膨らむにつれ、帝国は憤りと反感を招き、自らを弱体化させる恐れのある危険を冒し始めた。

今なら米国は、地下帝国を利用して、権力と世界的な正当性が互いに強化し合う共同体《コモンウェルス》を構築できるかもしれない。この種の取り組みの常で、それは非常に不完全なものだ。共同体が最も機能するのは、米国の自己利益と世界の利益が重なるところだ。いくつかの緊急課題は切り分けられ、解決されないまま残されるだろう。経済的威圧が最も効率的に機能するのは、他国が猛反対する選択ではなく、そうすべきだと分かっていることについて選択を迫る時だ。

しかし、欠点や妥協、反対、盲点があったとしても、このような共同体構築を支援することは、対立が対立を生む道を選ぶよりはるかにいい。共同体を築くプロジェクトは、すでに述べたようなそれほど野心的ではない戦略や同盟づくり、権力の慎重な行使に代わるものにはならないだろう。また、新たな共同体においても、対立する大国同士が互いに大きな苦痛を与え合うという悪循環のフィードバックを依然として警戒する必要がある。このプロジェクトの真意は、集団的目標《コレクティブ・ゴール》に向かって努力することによってプラスのフィードバックを生み出し、様々な威圧や集団的災害に対処するための安全保障を構築し、経済を立て直すことができる、という希望を提供することにある。

地下帝国には、目に見える出口がない。外に通じているように見えるトンネルを進んでも、結局、内側に戻ってしまう。かつて実業界のリーダーたちは、政府の鎖から解放されることを望んだが、自分や他者に新たな手かせをはめただけであることに気づいた。かつて政治家たちは、グローバル市場が自国の安全を保証してくれることを夢見ていたが、市場は戦場と化し、彼らは寒さと苦しさで目を覚ました。帝国を外側から弱体化させようとする夢は、帝国を刺激し、さらに強力な対抗策を誘発した。

帝国の根はあまりにも深く、完全に引き抜くことはできない。しかし、私たちは、地下に広がるこの闇から逃れることはできなくても、帝国が太陽と空に向かって成長するよう、努力することはできるはずだ。

謝辞

この本の種がまかれたのは、20年前のある晴れた日に、ドイツのボンで私たち著者二人が出会い、一緒にビールを飲んだ時のことだったが、当時はこうなるとは予想もしていなかった。どちらも常勤のポジションがないハングリーな若者で、同じようなアイデアに取り組み、同じような仕事に応募しようとしていたので、たちまち険悪になっても不思議ではなかった。しかし、私たちは友人になり、やがて共同で研究し、執筆するようになった。

私たちのパートナーシップは、どちらがどのアイデアを思いついたのか分からないといったレベルを超えて、そう尋ねることが無意味に思えるほど深く融合した。私たちの旅がこの本に結実したのは、エージェントのマーゴ・ベス・フレミングの素晴らしい導きのおかげだ。彼女は、長年にわたって象牙の塔の中に閉じ込められてきた私たちに、それまでの慣習を捨て全く新しい土台の上にアイデアを再構築することを強いた。彼女の指針となるマントラは、「財布にあるお金を使うとしたら、この本を買いますか、それともカフェラテを買いますか」というものだった。それは謙虚な気持ちにさせられる良い問いだ。それがなければ、あなたは、私たちが書こうとしていた本とは大違いの本書を読むことにはならず、幸せそうにカフェラテを飲み干していただろう。私たちは彼女に借りがあるし、あなたも彼女に借りがあることを分かってほしい。

ティム・ダガンとヘンリー・ホルトのチームは、本書の企画書に有望な種が含まれていることを見抜き、私たちにチャンスを与えてくれた。ティムは具体的なアドバイスを提供してくれ、それを実現する私たちの能力を信じてくれた。テーマを明確にし、物語としての魅力を高め、読者を引きつけることができるよう、常に後押ししてくれた。それでもこの本に退屈な部分があるとすれば、それは著者のせいであり、ティムのせいではない。私たちを信じ、この本を世に送り出してくれた彼にはいくら感謝してもしきれない。

本書は、私たちが10年近くにわたって練り上げてきたアイデアと主張を基にしている。インタビューに時間を割いてくれた多くの人々の厚意がなければ、この本は成り立たなかっただろう。本書は、彼らの洞察と言葉からできている。そのうちの何人かは本書の中で名前を挙げることで感謝の意を表したが、匿名を希望した人もいる。すべての人に心から感謝している。

核となる主張を洗練させ、練り上げるのを手助けしてくれた同僚や友人たちにも感謝している。マーク・ブライズとダン・ドレズナーは、この本は幅広い読者に向けて書かれるべきだと最初に言ってくれた。この物語をどのように伝えるかを考えるため、ノンフィクション作家だけでなく小説家にも話を聞いた。ヘンリーが個人的に恩義を感じているのは、ジョン・クロウリー（天使と鏡について）、スタン・ロビンソン（世界を変えるために用いられる隠されたシステムについて）、フランシス・スパフォード（小さな個人的な物語を通じて、大きな非人間的な物語を語る方法について）だ。また、トーマス・バンチョフ、タニヤ・ベルツェル、ダナ・ボイド、ダニエル・バイマン、マイルズ・エヴァース、マーサ・フィネモア、クレア・フィッツギボン、チャールズ・グレーザー、ジャック・ゴールドスミス、ジョナサン・ハッケンブロイ、マリーナ・ヘンケ、ルウェリン・ヒューズ、ビル・ジェインウェイ、エリック・ジョーンズ、ニヒル・カリャンプール、チャールズ・キング、マーガレット・リーヴァイ、エド・ルース、キャスリン・マクナマラ、ジョナス・ナーム、タッジ・オブライエン、マーガレット・オマラ、オプサール、トーマス・リッセ、エマ・ロック、ダニ・ロドリック、ジェレミー・ウォレス、グレン・ウェイル、ジョン・ジスマンにも深く感謝している。重要なファクトチェックをしてくれたヘザー・クライドラーに特に感謝する。彼らのサポートや困難を乗り越えるための支援、コメントや間違いの訂正、活発な議論などによって、すべてのページがより良いものになった。

本書は、ジョンズ・ホプキンス大学、ジョージタウン大学の学生たちとの継続的な関わりからも恩恵を受けた。特に、リサーチ・アシスタントを精力的に務めてくれたアドヴァイト・アルン、ナズ・ゴチェック、ジョナス・ヒーリング、ブルック・タンナーに感謝する。ジョンズ・ホプキンスとジョージタウンの両大学は、私たちの研究を大いに支援してくれた。ヘンリーはジョージ・ワシントン大学でこのプロジェクトに着手し、スタンフォード大学行動科学高等研究センターのフェローシップでそれを終えた。両大学の同僚は、惜しみない友情とサポートを与えてくれた。アブラハムは、ジョージタウン大学理事会、ジョージタウン大学米中対話イニシアチブ、オープン・ソサエティー財団、ウィリアム&フローラ・ヒューレット財団による財政支援に感謝している。また、このテーマに関する私たちの最初の論文「Weaponized Interdependence: How Global Economic Networks Shape State Coercion（武器化された相互依存：グローバル経済ネットワークはいかにして国の威圧を形成するか）」を掲載してくれたMITプレスとインターナショナル・セキュリティー誌の編集者にも感謝したい。本書はこの論文とは大きく異なるが、この論文がなければ決して生まれなかっただろう。

また、本書の執筆に協力してくれたジャーナリスト、学者、作家に深く感謝したい。世界的な大変革についての本を書くには、その詳細を調査した人々の努力と深い理解に頼るしかない。より広範な全体像を理解しようとする私たちの取り組みが、彼らの仕事への攻撃にならないことを願っている。また、この本が新しい世界についての唯一可能な、あるいは唯一有用な地図ではないことを、私たちは認識している。本書はその大部分が権力者についての話である。力を持たない者の視点から帝国を見た、別の本が書かれるべきだと思っている。

私たちが帝国を理解しようと旅に出たのはずいぶん前のことで、これまで旅を続けることができたのは、家族の絶え間ないサポートがあったからだ。私たちには何でもできると信じてくれた両親、ポールとルイーズ、バーブとフィル、遅くまで私たちの議論に耳を傾け、終日パソコンに向かう生活を許してくれたそれぞれの配偶者、ニコールとクレイグに感謝を捧げたい。

クレイグは数え切れないほどの草稿を読み、ニコールは惜しみないサポートを提供してくれた。枕の下に頭を突っ込みたくなるような時でも、彼女らの愛情が私たちを支えてくれた。そして最後に、私たちの子どもたち、ジャック、キーラン、マイカ、セイディに感謝したい。風と光に希望を託して。

日本語版解説

「武器化した経済」での戦いの勝者は誰か?

鈴木一人（東京大学公共政策大学院教授）

またファレルとニューマンがやってくれた。2019年に「武器化された相互依存(Weaponized Interdependence)」という論文で地経学(Geoeconomics)の分野を切り開いたコンビが、本書を世に送り出した。邦題は『武器化する経済』だが、原著は*Underground Empire: How America Weaponized the World Economy*、直訳すれば『地下帝国：アメリカはいかにして世界経済を武器化したか』という著作である。ここからも分かるように、本書は「地下帝国」、すなわち表からは見えないが、見えないところで世界経済に影響力を及ぼし、それを武器とする大国の内幕を描いている。その「地下帝国」は米国がつくった帝国であり、公式には植民地を持つような帝国ではないが、世界経済を武器として用い、世界に多大な影響力を及ぼしうる存在である。

本書が明らかにしているのは、国際社会における「パワー」とは、単に軍事力や経済力といった目に見えるものだけでなく、通信ネットワークを管理する力、規制を他国に押し付ける力、通貨をコントロールする力である。こうした目に見えない権力は、ともすれば見落とされがちだが、本書は、そうした目に見えない力こそが地政学・地経学的なパワーとなっていることを余すところなく示している。グローバルな文脈では、米中対立が取りざたされ、中国の追い上げによって米国の圧倒的な軍事力や経済力が失われつつあるが、それでもなお米国がグローバルな超大国として君臨し続けられるのはなぜなのか、ということを本書はつまびらかにしている。その意味で、本書は現代における米国の地経学的パワーを再確認し、それを高く評価しつつ、そのパワーを永続的に発揮するための国際秩序のあり方を示している。

しかし、本書で明らかにされた米国の地経学的なパワーは本物なのか。そのパワーに死角はないのだろうか。ここでは、本書で示された米国の地経学的パワーの実態を解説してみたい。

1 地経学的パワーの構造

本書では、米国のパワーは「地下帝国」にあるとされているが、その実態は様々な側面を持っている。

まず、インターネットを通じた通信において米国が圧倒的なパワーを持つのは、アマゾンやグーグルといったプラットフォームが米国を拠点とし、それらの企業に対して法律や規制を通じて影響力を与えられるからだ。これに加えて、金融ネットワークを行き交う情報を握り、違法な取引や他国での経済活動に関するインテリジェンスを自由に得られるという「金融情報パワー」がある。これらのパワーは、基軸通貨としてのドルが米国の通貨でもあることから生まれる。ユーロダラーと呼ばれる米国国外で流通するドルも、実態としては米国の銀行の口座に入っているドルを他の国の銀行が保有しているという状態であり、そのドルを引き出したり、移転したりする時には必ず米国の管轄権、すなわち米国の法律の及ぶ範囲で取引される。そのため、金融を通じた様々な情報が米国に集まることになる。

また、物理的なネットワークとしての通信インフラに関しても、米国の支配が及んでいる。その象徴がクラウド・コンピューティングである。膨大な量のデータがクラウド上に保管され、世界中どこにいてもネットにつながりさえすれば、パソコンでもスマートフォンでも同じデータを引き出すことができる。これらのデータは世界各地に分散されているが、そうしたクラウドサービスを提供しているのはアマゾンやマイクロソフトという米国の企業である。クラウドといってもデータはどこかに格納されている。その中心地がバージニア州であることが米国の「クラウド情報パワー」となっている。

さらに、こうしたクラウドを動かすための半導体の製造に関しても米国は他にはない力を持っている。確かに半導体、とりわけ先端半導体の製造では、台湾のＴＳＭＣが圧倒的なグローバル市場でのシェアを握っているが、半導体の設計や製造に必要な技術は米国企業が保有し、知的財産として登録している。これらの知財を使った製品に関しては、米国の「再輸出規制」の対象となる。この規制は、製品を製造するのに一定の割合以上の米国製品や米国の技術を使う場合に自動的に適用され、従わない場合は米国が罰することができる。

この「再輸出規制」は、いわゆる国内法の域外適用の代表的な例である。通常、国内法は他国の管轄権にある企業や個人には適用されないが、米国は、他国の管轄権であっても自国の法律を適用する仕組みを持っている。それは、米国が世界において圧倒的に大きな市場を持っており、もし米国の規制に従わなければ、米国内でのビジネスができなくなる、という仕組みだ。このように、半導体をつくる力がなくても知的財産を持っていることで、制裁を加えると脅すことができる「知財制裁パワー」を有している。

本書で述べられている「地下帝国」は、結局のところ、「金融情報パワー」と「クラウド情報パワー」、そして「知財制裁パワー」の三つに基礎づけられていると言ってよいだろう。これらのパワーは、恐らくドルが基軸通貨である限り、またクラウドサービスが米国企業に独占されている限り、そして米国が知財を生み出し続ける限り続くだろう。しかし、これらのパワーによって、米国の国際秩序に対する影響力は永続的なものになるのだろうか。

2 地経学的パワーの行使

三つのパワーに基礎づけられた米国の地経学的パワーが有効であるためには、そのパワーが本当に権力として機能することが必要となる。ここでいう権力とは、伝統的な政治学の定義に従えば、「AがBに対してBが望まないことでもさせることができる能力」ということになる。つまり、米国が地経学的なパワーを行使して、中国が望まないことでもそれを行わせる力を持っているかどうか、ということが試される。

半導体の例を見てみよう。米国は「再輸出規制」を活用して、台湾や西側諸国が製造する先端半導体に中国がアクセスすることを拒否した。しかし、日本とオランダがつくる半導体製造装置は米国の技術によってつくられたものではないため、再輸出規制がかからない。そのため、米国は日蘭両国に圧力をかけて中国への輸出を規制することを求め、両国はそれに応じた。この点では、米国は日蘭が望まない輸出規制を強制することができた。しかし、これによって、中国に対して何らかの圧力をかけることができたのだろうか。

実際、中国は米国の対中半導体輸出規制をＷＴＯ（世界貿易機関）に提訴したが、それ以上のことは行わず、米国の圧力によって沈黙させられたように見えた。しかし、中国は先端半導体へのアクセスをあきらめ、逆に先端ではない、汎用半導体の製造に力を入れ、グローバル市場における汎用半導体のシェアを拡大し、中国への依存を高めようとしている。つまり、米国は中国が望まないことをさせたのではなく、中国は米国の規制に応じて自らの戦略を変更し、逆に、汎用半導体で主導権を握ることで、米国に対して対抗する姿勢を見せたのである。

また、同じようなことはファーウェイの排除にもみられる。米国は5Gなどの調達からファーウェイを排除し、自らの「金融情報パワー」や「クラウド情報パワー」の源となる通信インフラのコントロールを維持し、同時にファーウェイをグローバル市場から追い落とすことを意図していた。本書では、こうした戦略は米国の望む結果を生み出し、ファーウェイは通信業界での覇者にはなれなかったと結論付けているが、実のところ、ファーウェイはその膨大な研究開発への投資と、中国市場における独占的地位、さらにはグローバルサウス市場の開拓を通じて、世界に打って出る企業となってしまった。米国やG7諸国からファーウェイを排除することには成功したが、それ以外のところでは米国の決定を押し付けることはできなかった。

これらの事例からいえることは、米国が地経学的パワーを行使することにより、G7諸国や西側諸国には一定程度、他国が望まないことをさせることができているが、それ以外の国々にはほとんど効果を生み出せていない。つまり、米国の地経学的パワーは限定的なものになりつつあるということがいえるだろう。

3 地経学的パワーは中国を動かすか?

米国は限られた範囲でしか地経学的パワーを実行できていない。それはなぜなのか。その一つの理由として考えられるのは、地政学的パワー、すなわち軍事力などの目に見えるパワーの行使とは異なり、地経学的パワーを実施するためには、規制や監視、知財管理といった政府の持つ力の行使だけでなく、企業の行動を制御することが求められるからである。

もちろん、米国の規制は強力なものであり、それに反した行動を取る企業には厳しい処罰が待っている。また、「再輸出規制」で見られるように、他国の企業であっても米国はその行動に影響を与えることができる。しかし、米国における地経学的パワーの行使は政府が一方的に決定するものであり、産業界の同意や説得を通じて実行されるものではない。そのため、企業は法律の抜け穴を探し、それを迂回する様々な手段を見つけ、地経学的パワーの効果を半減させるようなことが起きている。

地経学的パワーを効果的に行使するためには、政府が目指していることを企業も共有する必要がある。そうでなければ、企業にとって規制や監視は一方的なコストでしかなく、企業が積極的にコミットするインセンティブを提供することができない。本来、そうした規制を実施する場合、政府は一方的に規制をするだけでなく、産業界とコミュニケートし、政府の戦略的目的を実現するために企業の協力を求め、双方の利害を調整する必要がある。しかし、米国は伝統的にそうした政府と企業の関係が成立しにくく、政府から一方的に規制をかけるか、補助金や優遇税制といった補助金漬けにするのが一般的だ。また、産業界もロビイングのような形で自らの利益を実現しようとするが、議会で成立する法律ではなく、行政府が恣意的に決定できるような規制などについては、企業からの陳情や圧力も効きにくい。政府と産業界はこうした関係にあるため、対話の場を設け、戦略をすり合わせるということが不得手であり、それが地経学的パワーの効率的な行使を阻んでいる。

もう一つの理由が、米国における産業界の能力の衰退である。１９９０年代からグローバル化の波に乗って、付加価値の低い産業部門、特に重厚長大産業は、生産コストの安いメキシコなどに移転し、米国に「ものづくり」を継承するような労働者が十分にいなくなってしまった。台湾の半導体メーカーであるＴＳＭＣは米国のアリゾナ州と日本の熊本県にそれぞれ半導体工場を建設しているが、日本の半導体工場は順調に建設が進んでいるのに対し、米国では連邦政府の補助金がありながらも、アリゾナ州の自治体の規制などに阻まれて建設がなかなか進んでいない。そこには産業界、特に建設業や製造業の人材不足や労働者不足という状況も背景にある。こうした基礎的な工業力を失いつつある米国で、中国に対して優位性を持つ分野は金融や情報技術などに限られるということでもある。つまり、アメリカは「知財制裁パワー」を有するが、物資や製品による「モノの制裁パワー」を持たないのである。

三つ目の理由として、地経学的パワーの行使は権威主義的な国家には通用しにくいという問題がある。地経学的なパワーは、相手国の経済に損害を与えることで、相手の行動を変えていくことを想定するが、中国のように政治権力が共産党や国家主席に集中している国では、仮に経済的な損害が大きく、国民や産業界に不満が溜まっていたとしても、それが即座に政治的な圧力になるわけではない。そのため、経済的な圧力による政策の変化を期待することが難しいといえる。これは、北朝鮮を見ると分かりやすいだろう。北朝鮮は20年近くにわたって制裁の対象となっており、外貨が獲得できそうな産業は一通り規制されている。その結果、北朝鮮の経済は厳しい状況が続いているが、経済的に不満があっても、それを表明すれば投獄や、最悪の場合、殺害されるリスクがあるため、多くの国民は黙り込むしかない。そうなると地経学的なパワーを行使しても、それが政治的アクションに転換することを期待するのは難しい。

米国は確かに地経学的パワーがあり、西側諸国には通用している。しかし、米国の地経学的パワーで中国を動かすことは難しい。ゆえに地経学的パワーは、軍事力を中心とした地政学的パワーとは異なった権力であるが、本書はやや地政学的なものに類似したものとして地経学を論じる傾向がある。その傾向を踏まえた上で、地経学的パワーを過大評価しないように読み進めることが重要な点となる。

4 日本は米国の地経学的パワーとどう向き合っていくべきか？

最後に、日本はこうした米国の地経学的パワーとどう向き合うべきなのかを考えておこう。米国のパワーの源には「金融情報パワー」「クラウド情報パワー」「知財制裁パワー」の三つがあると述べたが、これらはいずれも日本が持たない力であり、米国のパワーに追いつくことが困難なものである。日本は、円を国際化することに失敗し、国産クラウドはいまだに成功しておらず、他国に対して知財を振りかざすこともない。日本は軍事安全保障において米国に依存しており、米国との関係を悪化させることは自らの存立に関わる問題であるため、米国との良好な関係を維持することは重要である。

しかし、その米国は、「アメリカ・ファースト」を唱えたトランプ前大統領、そしてその経済通商政策の多くを継承したバイデン政権においても、同盟国と協調して行動するといったことを避け、国内の雇用対策や中国の排除を一方的に実施するという状況が続いている。こうした米国による地経学的パワーの内向きな行使は、日本にとって少なからぬ影響を与えている。米国の対中半導体輸出規制に際しては、米国は日本に圧力をかけて、国際的に競争力を持つ半導体製造装置の中国への輸出を止めるように要請してきた。そこには同盟国とともに行動するという意思は見られず、米国の地経学的利益を実現することしか視野に入っていない。

米国の同盟国軽視の姿勢がさらに鮮明になったのが、日本製鉄によるUSスチールの買収を巡る問題だろう。トランプ政権時代に、米国は米国通商拡大法の232条にある安全保障条項を使い、米国の安全保障を確保するため鉄鋼・アルミの自国内での生産を維持することを決定した。建前上は、米国が戦時に入った時、兵器生産に必要な鉄鋼・アルミを国内で生産できるようにしておかなければならない、という理由が掲げられているが、本音としては競争力を失っている米国の鉄鋼業を保護するための措置である。これらの措置により鉄鋼・アルミに高関税がかけられている中で、バイデン政権は、インフレ抑制法（ＩＲＡ）を成立させ、電気自動車の優遇税制を、米国国内ないし米国と自由貿易協定を結んでいる国で生産されたもののみに与えることとなった。そのため、日米欧企業は、米国国内に電気自動車を生産するための設備への投資を始めた。

こうした優遇税制によって米国国内での自動車生産が盛り上がり、鉄鋼・アルミの需要も高まったが、日本から輸出する場合、通商拡大法232条により、高関税がかけられる。そのため、関税がかからない現地生産へと踏み切るため、日本製鉄はUSスチールの買収を決定したものと思われる。しかし、この買収発表は大統領選挙の選挙戦が活発となるタイミングだったため、外資によって米国の象徴ともいえる製造業の雄が買収されることへの感情的反発が高まった。こうした反発を受けて、バイデン大統領は投資審査を厳格にすることを求め、共和党の候補となることが有力視されているトランプ前大統領は、日本製鉄によるUSスチール買収の阻止を選挙キャンペーン集会で語った。

この一件から見られるように、米国は戦略的に地経学的なパワーを行使しているというよりは、感情的でその場限りの戦略を展開している。地政学においては核抑止論をはじめとして緻密な議論を積み重ね、リスクとコストのバランスを取りながら戦略を組み立てているのに対し、地経学の分野では、経済的な合理性よりも、感情的な判断のほうが優先されるといったことが起きている。

日本政府も日本企業も、こうした合理性を欠く米国の対応を想定した上でビジネスを検討していく必要がある。米国は確かに同盟国ではあるが、2024年の大統領選挙の結果によっては、同盟国とは思えないほど敵対的な扱いを受ける可能性がある。

かつて1980年代には日米貿易摩擦を経験し、米国の地経学的パワーが自国の産業を保護するために使われたシーンを見てきたが、今回は1980年代とは大きく異なる。日本はバブル崩壊後の低成長状態から脱却できず、米国の正面の競争相手は中国となっている。そんな中で、米国は同盟国に対してでさえ、気配りをする余裕がなくなっている。そのため、日本がしなければならないのは、米国が守ろうとしているものをきちんと認識し、その分野への投資や競合を避けることが重要だ。また、米国が中国に対抗することに集中している状態は、日本にとって悪いことばかりではない。かつてのように日本の行動を逐一監視する余裕はなくなり、日本が自らの判断で行動することについては関与してこないというパターンが多い。

その一つの事例が、トランプ政権による環太平洋パートナーシップ協定（TPP）の離脱である。トランプ政権は自由貿易が米国の産業的衰退を招いたとして自由貿易に徹底して反対し、大統領に就任直後の2017年1月、TPPから離脱した（当然ながら、この決定は同盟国と相談することなく決められた）。しかし、米国が不在のTPPを仕立て直し、米国抜きの自由貿易圏である包括的・先進的環太平洋経済連携協定（CPTPP）に生まれ変わらせたのは日本だ。これに対し、トランプ政権は特段、日本のリーダーシップに介入することなく、日本が求める自由貿易の枠組みが成立した。ここからいえるのは、米国が国内事情で動かざるを得ない状態の場合、日本は積極的に米国とは異なる行動を選択しても、米国は日本のイニシアチブに介入してこない可能性があるということだ。

内向きになった米国に対して、正面から挑んだり、説得しようしたりしても徒労に終わるだろう。むしろ重要なのは、米国がルールに基づく国際秩序を破壊する行為を進めたとしても、日本はうまくそこを取り繕い、問題を悪化させないように努力することが求められる。そうすることによって、いつの日か米国が国際社会におけるリーダーとしての自覚を再度持つようになり、安定した国際秩序を構築するために米国の地経学的パワーを行使できる日が来ると信じたい。そのためにも、日本はルールに基づく国際秩序の看板を下ろすことなく、また米国のように内向きの地経学的パワーを行使するのでもなく、ＴＰＰが崩壊した後にＣＰＴＰＰを成立させたように、米国とは異なる立場を取りながらも、米国の関与を恐れることなく前に進むことが重要となる。

原注
NOTES

■ 序章 すべての道はローマに通ず

1 Cecelia Lahiff, "*Aemulatio* and *Sprezzatura*: Palladio and the Legacy of Vitruvius," *Art Journal* no. 1 (2018): 12–22.

2 Eben Bayer, "The Mycelium Revolution Is upon Us," *Scientific American*, July 1, 2019. 2022年11月11日に以下を参照。https://blogs.scientificamerican.com/observations/the-mycelium-revolution-is-upon-us/.

3 例えば以下を参照のこと。John Gallagher and Ronald Robinson, "The Imperialism of Free Trade," *Economic History Review* 6, no. 1(1953): 1–15.

4 あらゆる比喩と同様に、これはいくつかの重要な要素を省いている。後で説明するように、例えば、インターネットには、多くの幹線道路と鏡が存在する。これは私たちの主張の主な論理には影響しないが、実際の機能の細部にはもちろん影響する。

5 厳密に言えば、光ファイバーケーブルにそこまで多くのガラス繊維の束が含まれているわけではないが、見たところ、同時に数百万のエクスチェンジを行うだけの能力を備えている。

6 "Remarks by Al Gore," Royce Hall, UCLA, Los Angeles, California, January 11, 1994. 2022年11月11日に以下を参照。https://clintonwhitehouse1.archives.gov/White_House/EOP/OVP/other/superhig.html.

7 Ewen MacAskill, "Putin Calls Internet a 'CIA Project' Renewing Fears of Web Breakup," *Guardian*, April 24, 2014.

8 Thomas Friedman, "DOScapital," *Foreign Policy* 116 (1999): 110–16.

9 William Clinton, "Remarks on Permanent Normal Trade Relations with China," March 8, 2000. 2022年7月22日に以下を参照。https://www.c-span.org/video/?c4893404/user-clip-clinton-firewall-jello.

10 James Carville. 以下より引用。"The World Economy," *Economist*, October 7, 1995.

11 Thomas Friedman, *The World Is Flat: A Brief History of the Twenty-First Century* (New York: Farrar, Straus and Giroux, 2005).

12 以下を参照のこと。Simone Müller and Heidi Tworek, " 'The Telegraph and the Bank': On the Interdependence of Global Communications and Capitalism, 1866–1914," *Journal of Global History* 10, no. 2 (2015): 259–83. MullerとTworek(p.263)は、電報を送る海底ケーブルが「自然独占」理論によって敷設され、後に「軍隊、帝国、または戦略的支配」に利用された経緯を説明している。

13 Paul Pierson, "Increasing Returns, Path Dependence, and the Study of Politics," *American Political Science Review* 94, no. 2 (2000): 251–67.

14 Charlie Savage, *Power Wars: Inside Obama's Post 9-11 Presidency* (New York: Little, Brown, 2015), 177.

15 Barton Gellman and Ashkan Soltani, "NSA Surveillance Program Reaches 'into the Past' to Retrieve, Replay Phone Calls," *Washington Post*, March 18, 2014.

16 Juan Zarate, Treasury's War: *The Unleashing of a New Era of Financial Warfare* (New York: PublicAffairs, 2013).

17 Rob Price, "Eric Schmidt Thinks a Ruling by Europe's Top Court Threatens One of the Greatest Achievements of Humanity," *Business Insider*, October 15, 2015. 2021年12月21日に以下を参照。https://www.businessinsider.com/eric-schmidt-ecj-safe-harbor-ruling-threatens-one-of-the-great-achievements-of-humanity-201-10.

18 Jack Lew, "Remarks of Secretary Lew on the Evolution of Sanctions and Lessons for the Future." 以下を参照。the Carnegie Endowment for International Peace, Washington, DC, May 30, 2016.

19 Colson Whiteheadの素晴らしい小説『*The Intuitionist*』(New York: Knopf Doubleday, 1999)は、エレベーターの検査員の抗争を通して、アメリカ帝国の人種政策を描いている。Francis Spuffordの傑作『*Red Plenty*』(London: Faber and Faber, 2010)は、小説というツールを用いて、ソ連経済の基盤とそれを動かしてきた思想を把握した。

20 Daniel Drezner, *The Toddler in Chief: What Donald Trump Teaches Us about the Modern Presidency* (Chicago: University of Chicago Press, 2020).

21 "America's War on Huawei Nears Its Endgame," *Economist*, July 18, 2020. 2022年7月20日に以下を参照。https://www .economist.com/briefing/2020/07/16/americas-war-on-huawei-nears-its-endgame.

22 Roger Cohen, "Macron Tells Biden That Cooperation with US Cannot Be Dependence," New York Times, January 29, 2021. 2022年7月20日に以下を参照。https://www.nytimes.com/2021/01/29/world/europe/macron-biden.html.

23 Vasco M. Carvalho, Makoto Nirei, Yukiko U. Saito, and Alireza Tahbaz-Salehi,"Supply Chain Disruptions: Evidence from the Great East Japan Earthquake," *Quarterly Journal of Economics* 136, no. 2 (2021), 1255–1321.

24 Jill Kilpatrick and Lee Barter, *COVID-19: Managing Supply Chain Risk and Disruption*, Deloitte Development LCC, 2020, 14.

■ 第1章 ウォルター・リストンの世界

1 His book: Walter B. Wriston, *The Twilight of Sovereignty: How the Information Revolution Is Transforming Our World* (New York: Charles Scribner, 1992).

2 Wriston, *The Twilight of Sovereignty*, 4.

3 Wriston, T*he Twilight of Sovereignty*, 8.

4 Walter Wriston, *Information, Electronics and Gold*, 1979. June 11にロンドンで開催されたthe International Monetary Conference におけるスピーチ。

5 モンペルラン協会の起源と強い目的についての議論は、以下を参照。Angus Burgin, *The Great Persuasion: Reinventing Free Markets since the Depression* (Cambridge, MA: Harvard University Press, 2015). リストンの父親が招かれたことについては以下を参照。Bruce Caldwell, *Mont Pèlerin 1947* (Palo Alto, CA: Hoover Institution Press, 2020), 9. リストンの父親はのちにモンペルラン協会に加わった。彼は息子のテクノロジと相互依存への傾倒に共感し、1924年の講演で次のように驚きを述べている。「ケーブルと無線は我々の父親世代の夢を超えて、世界の実質的なサイズを縮小させている」。以下より引用。Phillip L. Zweig, *Wriston: Walter Wriston, Citibank, and the Rise and Fall of American Financial Supremacy* (Digital Edition, PLZ Publishers, 2019), 17.
6 Zweig, Walter Wriston. グローバリズムとネオリベラリズムについての歴史的議論については以下を参照。Quinn Slobodian, *Globalists: The End of Empire and the Birth of Neoliberalism* (Cambridge, MA: Harvard University Press, 2018).
7 Roy C. Smith, *The Global Bankers: A Top Investment Banker Explores the New World of International Deal-Making and Finance* (New York: Truman Talley, 1989), 33–34.
8 Smith, *The Global Bankers*, 34.
9 Wriston, *The Twilight of Sovereignty*, xiii.
10 Zweig, *Walter Wriston*, 797 ほか。
11 Wriston, Information, Electronics and Gold.
12 Marc Levinson tells this story in his book, *The Box: How the Shipping Container Made the World Smaller and the World Economy Bigger* (Princeton, NJ: Princeton University Press, 2006). 以下も参照。Zweig, *Walter Wriston.*
13 Wriston, *Information, Electronics and Gold.*
14 Wriston, *Information, Electronics and Gold*. 以下も参照。Wriston, *The Twilight of Sovereignty,* 66: "Not only are governments losing control over money, but this newly free money in its own way is asserting its control over them, disciplining irresponsible policies."
15 Wriston, *Information, Electronics and Gold.*
16 Wriston, *The Twilight of Sovereignty,* 81, 85.
17 Zweig, *Walter Wriston,* 242.
18 Wriston, Information, Electronics and Gold.
19 Susan V. Scott and Markos Zachariadis, T*he Society for Worldwide Interbank Financial Telecommunication (SWIFT): Cooperative Governance for Network Innovation, Standards, and Community* (London: Routledge, 2014), 12.
20 Zweig, *Walter Wriston*, 112.
21 Walter B. Wriston, *Risk and Other Four-Letter Words* (New York: Harper & Row, 1986), 135.
22 Ron Chernow, *The House of Morgan: An American Banking Dynasty and the Rise of Modern Finance* (New York: Atlantic Monthly Press, 1990).
23 Eric Helleiner, *States and the Re-emergence of Global Finance* (Ithaca, NY: Cornell University Press, 1994).
24 Gary Burn, The Re-emergence of Global Finance (London: Palgrave, 2006), chap. 6.
25 Wriston, *The Twilight of Sovereignty*, 63–64.
26 Wriston, *The Twilight of Sovereignty*, 69.
27 Zweig, *Walter Wriston*, 579.
28 Walter B. Wriston, "De Facto Payments Mechanism" in *If You Ask Me: A Global Banker Reflects on Our Times*, Walter B. Wriston Papers, Tufts University, 1980.

2021年9月17日に以下を参照。https://dl.tufts.edu/teiviewer/parent/vq27zz94c/chapter/c1s36.
29 Scott and Zachariadis, *The Society for Worldwide Interbank Financial Telecommunication*, 12.
30 Mark S. Mizruchi and Gerald F. Davis, "The Globalization of American Banking, 1962–1981" in *The Sociology of the Economy,* ed. Frank Dobbin (New York: Russell Sage Foundation, 2004).
31 Zweig, Walter Wriston, 477.
32 Scott and Zachariadis, *The Society for Worldwide Interbank Financial Telecommunication*, 18.
33 Scott and Zachariadis, *The Society for Worldwide Interbank Financial Telecommunication,* 18.
34 Scott and Zachariadis, T*he Society for Worldwide Interbank Financial Telecommunication*, 18.
35 Zweig, *Walter Wriston,* 382.
36 Scott and Zachariadis, *The Society for Worldwide Interbank Financial Telecommunication*, 109.
37 Yawar Shah's LinkedIn page. 2021年9月16日に以下を参照。https://www.linkedin.com/in/yawar-shah-42514b16.
38 SWIFT, *Highlights 2021, Messaging Traffic and Operational Performance* (Brussels, Belgium: SWIFT, 2021).
39 Scott and Zachariadis, *The Society for Worldwide Interbank Financial Telecommunication*, 127.
40 PYMENTS, "Anatomy of a Bank Heist, SWIFT-ly Done by Phishers," Pyments .com, September 17, 2018. 2021年9月17日に以下を参照。https://www.pymnts.com/news/security-and-risk/2018/bangladesh-bank-heist-swift-phishing-scam-fraud-doj/.
41 Thomas A. Bass, "The Future of Money," *WIRED*, October 1, 1996. 2021年9月7日に以下を参照。https://www.wired.com/1996/10/wriston/.
42 This paragraph draws on Wriston, *The Twilight of Sovereignty,* 42–43.
43 Wriston, *The Twilight of Sovereignty,* 47.
44 The phrase is attributed to John Gilmore in Philip Elmer-DeWitt, "First Nation in Cyberspace," *Time,* December 6, 1993.
45 Andrew Blum, "The Bullseye of America's Internet," Gizmodo, May 29, 2012. 2022年7月19日に以下を参照。https://gizmodo.com/the-bullseye-of-america-s-internet-5913934.
46 *Paul Baran and the Origins of the Internet* (Santa. Monica, CA: RAND Corporation, undated). 2021年7月20日に以下を参照。https://www.rand.org/about/history/baran.html; および、Paul Baran, *On Distributed Communications I. Introduction to Distributed Communications Networks,* Memorandum RM-3420-PR (Santa Monica, CA: RAND Corporation, 1964).

47 "Internet Exchange Points (IXPs)," *Internet Society*, undated. 2022年12月1日に以下を参照。https://www.internetsociety.org/issues/ixps/.

48 Ben Tarnoff, "How the Internet Was Invented," *Guardian*, July 15, 2016.

49 以下を参照。Paul E. Ceruzzi's history of the area in *Internet Alley: High Technology in Tysons Corner, 1945–2005* (Cambridge, MA: MIT Press, 2008).

50 Ceruzzi, *Internet Alley*.

51 Kara Swisher, "Anticipating the Internet," *Washington Post*, May 6, 1996.

52 Nathan Gregory, *Securing the Network: F. Scott Yeager and the Rise of the Commercial Internet* (Palo Alto, CA: privately published by Reprivata Corporation, 2016), 135.

53 Gregory, *Securing the Network*, 137.

54 Gregory, *Securing the Network*, 150.

55 James Bamford, *The Shadow Factory: The Ultra-Secret NSA from 9/11 to the Eavesdropping on America* (New York: Doubleday, 2008),187.

56 Gregory, *Securing the Network*, 161.

57 Om Malik, *Broadbandits: Inside the $750 Billion Telecom Heist.* (New York: John Wiley, 2003), 11.

58 Jay Adelson が述べる通り、"[I]t was a who you know game." 以下のインタビューを参照。"Jay Meets Other Equinox Co-founder Al Avery (Part 3 of Jay Adelson Visiting PAIX)," September 18, 2013, YouTube video, 1:39, https://www.youtube.com/watch?v=QtVMdFlsck0.

59 Abigail Opiah "Equinix Projects 10–11% Increase in 2021 Annual Revenue Growth," Capacity Media, February 11, 2021.

60 著者によるJay Adelsonへのインタビュー。July 8, 2021.

61 著者によるJay Adelsonへのインタビュー。以下も参照。Penny Jones, "Equinix—It Was Always a Big Idea," Data Center Dynamics, July 23, 2013. 2022年7月22日に以下を参照。https://www.datacenterdynamics.com/en/news/equinix-it-was-always-a-big-idea/.

62 著者によるJay Adelsonへのインタビュー。

63 Yevgeniy Sverdlik, "2021: These Are the World's Largest Data Center Colocation Providers," Data Center Knowledge, January 15, 2021. 2022年7月19日に以下を参照。https://www.datacenterknowledge.com/archives/2017/01/20/here-are-the-10-largest-data-center-providers-in-the-world.

64 Chris Kimm, "Inside Equinix Data Centers: A View of the Top 5 North American Metros," *Equinix* (blog), September 19, 2019. 2022年7月19日に以下を参照。https://blog.equinix.com/blog/2019/09/19/inside-equinix-data-centers-a-view-of-the-top-5-north-american-metros/.

65 Jones, "Equinix."

66 Brad Stone, *Amazon Unbound: Jeff Bezos and the Invention of a Global Empire* (New York: Simon & Schuster, 2021), 96.

67 Ingrid Burrington, "Why Amazon's Data Centers Are Hidden in Spy Country,"

Atlantic, January 8, 2016.
68 Brad Stone, *Amazon Unbound,* 99.
69 Jay Greene, "Amazon's Cloud-Computing Outage on Wednesday Was Triggered by Effort to Boost System's Capacity," *Washington Post*, November 28, 2020; "Summary of the Amazon Kinesis Event in the Northern Virginia Region," *Amazon* (corporate blog), November 25, 2020. 2022年7月19日に以下を参照。https://aws.amazon.com/message/11201/.
70 Katie Shepherd, "He Brought a Sawed-Off Rifle to the Capitol on Jan. 6. Then He Plotted to Bomb Amazon Data Centers," *Washington Post*, June 10, 2021.
71 Katie Shepherd, "He Brought a Sawed-Off Rifle to the Capitol on Jan. 6."
72 Brian Barrett, "A Far-Right Extremist Allegedly Plotted to Blow Up Amazon Data Centers," *WIRED*, April 9, 2021. 2022年7月19日に以下を参照。https://www.wired.com/story/far-right-extremist-allegedly-plotted-blow-up-amazon-data-centers/.
73 Ally Schweitzer, "The Pandemic Is Driving a Data Center Boom in Northern Virginia," DCist, March 25, 2021. 2022年7月19日に以下を参照。https://dcist.com/story/21/03/25/the-pandemic-is-driving-a-data-center-boom-in-northern-virginia/.
74 "Clicking Clean Virginia: The Dirty Energy Powering Data Center Alley," Greenpeace, February 13, 2019. 2022年7月19日に以下を参照。https://www.greenpeace.org/usa/reports/click-clean-virginia/.
75 Joel St. Germain, "Why Is Ashburn the Data Center Capital of the World?" Datacenters .com, August 29, 2019. 2022年7月19日に以下を参照。https://www.datacenters.com/news/why-is-ashburn-the-data-center-capital-of-the-world.
76 St. Germain, "Why Is Ashburn."
77 Chris Hudgins and Katie Arcieri, "Amazon Hiring for Cloud Services, Alexa Products at HQ2 in Arlington, VA," S&P Global Market Intelligence, September 4, 2019. 2022年7月19日に以下を参照。https://www.spglobal.com/marketintelligence/en/news-insights/latest-newsheadlines/amazon-hiring-for-cloud-services-alexa-products-at-hq2-in-arlington-va-53798578.
78 これが文字通り真実である場合もある。マンハッタンでは、光ファイバーは古い気送管のシステムに沿って通っていた。Tom Standageとの個人的な会話。https://twitter.com/tomstandage/status/1484990326183972864.
79 Neal Stephenson, "Mother Earth Mother Board," *WIRED*, December 1, 1996. 2022年7月6日に以下を参照。https://www.wired.com/1996/12/ffglass/.
80 Wriston, *The Twilight of Sovereignty,* 78.
81 Wriston, *The Twilight of Sovereignty*, 78.
82 Adam Smith, *An Inquiry into the Nature and Causes of the Wealth of Nations with an Introductory Essay and Notes by J. Shield Nicholson* (London: T. Nelson and Sons, 1887).
83 Margaret O'Mara, *The Code: Silicon Valley and the Remaking of America* (New York:

Penguin Books, 2019).
84 O'Mara, *The Code*, 264.
85 Everett M. Rogers and Judith Larsen, *Silicon Valley Fever* (New York: Basic Books, 1984), 122.
86 Margaret O'Maraとの個人的な会話。April 15, 2022.
87 *1968–1978: The First Decade,* Singapore Semiconductor Industry Association. 2022年7月6日に以下を参照。https://ssia.org.sg/wp-content/uploads/2018/12/Semiconductor50_Timeline_R5_flatten_forWeb.pdf.
88 Leander Kahney, *Tim Cook: The Genius Who Took Apple to the Next Level* (New York: Portfolio Books, 2019), 60.
89 Kahney, *Tim Cook*, 76.
90 Charles Duhigg and Keith Bradsher, "How the U.S. Lost Out on iPhone Work," *New York Times*, January 21, 2012.
91 Daniel Nenni and Paul McLellan, *Fabless: The Transformation of the Semiconductor Industry* (n.p.: SemiWiki.com, 2014), 18.
92 Nenni and McLellan, *Fabless*.
93 *Morris Chang's Last Speech*, April 2021, Kevin Xuの翻訳。2022年7月22日に以下を参照。https://web.archive.org/web/20211016142636/https://interconnected.blog/morris-changs-last-speech/.
94 Nenni and McLennan, *Fabless*.
95 Chad Bown, "How the United States Marched the Semiconductor Industry into Its Trade War with China," *East Asian Economic Review* 24, no. 4 (2020): 349–88.
96 Hau Lee, Seungjin Whang, and Shiri Sneorson, *Taiwan Semiconductor Manufacturing Company: The Semiconductor Services Company*. Case GS-40, Stanford Business School, 2006.
97 Nathan Associates, *Beyond Borders: The Global Semiconductor Value Chain. How an Interconnected Industry Promotes Innovation and Growth,* Semiconductor Industry Association, 2016. 2021年9月21日に以下を参照。https://www.semiconductors.org/wp-content/uploads/2018/06/SIA-Beyond-Borders-Report-FINAL-June-7.pdf.
98 Nathan Associates, Beyond Borders.
99 John VerWey, "From TSMC to Tungsten: Semiconductor Supply Chain Risks," Semi-Literate, May 3, 2021. 2022年8月29日に以下を参照。https://semiliterate.substack.com/p/from-tsmc-to-tungsten-semiconductor.
100 Eric Helleiner, "Electronic Money: A Challenge to the Sovereign State?" *Journal of International Affairs* 51, no. 2 (1998): 387–409.
101 Helleiner, "Electronic Money," 395.
102 Helleiner, "Electronic Money," 394.
103 Helleiner, "Electronic Money," 397.

■ 第2章 監視地図ストームブリュー

1 National Security Agency, "Special Source Operations: Corporate Partner Access." 2022年11月7日に以下を参照。https://www.aclu.org/sites/default/files/field_document/Special%20Source%20Operations%20(Corporate%20Partners).pdf.

2 The Pope Asserts Rights to Colonize, Convert, and Enslave," U.S. National Library of Medicine timeline. 2021年7月28日に以下を参照。https://www.nlm.nih.gov/nativevoices/timeline/171.html.

3 China Miéville, *Between Equal Rights: A Marxist Theory of International Law* (London: Brill, 2005).

4 教皇による世界分割とジョン・ディーがエリザベス女王に捧げた地図との関係については以下を参照。Christopher Whitby, "John Dee's Actions with Spirits, 22 December 1581 to 23 May 1583" (PhD diss., University of Birmingham, 1981), vol. 1, 388–89.

5 William H. Sherman, "Putting the British Seas on the Map: John Dee's Imperial Cartography," *Cartographica* 35, nos. 3–4 (1998): 1–10.

6 Glyn Parry, "John Dee and the Elizabethan British Empire in Its European Context," Historical Journal 49, no. 3 (2006): 643–75.

7 "The Origins of NSA," Center for Cryptologic History, National Security Agency. 2021年11月29日に以下を参照。https://www.nsa.gov/portals/75/documents/about/cryptologic-heritage/historical-figurespublications/publications/NSACSS/origins_of_nsa.pdf?ver=2019-08-09-091926-677.

8 Julia Angwin, Charlie Savage, Jeff Larson, Henrik Moltke, Laura Poitras, and James Risen, "AT&T Helped U.S. Spy on Internet on a Vast Scale," *New York Times*, August 15, 2015.

9 "NSA Slides Explain the PRISM Data-Collection Program," *Washington Post*, July 10, 2013.

10 Michael V. Hayden, "Statement for the Record by Lt Gen Michael V. Hayden, USAF, Director before the House Permanent Select Committee on Intelligence," speech, April 12, 2000. 2022年11月7日に以下を参照。https://www.nsa.gov/Press-Room/Speeches-Testimony/Article-View/Article/1620510/statement-for-the-record-by-lt-gen-michael-v-hayden-usaf-director-before-the-ho/.

11 Matthew M. Aid and William Burr, "'Disreputable If Not Outright Illegal': The National Security Agency Versus Martin Luther King, Muhammad Ali, Art Buchwald, Frank Church, et al.," National Security Archives, George Washington University, September 25, 2013.

12 Vernon Loeb, "Test of Strength," *Washington Post*, July 29, 2001.

13 *Statement for the Record of NSA Director Lt Gen Michael V. Hayden, USAF, House Permanent Select Committee on Intelligence,* 12 April 2000. 2021年7月28日に以下を参照。https://fas.org/irp/congress/2000_hr/hayden.html(checked July 28,

2021).
14 Michael V. Hayden, *Playing to the Edge: American Intelligence in the Age of Terror* (New York: Penguin, 2016), 4.
15 Loeb, "Test of Strength."
16 Duncan Campbell, "My Life Unmasking British Eavesdroppers," *Intercept*, August 3, 2015. より幅広い歴史は以下を参照。For Patrick Radden Keefe, *Chatter: Dispatches from the Secret World of Global Eavesdropping* (New York: Random House, 2005).
17 Phil Edwards, "A Map of All the Underwater Cables That Connect the Internet," *Vox*, November 8, 2015.
18 Franco Piodi and Iolanda Mombelli, *The Echelon Affair: The EP and the Global Interception System*, Historical Archives Unit, European Parliamentary Research Service, November 2014.
19 Whitfield Diffie and Susan Landau, *Privacy on the Line: The Politics of Wiretapping and Encryption* (Cambridge, MA: MIT Press, 1998). The word "apparently" is used deliberately. It turned out later that the NSA used its influence over cryptographic standards to create at least one standard that it could easily compromise. See Nicole Perlroth, Jeff Larson, and Scott Shane, "N.S.A. Able to Foil Basic Safeguards of Privacy on Web," *New York Times,* September 5, 2013.
20 *NSA's Key Role in Major Developments in Computer Science,* National Security Agency, July 19, 2017. 2022年8月29日に以下を参照。https://www.nsa.gov/portals/75/documents/news-features/declassified-documents/nsa-early-computer-history/6586785-nsa-key-role-in-major-developments-in-computer-science.pdf.
21 Shane Harris, "The NSA's Patents, in One Searchable Database," *Foreign Policy,* July 30, 2014.
22 Hayden, *Playing to the Edge*, 1.
23 Jamie McIntyre and Pam Benson, "U.S. Intelligence Computer Crashes for Nearly 3 Days," CNN, January 29, 2000.
24 Hayden, *Playing to the Edge*, 12.
25 Loeb, "Test of Strength."
26 Loeb, "Test of Strength."
27 "Statement for the Recordby Lieutenant General Michael V. Hayden, USAF Director, National Security Agency/Chief, Central Security Service, before the Joint Inquiry of the Senate Select Committee on Intelligence and the House Permanent Select Committee on Intelligence," October 17, 2002; "Remarks by General Michael V. Hayden: What American Intelligence and Especially the NSA Have Been Doing to Defend the Nation," National Press Club, January 23, 2006.
28 Bruce W. Don, David R. Frelinger, Scott Gerwehr, Eric Landree, and Brian A. Jackson, Network Technologies for Networked Terrorists: Assessing the Value of Information and Communication Technologies to Modern Terrorist

Organizations (Santa Monica, CA: RAND, 2007).

29 John Roth, Douglas Greenburg, and Serena Wille, "Monograph on Terrorist Financing: Staff Report to the Commission," National Commission on Terrorist Attacks Upon the United States, Washington, DC, August 24, 2004. 2021年11月29日に以下を参照。https://govinfo.library.unt.edu/911/staff_statements/911_TerrFin_Monograph.

30 Hayden, "Remarks by General Michael V. Hayden."

31 Hayden, *Playing to the Edge,* 405.

32 "Michael V. Hayden, who led the NSA on 9/11 and later took over the CIA, was fond of saying that in carrying out intelligence activities, 'I had a duty to play aggressively—right up to the line.' ... The catch was that the Bush legal team's secret memos defined what those legal limits were — and weren't." Charlie Savage, *Power Wars: Inside Obama's Post-9/11 Presidency* (New York: Little, Brown, 2017), 45–46.

33 Hayden, *Playing to the Edge*, 132.

34 Savage, *Power Wars*, 173–75.

35 Writers, including Savage: Savage, *Power Wars*; Laura K. Donohue, *The Future of Foreign Intelligence: Privacy and Surveillance in a Digital Age* (New York: Oxford University Press, 2016); and Jennifer Stisa Granick, *American Spies: Modern Surveillance, Why You Should Care, and What to Do about It* (New York: Cambridge University Press, 2017).

36 Granick, *American Spies*.

37 Granick, *American Spies*.

38 Hayden, *Playing to the Edge,* 132.

39 Hayden, *Playing to the Edge*, 132.

40 Hayden, *Playing to the Edge,* 141–42.

41 Hayden, *Playing to the Edge,* 146.

42 Our account draws on Mark Klein, *Wiring Up the Big Brother Machine . . . and Fighting It* (Charleston, SC: Booksurge, 2009), および2021年8月5日に行った著者たちとMark Kleinとのインタビュー。

43 Ryan Gallagher and Henrik Moltke, "The Wiretap Rooms: The NSA's Hidden Spy Hubs in Eight U.S. Cities," *Intercept*, June 25, 2018.

44 Klein, *Wiring Up the Big Brother Machine,* 42.

45 Gallagher and Moltke, "The Wiretap Rooms."

46 以下より引用。NSA slideshow, "SSO Corporate Portfolio Overview." 2022年8月29日に以下を参照。https://www.eff.org/files/2015/08/15/20150815-nyt-att-fairview-stormbrew.pdf.

47 Craig Timberg and Barton Gellman, "NSA Paying U.S. Companies for Access to Communications Networks," *Washington Post*, August 29, 2013.

48 "30 minutes of warning": Craig Timberg and Ellen Nakashima, "Agreements with Private Companies Protect U.S. Access to Cables' Data for Surveillance,

"*Washington Post*, July 6, 2013.
49 National Security Agency, *PRISM/US-984-XN Overview*. 2021年11月29日に以下を参照。https://nsa.gov1.info/dni/prism.html.
50 Eric Lichtblau and James Risen, "Spy Agency Mined Vast Data Trove, Officials Report," *New York Times*, December 24, 2005.
51 Craig Timberg, "U.S. Threatened Massive Fine to Force Yahoo to Release Data," *Washington Post*, September 11, 2014.
52 Michael Hirsh and National Journal, "Silicon Valley Doesn't Just Help the Surveillance State — It Built It," Atlantic, June 10, 2013.
53 Cameron Kerry によるBrad Smithへのインタビュー。"The Future of Global Technology, Privacy, and Regulation," Brookings Institution, Washington, DC, June 24, 2014. 2021年11月29日に以下を参照。https://news.microsoft.com/download/exec/smith/2014/06-24brookingsinstitution.pdf.
54 Keefe, *Chatter*, 238.
55 Henry Farrell and Abraham Newman, *Of Privacy and Power: The Transatlantic Struggle over Freedom and Security* (Princeton, NJ: Princeton University Press, 2019).
56 David E. Sanger, "Global Crises Put Obama's Strategy of Caution to the Test," *New York Times*, March 16, 2014.
57 David Aufhauser, "Testimony: Counterterror Initiatives in the Terror Finance Program," *Hearings before the Committee on Banking, Housing, and Urban Affairs, United States Senate, September 25, October 22, 2003, and April 29 and September 29, 2004*. 2021年10月1日に以下を参照。https://www.govinfo.gov/content/pkg/CHRG-108shrg20396/html/CHRG-108shrg20396.htm.
58 Roth, Greenburg, and Wille, "Monograph on Terrorist Financing," 5.
59 Roth, Greenburg, and Wille, "Monograph on Terrorist Financing," 4.
60 John B. Taylor, *Global Financial Warriors: The Untold Story of International Finance in the Post-9/11 World* (New York: W. W. Norton, 2008), xxv.
61 Juan Carlos Zarate, *Treasury's War: The Unleashing of a New Era of Financial Warfare* (New York:Public Affairs, 2013), 60.
62 ここと次のパラグラフは以下より引用。David Aufhauser," Testimony: An Assessment of the Tools Needed to Fight the Financing of Terrorism," *Hearing before the Committee on the Judiciary, United States Senate, November 20, 2002,* serial no. J-107–112.
63 An Assessment of the Tools Needed to Fight the Financing of Terrorism."
64 Eric Lichtblau, *Bush's Law: The Remaking of American Justice* (New York: Pantheon, 2008), 253.
65 Lichtblau, *Bush's Law*, 253.
66 Zarate, *Treasury's War*, 50.
67 Lichtblau, *Bush's Law*, 242.
68 Scott and Zachariadis, *The Society for Worldwide Interbank Financial*

Telecommunication, 128.

69 Scott and Zachariadis, *The Society for Worldwide Interbank Financial Telecommunication,* 128.

70 Katy Burne and Robin Sidel, "Hackers Ran Through Holes in Swift's Network," *Wall Street Journal*, April 30, 2017.

71 "NSA Spies on International Payments," Der Spiegel, September 15, 2013. 以下を参照。September 29, 2021, https://www.spiegel.de/international/world/spiegel-exclusive-nsa-spies-on-international-bank-transactions-a-922276.html; Clare Baldwin, "Hackers Release Files Indicating NSA Monitored Global Bank Transfers," Reuters, April 14, 2017. 2021年9月29日に以下を参照。https://www.reuters.com/article/us-usa-cyber-swift/hackers-release-files-indicating-nsa-monitored-global-bank-transfers-idUSKBN17G1HC.

72 *Zarate, Treasury's War*, 52. Eric Lichtblauの報告によると Schrankは同じ表現を*Bush's Law*で用いているが、どこで会合が持たれたかは異なる(ワシントンDC、あるいはブリュッセル)。

73 Eric Lichtblau and James Risen, "Bank Data Is Sifted in Secret to Block Terror," *New York Times*, June 23, 2006.

74 Zarate, *Treasury's War,* 50.

75 Zarate, *Treasury's War,* 58.

76 Farrell and Newman, *Of Privacy and Power*.

77 Lichtblau and Risen, "Bank Data Is Sifted in Secret to Block Terror."

78 著者らは、この交渉の詳細を以下に記した。*Of Privacy and Power*.

79 Zarate, *Treasury's War*, xiii.

80 George W. Bush, "Address to a Joint Session of Congress and the American People," White House, September 20, 2001. 以下で読むことができる。https://georgewbush-whitehouse.archives.gov/news/releases/2001/09/20010920-8.html.

81 Taylor, *Global Financial Warriors,* 6.

82 George W. Bush, "Remarks to Federal Emergency Management Agency Employees Online by Gerhard Peters and John T. Woolley," American Presidency Project, October 1, 2001. 以下で読むことができる。https://www.presidency.ucsb.edu/document/remarks-federal-emergency-management-agency-employees.

83 Taylor, *Global Financial Warriors.*

84 Suzanne Katzenstein, "Dollar Unilateralism: The New Frontline of National Security," *Indiana Law Journal* 90 (2015): 292–351.

85 David L. Asher, "Pressuring Kim Jong-Il: The North Korean Illicit Activities Initiative, 2001–2006," in David Asher, Patrick M. Cronin, and Victor Comras, eds., *Pressure: Coercive Economic Statecraft and U.S. National Security* (Washington, DC: Center for a New American Security, 2011), 34.

86 Zarate, *Treasury's War,* 219.

87 Joanna Caytas, "Weaponizing Finance: U.S. and European Options, Tools, and

Policies," *Columbia Journal of European Law* 23, no. 2 (2017): 441–75.

88 Asher, "Pressuring Kim Jong-Il," 44.

89 Zarate, *Treasury's War*, 245.

90 著者によるVictor Chaへのインタビュー。November 2, 2021.

91 Asher, "Pressuring Kim Jong-Il."

92 Anna Yukhananov, "After Success on Iran, US Treasury's Sanctions Team Faces New Challenges," Reuters, April 14, 2014.

93 Zarate, *Treasury's War*, 102.

94 Cornelia Woll, "Economic Lawfare: The Geopolitics of Corporate Justice," GRIPE: Global Research in International Political Economy, Webinar in IPE, March 3, 2021. 2022年12月1日に以下を参照 https://s18798.pcdn.co/gripe/wp-content/uploads/sites/18249/2021/02/Woll-GRIPE-Corporate-Prosecutions.pdf.

95 Bryan Early and Kevin Preble, "Going Fishing Versus Hunting Whales: Explaining Changes in How the US Enforces Economic Sanctions," *Security Studies* 29, no. 2 (2020): 231–67.

96 Department of Justice, "BNP Paribas Agrees to Plead Guilty and to Pay $8.9 Billion for Illegally Processing Financial Transactions for Countries Subject to U.S. Economic Sanctions," press release, June 20, 2014, https://www.justice.gov/opa/pr/bnp-paribas-agrees-plead-guilty-and-pay-89-billion-illegally-processing-financial.

97 *Testimony of Stuart Levey, Under Secretary for Terrorism and Financial Intelligence before the Senate Committee on Banking, Housing and Urban Affairs, March 21, 2007.* 2022年12月2日に以下を参照。https://web.archive.org/web/20140605060731/https://www.treasury.gov/press-center/press-releases/Pages/hp325.aspx.

98 Pierre-Hugues Verdier, *Global Banks on Trial: U.S. Prosecutions and the Remaking of International Finance* (New York: Oxford University Press, 2020).

99 Verdier, *Global Banks*, 137.

100 Anu Bradford and Omri Ben-Shahar, "Efficient Enforcement in International Law," *Chicago Journal of International Law* 12 (2012), 390.

101 Peter Feaver and Eric Lorber, *Coercive Diplomacy and the New Financial Levers: Evaluating the Intended and Unintended Consequences of Financial Sanctions* (London: Legatum Institute, 2010).

102 Robin Wright, "Stuart Levey's War," *New York Times*, October 31, 2008.

103 Jay Solomon, *The Iran Wars: Spy Games, Bank Battles and the Secret Deals That Reshaped the Middle East* (New York: Random House, 2016), 145.

104 Katzenstein, "Dollar Unilateralism."

105 Katzenstein, "Dollar Unilateralism," 316.

106 Iran Freedom and Counterproliferation, U.S. Code Ch. 95, Title 22 Foreign Relations and Intercourse (2013).

107 *Committee on Banking, Housing and Urban Affairs, United States Senate, Hearing on*

the Nomination of Adam J. Szubin to BeUnder Secretary for Terrorism and Financial Crimes, Department of the Treasury, September 15, 2015. 2021年10月15日に以下を参照。https://www.congress.gov/114/chrg/shrg97884/CHRG-114shrg97884.htm.

108 Rachel L. Loeffler, "Bank Shots: How the Financial System Can Isolate Rogues," *Foreign Affairs* 88, no. 2 (March/April 2009): 101–10.

109 *U.S. Vulnerabilities to Money Laundering, Drugs, and Terrorist Financing: HSBC Case History, Majority and Minority Staff Report. Permanent Subcommittee on Investigations. United States Senate. Released in Conjunction with the Permanent Subcommittee on Investigations, July 17, 2012, Hearing, 165.* 2021年10月10日に以下を参照。https://www.hsgac.senate.gov/imo/media/doc/PSI%20REPORT-HSBC%20CASE%20HISTORY%20(9.6).pdf.

110 Sean M. Thornton, "Iran, Non-U.S. Banks and Secondary Sanctions: Understanding the Trends," Skadden, Arps, Slate, Meagher and Flom LLP. 2021年10月10日に以下を参照。https://www.jdsupra.com/post/contentViewerEmbed.aspx?fid=1bb53e84-6c76-429d-ac09-4129c821ba8c.

111 The group targeted SWIFT: United Against Nuclear Iran, *SWIFT Campaign* (Washington, DC: UANI, 2012).

112 *Annual Review 2010: Common Challenges, Unique Solutions*, SWIFT, Brussels, 2010.

113 Letter re: SWIFT and Iran, UANI, January 30, 2012. 2022年8月29日に以下を参照。https://www.unitedagainstnucleariran.com/sites/default/files/IBR%20Correspondence/UANI_Letter_to_SWIFT_013012.pdf.

114 Sascha Lohmann, "The Convergence of Transatlantic Sanction Policy against Iran," Cambridge Review of International Affairs 29, no. 3 (2016): 930–51.

115 "US Presses EU to Close SWIFT Network to Iran," Agence France Presse, February 16, 2012; Samuel Rubenfeld, "SWIFT to Comply with EU Ban on Blacklisted Entities," *Wall Street Journal*, March 15, 2018.

116 Reuters staff, "Payments System SWIFT to Cut Off Iranian Banks," Reuters, March 15, 2012.

117 Jay Solomon, *The Iran Wars,* 201, 206.

118 Henry Farrell and Abraham Newman, "Weaponized Interdependence: How Global Economic Networks Shape State Coercion," *International Security* 44 (2019): 42–79.

119 Aaron Arnold, "The True Cost of Financial Sanctions," *Survival* 58 (2016), 85.

120 Laurence Norman, "U.S., EU Urge European Banks, Businesses to Invest in Iran," *Wall Street Journal*, May 19, 2016.

121 Stuart Levey, "Kerry's Peculiar Message about Iranfor European Banks," *Wall Street Journal*, May 12, 2016.

122 Christopher Hill, *Outpost: A Diplomat at Work* (New York: Simon & Schuster, 2015), 248. Hillについてのさらなる情報はthe Six Party Talksによる。

123 Loeffler, "Bank Shots," 110.

124 Jack Lew, "Remarks of Secretary Lew on the Evolution of Sanctions and Lessons for the Future." 以下に掲載。the Carnegie Endowment for International Peace, Washington, DC, May 30, 2016.

125 David A. Wemer, "Buy-In from Allies Critical for Effective Sanctions, Says Former U.S. Treasury Secretary Lew," *Atlantic Council*, February 19, 2019. 2022年12月1日に以下を参照。https://www.atlanticcouncil.org/blogs/new-atlanticist/buy-in-from-allies-critical-for-effective-sanctions-says-former-us-treasury-secretary-lew/.

■ 第３章 砲煙のない戦争

1 (video) "Huawei CFO Meng Wanzhou Welcomed by Employees in Shenzhen Headquarters After Extradition Drama," *Standard* (Hong Kong), October 25, 2021. 2021年10月29日に以下を参照。https://www.thestandard.com.hk/breaking-new/section/3/181960/(Video)-Huawei-CFO-Meng-Wanzhou-welcomed-by-employees-in-Shenzhen-headquarters-after-extradition-drama.

2 Iris Deng, "Huawei CFO Meng Wanzhou Returns to Hero's Welcome at Company Headquarters After 21-Day Quarantine," *South China Morning Post*, October 25, 2021.

3 James Griffiths, "Meng Wanzhou Lands in China with Fanfare After Release from Canadian Custody," *Globe and Mail*, September 25, 2021.

4 Griffiths, "Meng Wanzhou Lands in China with Fanfare."

5 Xu Zihe and Yang Ruoyu, "If Faith Has a Color, It Must Be China Red," *Global Times*, September 2021.

6 Yang Shaolong, *The Huawei Way* (New York: McGraw-Hill Education, 2017), 24.

7 Sherisse Pham, "Samsung Slump Makes Huawei the World's Biggest Smartphone Brand for the First Time, Report Says," CNN, July 30, 2020.

8 (video) "Huawei CEO Says His Daughter Should Be Proud She Became a 'Bargaining Chip' in the Trade War," CNN Business, December 1. 2021年10月29日に以下を参照。https://www.cnn.com/2019/12/01/tech/huawei-ceo-ren-zhengfei-daughter/index.html.

9 Rush Doshi, *The Long Game: China's Grand Strategy to Displace American Order* (New York: Oxford University Press, 2021), 52 and 74.

10 Yang, *The Huawei Way*, 29.

11 Yang, *The Huawei Way*, 29.

12 Yang, *The Huawei Way*, 15.

13 Tian Tao, David De Cremer, and Wu Chunbo, *Huawei: Leadership, Culture and Connectivity* (Thousand Oaks, CA: SAGE, 2017), 197.

14 Yang, *The Huawei Way*, 11.

15 Ezra F. Vogel, *Deng Xiaoping and the Transformation of China* (Cambridge, MA: Belknap Press, 2011), 219.

16 Tian Tao with Wu Chunbo, *The Huawei Story* (Thousand Oaks, CA: SAGE, 2015).

17 Yang, *The Huawei Way,* 29.

18 Yang, *The Huawei Way,* 29.

19 Tian, De Cremer, and Chunbo, *Huawei,* 40.

20 Yang, *The Huawei Way*. アリババ創業者ジャック・マーの魅力については以下を参照。*The Alibaba Story — Crocodile in the Yangtze* (2012 documentary film directed by Porter Erisman).

21 Dan Steinbock, *The Case for Huawei in America* (The Difference Group, 2012), 23.

22 Zhi-Xue Zhang and Jianjun Zhang, eds., *Understanding Chinese Firms from Multiple Perspectives* (New York: Springer Verlag, 2014), 42.

23 Eric Harwit, "Building China's Telecommunications Network: Industrial Policy and the Role of Chinese State-Owned, Foreign and Private Domestic Enterprises," *China Quarterly* 190 (2007): 311–32. p. 327にも引用されている。

24 Kathrin Hille, "Ren Zhengfei: Huawei's General Musters for a Fight," *Financial Times*, December 14, 2018.

25 Steinbock, *The Case for Huawei.*

26 Julian Gewirtz, "The Chinese Reassessment of Interdependence," *China Leadership Monitor*, June 1, 2020.

27 Susan Sell, "Intellectual Property and Public Policy in Historical Perspective: Contestation and Settlement," *Loyola of Los Angeles Law Review* 38 (2004). 2022年12月1日に以下を参照。https://digitalcommons.lmu.edu/llr/vol38/iss1/6/.

28 John VerWey, "Chinese Semiconductor Industrial Policy: Past and Present," *Journal of International Commerce and Economics,* July 2019.

29 Hua Tse Gan, "Semiconductor Fraud in China Highlights Lack of Accountability," *Nikkei Asia,* February 12, 2021.

30 Alexandra Harney, "Huawei: The Challenger from China," *Financial Times*, January 10, 2005.

31 Don Clark, "Cisco CEO Wary of Huawei," *Wall Street Journal*, April 6, 2012.

32 U.S. Senate Committee on Homeland Security and Governmental Affairs, *Congressional Leaders Cite Telecommunications Concerns with Firms That Have Ties with Chinese Government,* October 19, 2010.

33 *Investigative Report on the U.S. National Security Issues Posed by Chinese Telecommunications Companies Huawei and ZTE. A Report by Chairman Mike Rogers and Ranking Member C.A. Dutch Ruppersberger of the Permanent Select Committee on Intelligence*, U.S. House of Representatives, 112th Cong., October 8, 2012.

34 日時不詳の私的な会話。

35 Dell'Oro Group, "Total Telecom Equipment Market Share," Reuters, https://graphics.reuters.com/HUAWEI-USACAMPAIGN/0100924N31D/index.html.

36 Kathrin Hille, "How Huawei Lost Its PR Battle in the West," *Financial Times*, February 20, 2019.

37 Eva Dou, "Documents Link Huawei to China's Surveillance Programs," *Washington Post*, December 14, 2021.

38 Eva Dou, “Documents Link Huawei to China’s Surveillance Programs.”

39 Stacie Hoffmann, Dominique Lazanski, and Emily Taylor, “Standardising the Splinternet: How China’s Technical Standards Could Fragment the Internet,” *Journal of Cyber Policy* 5 (2020): 239–64.

40 著者によるKevin Wolfへのインタビュー, September 3, 2022.

41 著者によるKevin Wolfへのインタビュー。バイデン政権のある高官は、安全保障にのみ焦点を当て経済面での安全保障を考慮しない政策規制には限界があると述べ、ウルフの主張を間接的に支持した。

42 David Bond, George Parker, Sebastian Payne, and Nic Fildes, “US Cyber Chief Warns UK against Giving Huawei ‘Loaded Gun,’ ”*Financial Times*, April 24, 2019.

43 “Defence Secretary Gavin Williamson Sacked over Huawei Leak,” BBC, May 1, 2019. https://www.bbc.com/news/uk-politics-48126974 (checked December 11, 2021).

44 Bond, Parker, Payne, and Fildes, “US Cyber Chief Warns UK against Giving Huawei ‘Loaded Gun.’”

45 Guy Faulconbridge, Kylie MacLellan, and Andrew MacAskill, “No Time to Go ‘Wobbly’: Pompeo Scolds Britain over China and Huawei,” Reuters, May 8, 2019.

46 Steve Stecklow, Farnaz Fassihi, and Loretta Chao, “Chinese Tech Giant Aids Iran,” *Wall Street Journal*, October 27, 2011.

47 Steve Stecklow, *Chinese Firm Helps Iran Spy on Citizens*, Reuters Special Report, March 22, 2012. 2022年9月18日に以下を参照。from http://graphics.thomsonreuters.com/12/03/IranChina.pdf.

48 Steve Stecklow, “Exclusive: Huawei Partner Offered Embargoed HP Gear to Iran,” Reuters, December 30, 2012.

49 Steve Stecklow, “Exclusive: Huawei CFO Linked to Firm That Offered HP Gear to Iran,” Reuters, January 31, 2013.

50 ZTE (日時不詳), “Proposal for Import and Export Control Risk Avoidance — YL as an Example.” 以下にて参照可能。https://www.bis.doc.gov/index.php/documents/about-bis/newsroom/1436-proposal-for-english/file.

51 Karen Freifeld, “INSIGHT: Long Before Trump’s Trade War with China, Huawei’s Activities Were Secretly Tracked,” Reuters, March 6, 2019.

52 Karen Freifeld, “Exclusive: U.S. Probe of China’s Huawei Includes Bank Fraud Accusations: Sources,” Reuters, December 6, 2018.

53 Bureau of Industry and Security, U.S. Department of Commerce, “Proposed Charging Letter.” https://www.bis.doc.gov/index.php/documents/about-bis/newsroom/1658-zte-final-pcl/file.

54 “ZTE Corporation Document Submitted for Ratification (Review) Form,” ZTE, August 25, 2011. 以下にて参照可能。https://www.bis.doc.gov/index.php/documents/about-bis/newsroom/1438-report-regarding-english/file.

55 USC US-China Institute, “Steve Stecklow Talks about Reporting on Huaiwei

[sic].” 2022年9月22日に以下を参照。https://www.youtube.com/watch?v=GfpLY10YtPo.
56 *Huawei Annual Report Details Directors, Supervisory Board for the First Time*, Open Source Center, October 5, 2011.
57 Li Tao, “Huawei CFO Sabrina Meng Wanzhou Comments about Compliance in Internal Meeting Before Her Arrest in Canada,” *South China Morning Post*, December 6, 2018.
58 Michael Bristow, “Meng Wanzhou: The Huawei Exec Trapped in a Gilded Cage,” BBC, January 24, 2019.
59 Gordon Corera, “Meng Wanzhou: Questions over Huawei Executive’s Arrest as Legal Battle Continues,” BBC, October 31,2020.
60 David E. Sanger and Nicole Perlroth, “N.S.A. Breached Chinese Servers Seen as Security Threat,” *New York Times,* March 22, 2014.
61 “HSBC Holdings Plc. and HSBC Bank USA N.A. Admit to Anti-Money Laundering and Sanctions Violations, Forfeit $1.256 Billion in Deferred Prosecution Agreement,” Department of Justice, December 11, 2012.
62 Aruna Viswanatha and Brett Wolf, “HSBC to Pay $1.9 Billion U.S. Fine in Money-Laundering Case,” Reuters, December 11, 2012.
63 Karen Freifeld and Steve Stecklow, “Exclusive: HSBC Probe Helped Lead to U.S. Charges against Huawei CFO,” Reuters, February 26, 2019.
64 Greg Farrell, “Sealed HSBC Report Shows U.S. Managers Battling Cleanup Squad,” Bloomberg, July 7, 2015.
65 Greg Farrell and Keri Geiger, “U.S. Considers HSBC Charge That Could Upend 2012 Settlement,” Bloomberg, September 11,2016.
66 George Osborne, これに先立ち英国の財務大臣は、有罪判決が出れば、HSBCは米ドルでの清算ができなくなり、「世界の銀行が不安定になり、特に欧州とアジアの金融と経済に深刻な影響を与える」恐れがある、と警告していた。以下より引用。Verdier, *Global Banks on Trial*, 132.
67 Freifeld and Stecklow, “Exclusive: HSBC Probe Helped Lead to U.S. Charges against Huawei CFO.”
68 U.S. Department of Justice, “Huawei CFO Wanzhou Meng Admits to Misleading Global Financial Institution,” Office of Public Affairs press release, September 24, 2021. 2022年11月13日に以下を参照。https://www.justice.gov/opa/pr/huawei-cfo-wanzhou-meng-admits-misleading-global-financial-institution.
69 “Chinese Telecommunications Conglomerate Huawei and Huawei CFO Wanzhou Meng Charged with Financial Fraud,” Department of Justice, January 28, 2019.
70 “Huawei Executive Meng Wanzhou Released on Bail in Canada,” BBC, December 12, 2018.
71 Natalie Obiko Pearson, “Huawei CFO Meng Wanzhou’s Life on Bail: Private Dining, Shopping Sprees and More,” *Financial Post*, January 12, 2021.
72 Shen Weiduo and Chen Qingqing, “Update: HSBC Could Face Dead End for

Conspiring with US against Huawei," *Global Times*, July 24, 2020. See also Reuters Staff, "HSBC Denies Chinese Media Reports That It 'Framed' Huawei," Reuters, July 25, 2020.
73 Sebastian Payne and Katrina Manson, "Donald Trump 'Apoplectic' in Call with Boris Johnson over Huawei," *Financial Times*, February 6, 2020.
74 Richard Grenell (@Richard Grenell), Twitter, February 16, 2020, 2:03 p.m. 2022年12月1日に以下を参照。https://web.archive.org/web/20200320194951/https://twitter.com/RichardGrenell/status/1229164331738312706.
75 John Bolton, *The Room Where It Happened* (New York: Simon & Schuster, 2020), 263 and 277.
76 Sherisse Pham and Abby Philip, "Trump Suggests Using Huawei as a Bargaining Chip in US-China Trade Deal," CNN Business, May 24, 2019. 2022年12月1日に以下を参照。https://www.cnn.com/2019/05/24/tech/donald-trump-huawei-ban.
77 Bolton, *The Room Where It Happened*, 276.
78 Entity List, Bureau of Industry and Security, U.S. Department of Commerce2020. 2022年11月11日に以下を参照。https://www.bis.doc.gov/index.php/policy-guidance/lists-of-parties-ofconcern/entity-list.
79 著者によるKevin Wolfへのインタビュー。
80 U.S. Department of Commerce, "Department of Commerce Announces the Addition of Huawei Technologies Co. Ltd. To the Entity List," press release, May 15, 2019.
81 Bolton, *The Room Where It Happened*, 279.
82 Donald Trump, June 29, Twitter.com. Reported in Colin Lecher, "Trump Says He'll Ease Huawei Restrictions, But No One's Sure How," *Verge*, July 3, 2019.
83 Bolton, *The Room Where It Happened,* 280.
84 Ben Sasse, "Sasse Statement on Executive Order and Huawei," Office of Senator Ben Sasse, May 15, 2019, https://www.sasse.senate.gov/public/index.cfm/2019/5/sasse-statement-on-executive-order-and-huawei (checked November 22, 2021).
85 Kevin Wolfへのインタビュー.
86 Farrell and Newman, "Weaponized Interdependence."
87 Chris Miller, *Chip War: The Fight for the World's Most Critical Technology* (New York: PublicAffairs, 2022).
88 Chris Millerとの個人的な会話。October 7, 2022. Miller は「指南書」は自分の言葉であって、政府高官の言葉ではないことを強調した。
89 Chris Miller, *Chip War,* 317.
90 Ian F. Ferguson and Paul K. Kerr, "The U.S. Export Control System and the Export Control Reform Initiative," *Congressional Research Service*, January 28, 2020.
91 Kevin Wolfへのインタビュー。
92 Phate Zhang, "Huawei Reportedly Chartered a Plane to Bring Back All the Kirin

Chips," *CnTechPost*, September 12, 2020.
93 "Global Smartphone Market Share," Counterpoint. 2021年11月29日に以下を参照。https://www.counterpointresearch.com/global-smartphone-share/.
94 Kathrin Hille, "U.S. Urges Taiwan to Curb Chip Exports to China," *Financial Times*, November 3, 2019.
95 "Silicon Foundries Surge to New Revenue Records, but Texas Cold Snap Sent Samsung Backwards; TSMC Is Well on Truly on Top with 55 Percent Market Share," *Register*, June 1, 2021.
96 "From TSMC to Tungsten: Semiconductor Supply Chain Risks," Semi-Literate, May 2, 2021, https://semiliterate.substack.com/p/from-tsmc-to-tungsten-semiconductor.
97 Iain Morris, "Huawei Chips Crisis Shortens Odds on China-US Conflict," Light Reading, March 25, 2021.
98 Ian Levy, "A Different Future for Telecoms in the UK," NCSC blogpost, July 14, 2020. 2022年10月2日に以下を参照。https://www.ncsc.gov.uk/blog-post/a-different-future-for-telecoms-in-the-uk.
99 *Huawei CFO Wanzhou Meng Admits to Misleading Global Financial Institution,* U.S. Department of Justice, September 24, 2021.
100 United States of America v. Wanzhou Meng, Deferred Prosecution Agreement, Cr. No.18–457(S-3) (AMD). United States District Court, Eastern Division of New York, 2021. 2021年12月15日に以下を参照。https://www.justice.gov/opa/press-release/file/1436211/download.
101 Ren Zhengfei, *Conversation with Scientists, Experts, and Interns at the Academia Sinica Innovation Pioneer Symposium*. 2022年10月2日に以下を参照。https://xinsheng.huawei.com/cn/index.php?app=forum&mod=Detail&act=index&id=6228877.
102 Dave Yin, "China's Plan to Leapfrog Foreign Chipmakers: Wave Goodbye to Silicon," *Protocol*, November 8, 2021.
103 Yin, "China's Plan to Leapfrog Foreign Chipmakers."
104 Takashi Kawakami and Yusuke Hinata, "Huawei Focuses on Emerging Markets as Outlook in West Remains Dim," *Nikkei Asia*, August 19, 2021.
105 Alexander Gabulev, "Huawei's Courtship of Moscow Leaves West in the Cold," *Financial Times*, June 21, 2020.
106 Matt Walker, "Ericsson, Nokia Benefit Most from First-Half 2021 Telco Network Spend," *Fierce Telecom*, September 9, 2021.
107 Elizabeth Chen, "Semiconductor Scandal a Concerning Backdrop to Xi's Pursuit of 'Core Technologies,'" Jamestown Foundation, March 26, 2021.
108 Meng Jing and Zen Soo, "Tech Cold War: How Trump's Assault on Huawei Is Forcing the World to Contemplate a Digital Iron Curtain," *South China Morning Post*, May 26, 2019.
109 "Ministry of Industry and Information Technology: Closely Focus on

Technological Self-Reliance and Strive to Solve the Problem of 'Chokepoint,'" China News Service, March 1, 2021, https://www.chinanews.com/cj/2021/03-01/9421391.shtml.
110 Adrianna Zhang, "China Releases Details on Its Own Unreliable Entity List," Voice of America, September 2020.
111 "Secretive Chinese Committee Draws Up List to Replace U.S. Tech," Bloomberg, November 16, 2021.
112 Xinmei Shen, "US-China Tech War: Beijing Draws Up Three-Year Plan to Revamp State Technology System," *South China Morning Post*, November 25, 2021.
113 Outline of the People's Republic of China 14th Five-Year Plan for National Economic and Social Development and Long-Range Objectives for 2035, Xinhua News Agency (translation by CSET, Georgetown University), available at https://cset.georgetown.edu/wp-content/uploads/t0284_14th_Five_Year_Plan_EN.pdf (checked December 15, 2021).
114 James Lewis, "Learning the Superior Techniques of the Barbarians: China's Pursuit of Semiconductor Independence," Center for Strategic and International Studies, January 2019.
115 Cheng Ting-Fang and Lauly Li, "US-China Tech War: Beijing's Secret Chipmaking Champions," *Nikkei Asia,* May 5, 2021.
116 "Xi Jinping Picks Top Lieutenant to Lead China's Chip Battle against U.S.," Bloomberg, June 17, 2021.
117 This paragraph draws on Yeling Tan, Mark P. Dallas, Henry Farrell, and Abraham Newman, "Driven to Self-Reliance: Coercion and the US-China Innovation Ecosystem." 未発表の論文。
118 "Be Alert to 'Prism Gate' and Advance the Localization of Core Technology," Government Procurement Information, July 5, 2013. 著者の記録より。
119 Carrie Lam. 以下に掲載された彼女のインタビューより。https://www.facebook.com/hkibcnews/videos/484173425894280/?ref=sharing.
120 Michael Martina, "US Religious-Rights Official Gayle Manchin 'Flattered' by China's Sanctions in Dispute over Uygurs," Reuters,March 29, 2021.
121 Orange Wang, "China-US Rivalry on Brink of Becoming a 'Financial War,' Former Minister Says," *South China Morning Post*, November 9, 2019.
122 Samuel Shen, Winni Zhou, and Kevin Yao, "In China, Fears of Financial Iron Curtain as U.S. Tensions Rise," Reuters, August 13, 2020.
123 "Russia Gives China's Yuan a Boost as Firms Cope with Sanctions," Bloomberg, September 14, 2022.
124 Michelle Chen, "China's International Yuan Payment System Pursues World Finance," Reuters, October 8, 2015.
125 Emily Jin, "Under the Radar: Alternative Payment Systems and the National Security Impacts of Their Growth," Testimony before the House Financial Services Subcommittee on National Security, International Development,and

Monetary Policy, September 20, 2022. 2022年12月1日に以下を参照。https://financialservices.house.gov/uploadedfiles/hhrg-117-ba10-wstate-jine-20220920.pdf.
126 "Chinese Banks Urged to Switch Away from SWIFT as U.S. Sanctions Loom," Reuters, July 29, 2020.
127 Bjørnar Sverdrup-Thygeson, "The Flexible Cost of Insulting China: Trade Politics and the 'Dalai Lama Effect,'" *Asian Perspective* 39, no.1 (2015): 101–23. 以下も参照。Xianwen Chen and Roberto Javier Garcia, "Economic Sanctions and Trade Diplomacy: Sanction-Busting Strategies, Market Distortion and Efficacy of China's Restrictions on Norwegian Salmon Imports," *China Information* 30, no.1 (2016).
128 Robert Blackwill and Jennifer Harris, *War by Other Means: Geoeconomics and Statecraft* (Cambridge, MA: Belknap Press, 2016), 136.
129 Paulina Duran and Kirsty Needham, "Australia and China Spat Over Coronavirus Inquiry Deepens, *Reuters*, May 18, 2020.
130 Primrose Riordan and Neil Hume, "China Unloads Australian Coal Despite Import Ban amid Power Shortage," *Financial Times*, October 4, 2021.
131 Outlook Web Bureau, "Meeting Dalai Lama Major Offence, China Warns World Leaders," *Outlook,* October 21, 2017.
132 Primrose Riordan, Tabby Kinder, and Jane Croft, "UK Lawyers Feel Ripples of Chinese Sanctions on Essex Court Chambers," *Financial Times*, April 4, 2021.
133 Ross Dellenger, "NBA Responds to U.S. Senator's Letter about League's Relationship with China," *Sports Illustrated*, July 21, 2020.
134 Cheng Ting-Fang and Shunsuke Tabeta, "China's Chip Industry Fights to Survive U.S. Tech Crackdown" *Nikkei Asia*, November 30, 2022.

■ 第４章　冬の寒さで目覚める

1 Christina Goßner and Philipp Grüll,"Merkel and von der Leyen: Two Long-Time Companions Guiding Europe," *Euractiv,* July 3. 2020. 2022年3月11日に以下を参照。https://www.euractiv.com/section/futureeu/news/merkel-and-von-der-leyen-two-long-time-companinions-guiding-europe/.
2 *Speech by President von der Leyen at the European Parliament Plenary on the Russian Aggression against Ukraine.* 2022年3月11日に以下を参照。https://ec.europa.eu/commission/presscorner/detail/en/speech_22_1483.
3 "The Founding of the European Communities," *CVCE.EU*. 2022年12月2日に以下を参照。https://www.cvce.eu/en/education/unit-content/-/unit/d5906df5-4f83-4603-85f7-0cabc24b9fe1/7550d654-18b4-4e04-86d1-9bd3a8dddf5a.
4 "Treaty of Rome (EEC),"European Union, 2017. 2022年11月14日に以下を参照。https://eurlex.europa.eu/legalcontent/EN/TXT/?uri=LEGISSUM:xy0023.
5 Helen Thompson, *Disorder: Hard Times in the 21st Century* (Oxford: Oxford University Press, 2022).

6 Antony J. Blinken, *Ally Versus Ally: America, Europe and the Siberian Pipeline Crisis* (New York: Praeger, 1987).

7 Bruce Jentleson, *Pipeline Politics: The Complex Political Economy of East-West Energy Trade* (Ithaca, NY: Cornell University Press, 1986), 199. 冷戦時のガスパイプライン戦略については以下も参照。Michael Mastanduno, *Economic Containment: CoCom and the Politics of East-West Trade* (Ithaca, NY: Cornell University Press, 1992).

8 Blinken, *Ally Versus Ally*, 105.

9 Angela Stent, *From Embargo to Ostpolitik: The Political Economy of West German-Soviet Relations* (New York: Cambridge University Press,1981).

10 Erika Solomon, "Gerhard Schröder Draws German Ire by Keeping Faith with Russia," *Financial Times*, March 28, 2022.

11 Katrin Bennhold, "The Former Chancellor Who Became Putin's Man in Germany," *New York Times*, April 23, 2022.

12 著者の一人はかつて、スタジエ(インターン)として欧州委員会の法規制を管理する部署で働いていた。思いがけず半数が離職したため、突如として彼は複雑なEU規則について、予想も希望もしなかったほど多くのことを学ばなければならなくなった。

13 Wolfgang Wagner, "Why The EU's Common Foreign and Security Policy Will Remain Intergovernmental: A Rationalist Institutional Choice Analysis of European Crisis Management Policy," *Journal of European Public Policy* 10, no.4 (2003): 576–95.

14 著者によるMax Schremsへのインタビュー、2016年1月21日。

15 "Berlin to Create Task Force to Enact Russia Sanctions-Report," Deutsche Welle, March 12, 2022.

16 Catherine Mayer, "Meet the Woman Who Helped Negotiate the Iran Nuclear Deal," *Time,* November 25, 2013.

17 Peter Spiegel, "EU Foreign Policy Chief Lady Ashton Comes of Age in Iran Talks," *Financial Times*, November 26, 2013.

18 Robert Einhorn, "'Fix' the Iran Deal, but Don't Move the Goalposts," Brookings, January 18, 2018.

19 Tarja Cronberg, "No EU, No Iran Deal: The EU's Choice Between Multilateralism and the Transatlantic Link," *Nonproliferation Review* 24, no.3–4 (2018): 243–59.

20 著者によるPeter Wittigへのインタビュー。

21 Brakkton Booker, "Trump, Cruz Headline Tea Party Rally against Iran Nuclear Deal," NPR, September 9, 2015.

22 "Trump on the Iran Deal: 'Worst, Horrible, Laughable,'" *BBC News*, April 26, 2018.

23 Jake Sullivan, "Trump's Only Iran Strategy Is to Punish Iran," *Atlantic*, May 19, 2018.

24 Donald Trump and Tony Schwartz, *The Art of the Deal* (New York: Random House, 2016).

25 Robert Einhorn, "'Fix' the Iran Deal, But Don't Move the Goalposts."
26 著者によるBrian Hookへのインタビュー、2021年2月12日。
27 Julian Borger and David Smith, "Macron Pitches New Iran Deal to Sweeten Existing Agreement for Trump," *Guardian,* April 24,2018.
28 Reuters Staff, "Factbox: How Trump Is Reimposing Iran Sanctions after Ditching Deal," Reuters, May 8, 2018.
29 William Dobson, "Macron Doesn't Believe He Changed Trump's Mind on the Iran Deal," NPR, April 25, 2018.
30 "French Energy Giant Total Officially Pulls Out of Iran," Deutsche Welle, August 21, 2018.
31 以下より引用。Eric Maurice, "EU Has No 'Magic Bullet' against US Iran Sanctions," *EUobserver,* May 16, 2018.
32 Reuters Staff, "Maersk Latest Company to Shun Iran as EU Scrambles to Save Nuclear Deal," Reuters, May 17, 2018.
33 Robin Emmott, "EU Considers Iran Central Bank Transfers to Beat US Sanctions," Reuters, May 18, 2018.
34 Matthew Lee, "US Lawmakers Urge Iran Expulsion from SWIFT Banking Network," Associated Press, October 18, 2018; Richard Goldberg and Jacob Nagel, "Here's How Trump Can Bring Iran Back to the Table," Foundation for the Defense of Democracies, August 28, 2018.
35 Adam Kredo, "Trump Admin Will Allow Iran Key Financial Lifeline in Major Concession," *Washington Free Beacon*, October 24, 2018.
36 John Bolton, *The Room Where It Happened* (New York: Simon & Schuster, 2020).
37 Hilary Hurd, "U.S. Reimposes the Second Round of Iran Sanctions," *Lawfare* (blog), November 9, 2018. 2022年4月2日に以下を参照。https://www.lawfareblog.com/us-reimposes-second-round-iran-sanctions.
38 "U.S. Warns Europe That Its Iran Workaround Could Face Sanctions," Bloomberg, May 29, 2019. 2022年4月2日に以下を参照。https://www.bloomberg.com/news/articles/2019-05-29/u-s-warns-europe-that-its-iran-workaround-could-face-sanctions.
39 "INSTEX Successfully Concluded First Transaction," German Federal Foreign Office, March 31, 2020.
40 著者による金融業界の専門家へのインタビュー。
41 Lili Bayer, "EU Shield Looks Flimsy against Trump's Iran Sanctions," *Politico,* July 17, 2018.
42 著者によるドイツの産業部門当局者へのインタビュー。
43 Cat Contiguglia, "Trump: EU Is One of United States' Biggest Foes," *Politico*, July 15, 2018.
44 Adam Forrest, "Trump Says 'I Don't Care about the Europeans' After Questions on Iran Crisis," *Independent*, June 24, 2019.
45 Julian E. Barnes and Helene Cooper, "Trump Discussed Pulling U.S. from NATO,

Aides Say Amid New Concerns over Russia," *New York Times*, January 14, 2019.
46 Franziska Brantner, "We Need to Pull Our Own Weight," European Council on Foreign Relations, December 10, 2020.
47 *Shared Vision, Common Action: A Stronger Europe: A Global Strategy for the European Union's Foreign and Security Policy*, European External Action Service, June 2016.
48 著者によるドイツの元国防当局者へのインタビュー。
49 著者によるフランスの外交政策当局者へのインタビュー。
50 Emmanuel Macron, *Speech at the Sorbonne,* September 26, 2017. 2022年5月6日に以下を参照。https://international.blogs.ouest-france.fr/archive/2017/09/29/macron-sorbonne-verbatim-europe-18583.html.
51 Patrick Wintour, "U.S. Faces European Backlash against Iran Sanctions," *Guardian*, May 11, 2018.
52 Heiko Maas, "Wir Lassen Nicht Zu, Dass die USA über Unsere Köpfe Hinweg Handeln," *Handelsblatt*, August 21, 2018.
53 Matthew Karnitschig, "Merkel Quashes Foreign Minister's (Anti) American Dream," *Politico Europe,* August 22, 2018.
54 Jo Harper, "Maas Wants End to US Dominance," Deutsche Welle, August 27, 2018.
55 以下より引用。Susan B. Glasser, "How Trump Made War on Angela Merkel and Europe," *New Yorker*, December 24 and 31, 2018.
56 Ellie Geranmayeh and Manuel Lafont Rapnouil, "Meeting the Challenge of Secondary Sanctions," European Council on Foreign Relations, June 25, 2019.
57 著者によるドイツの元高官へのインタビュー。
58 Wolfgang Munchau, "Europe's Four Freedoms Are Its Very Essence," *Financial Times*, November 12, 2017.
59 Ben Judah, "The Rise of Mrs. Europe," *Critic*, October 2020.
60 Judah, "The Rise of Mrs. Europe."
61 European Commission, "The von Der Leyen Commission: for a Union That Strives for More," press release, September 10, 2019.
62 Pierre Haroche, "A 'Geopolitical Commission': Supranationalism Meets Global Power Competition," *Journal of Common Market Studies,* forthcoming.
63 *Speech by Commissioner Phil Hogan at Launch of Public Consultation for EU Trade Policy Review*, June 16, 2020.
64 "The All-New Trade Secrets Policy Philosophy Name-Generator." 2022年9月25日に以下を参照。https://d1e00ek4ebabms.cloudfront.net/production/uploaded-files/name%20generator%20policy%202-f8a5db5f-518a-4f96-b4f4-62ffea8cd44f.pdf.
65 Henry Farrell and Abraham Newman, "The New Age of Protectionism: Coronavirus 'Vaccine Wars' Could Herald a Broader Retreat from the Free Market," *Foreign Affairs*, April 5, 2021.

66 著者による 欧州委員会の上級職員へのインタビュー。

67 Chad Bown and Soumaya Keynes, “Why Did Trump End the WTO’s Appellate Body? Tariffs,” Peterson Institute for International Economics, March 4, 2020.

68 Henry ManceによるSabine Weylandへのインタビュー。“The EU Found Out We Are Dependent on Russia. We Can’t Afford That,” *Financial Times*, September 11, 2022.

69 Sabine Weyland, “Anti-Coercion Instrument: How the EU Can Counter Sanctions, Boycotts and Economic Blackmailing,” video, European Council on Foreign Relations, June 29,2021. 2022年10月1日に以下を参照。https://www.youtube.com/watch?v=mzLTKkml51k.

70 Weyland, “Anti-Coercion Instrument.”

71 著者による委員会当局者へのインタビュー。

72 Weyland, “Anti-Coercion Instrument,” 14:39.

73 著者による委員会当局者へのインタビュー

74 Jim Yardley and Jo Becker, “How Putin Forged a Pipeline Deal That Derailed,” *New York Times*, December 30, 2014.

75 以下より引用。Glasser, “How Trump Made War on Angela Merkel and Europe.”

76 Amanda Sloat, “Germany’s New Centrists? The Evolution, Political Prospects, and Foreign Policy of Germany’s Green Party,” Brookings, October 2020.

77 このパラグラフは以下を参考にした。Hannes Adomeit, *Sanctions as a Bone of Contention in the EU-Germany-US-Russia Quadrilateral*, Center for European Studies, Carleton University, December 2017.

78 Adomeit, *Sanctions as a Bone of Contention.*

79 Adomeit, *Sanctions as a Bone of Contention*, 4.

80 Guy Chazan, “Angela Merkel Stands Firm on Nord Stream 2 Despite Navalny Poisoning,” *Financial Times*, September 22, 2020.

81 Brett Forrest, “U.S., Russia Race to Outflank Each Other on Russian Pipeline,” *Wall Street Journal*, November 29, 2020.

82 Jude Clemente, “Where Does US Natural Gas Production Go from Here?” *Forbes*, May 14, 2021.

83 Katie Sheperd, “Sen. Ted Cruz Insulted a ‘Woke, Emasculated’ U.S. Army Ad. Angry Veterans Fired Back,” *Washington Post*, May 21,2021.

84 “Sen. Cruz Leads Congressional Push to Halt Putin’s Nord Stream 2 Pipeline with Clarified and Expanded Sanctions,” Office of Ted Cruz, June 15, 2020.

85 “Permit for Nord Stream 2 Natural Gas Pipelines,” Danish Energy Agency, October 30, 2019. 以下で入手可能。https://ens.dk/sites/ens.dk/files/OlieGas/permit_nord_stream_2.pdf.

86 National Defense Authorization Act, US Congress, December 20, 2019.

87 Ted Cruz and Ron Johnson, “Sens. Cruz, Johnson Put Company Installing Putin’s Pipeline on Formal Legal Notice,” December 18, 2019.

88 Letter from Ted Cruz, Tom Cotton, and Ron Johnson to Harm Sievers and Fridjof

Ostenberg, August 5, 2020. 2022年9月24日に以下を参照。https://www.cruz.senate.gov/imo/media/doc/Letters/2020.08.05%20Final%20Mukran%20Port%20Letter.pdf.

89 Agathe Demarais, Backfire: *How Sanctions Reshape the World against U.S. Interests* (New York: Columbia University Press, 2022).

90 Guy Chazan, "Angela Merkel Hits Out at US Sanctions on Nord Stream 2 Pipeline," *Financial Times*, December 18, 2019.

91 Erika Solomon and Katrina Manson, "US Senators' Letter on Nord Stream 2 Sparks Outrage in Germany," *Financial Times*, August 19, 2020.

92 Chazan, "Angela Merkel Hits Out."

93 以下より引用。Patrick Wintour, "Nord Stream 2: How Putin's Pipeline Paralysed the West," *Guardian*, December 23, 2021.

94 Franziska Brantner, *Nordstream 2: Klimakiller und Spaltpilz für Europa,* February 8. 2022年7月11日に以下を参照。https://www.youtube.com/watch?v=2I5K5HT1xjc&t=120s.

95 著者によるFranziska Brantnerへのインタビュー、2022年4月30日。

96 Nikolaus Kurmayer, "Ukraine Gets Compensation in Exchange for US-Germany Deal on Nord Stream 2," *Euractiv,* July 22, 2021.

97 Timothy Jones, "Nord Stream 2 Unlikely to Start Operations before Summer — Regulator," Deutsche Welle, January 30, 2022.

98 "Nord Stream 2: German Minister Warns Russia over Ukraine," Deutsche Welle, December 18, 2022.

99 Andrey Gurkov, "Can Europe Escape Gazprom's Energy Stranglehold?" Deutsche Welle, July 11, 2021.

100 Leela Jacinto, "Ex-German Chancellor Schröder's Russia Ties Cast a Shadow over Scholz's Trip to Moscow," France 24, February 15, 2022.

101 Sabine Siebold, "Don't Drag Nord Stream 2 into Conflict over Ukraine, German Defmin Says," Reuters, January 13, 2022.

102 Alberto Nardelli and Arne Delfs, "Germany Sought Energy Exemption in Russia Finance Sanctions," Bloomberg, January 25, 2022.

103 Missy Ryan, Rick Noack, Robyn Dixon, and Rachel Pannett, "Biden Vows to Stop Nord Stream 2 Pipeline to Europe If Russia Invades Ukraine," *Washington Post*, February 7, 2022.

104 "Nord Stream 2 Approval Depends on Geopolitical Developments, Habeck Says," Deutsche Welle, February 11, 2002.

105 Philip Oltermann, "Germany Halts Nord Stream 2 Approval over Russian Recognition of Ukraine 'Republics,'" *Guardian*, February 22, 2022.

106 Mark Leonard, Jean Pisani-Ferry, Jeremy Shapiro, Simone Tagliapietra, and Guntram Wolff, "The EU Can't Separate Climate Policy from Foreign Policy," *Foreign Affairs*, February 9, 2021.

107 Vladimir Putin, "On the Historical Unity of Russians and Ukrainians," *Kremlin.ru.*

2022年12月2日に以下を参照。http://en.kremlin.ru/events/president/news/66181.
108 Humeyra Pamuk, "Blinken Warns of 'High-Impact' Economic Steps If Russia Invades Ukraine," Reuters, December 1, 2021.
109 Martin Grieve and Moritz Koch, "Swift-Sanktionen vom Tisch: EU und USA rücken vom Ausschluss Russlands aus globalem Finanzsystem Ab," *Handelsblatt,* January 17, 2022.
110 Sam Fleming, Henry Foy, and James Shotter, "Ukraine: EU Wrestles with How to Inflict Sanctions 'Pain' on Russia," *Financial Times,* February 7, 2022.
111 Valentina Pop, Sam Fleming, and James Politi, "Weaponisation of Finance: How the West Unleashed 'Shock and Awe' on Russia," *Financial Times*, April 6, 2022.
112 Michael D. Shear, Zolan Kanno-Youngs, and Katie Rogers, "10 Consequential Days: How Biden Navigated War, Covid and the Supreme Court," *New York Times*, February 27, 2022.
113 Pop, Fleming, and Politi, "Weaponisation of Finance."
114 Rory Smith and Tariq Panja, "Chelsea Is for Sale, Its Russian Owner Says," *New York Times*, March 2, 2022. 以下も参照。Rachel Treisman, "The U.K. Sanctions Roman Abramovich, Halting His Plan to Sell Chelsea Football Club," NPR, March 10, 2022.
115 Tassilo Hummel, Alasdair Pal, and Steve Holland, "Yacht Seized as U.S. Ramps Up Oligarch Sanctions So Putin 'Feels the Squeeze,'" Reuters, March 4, 2022.
116 Crispian Balmer and Emilio Parodi, "Italy Impounds Luxury Yacht Linked to Russian President," Reuters, May 6, 2022.
117 Pop, Fleming, and Politi, "Weaponisation of Finance."
118 Nicholas Gordon, "Banks Are Stopping Putin from Tapping at $630 Billion War Chest Russia Stockpiled before Invading Ukraine," *Fortune,* March 3, 2022.
119 Pop, Fleming, and Politi, "Weaponisation of Finance."
120 See video, State of the Union, European University Institute, May 7–9, 2022. 2022年9月26日に以下を参照。https://stateoftheunion.eui.eu/videos-on-demand/.
121 Alex Stubb, "Geopolitical Order and Change of Security Architecture in Europe Conversation," video, State of the Union, European University Institute, May 6, 2022. 2022年9月26日に以下を参照。https://stateoftheunion.eui.eu/videos-on-demand/.
122 James Politi, "Former Nato Chief Calls for Mutual Pledge on Economic Coercion," *Financial Times*, June 10, 2022.
123 Sam Fleming and Andy Bounds, "Brussels Pushes for Tougher Sanctions Enforcement via EU-Wide Body," *Financial Times*, July 7, 2022.
124 Olaf Scholz, "Die EU Muss zu Einem Geopolitischen Akteur Warden," *Frankfurter Allgemeine,* July 17, 2022.
125 Larry Elliott, "Nord Stream 1: Russia Switches Off Gas Pipeline Citing

Maintenance," *Guardian,* August 31, 2022.
126 Matthias Matthijs, "A German Word for How Others See Germany's Gas Crisis: Schadenfreude," *Washington Post*, July 26, 2022.
127 David Sheppard and Polina Ivanova, "Putin Warns of 'Catastrophic' Energy Crisis If West Boosts Sanctions," *Financial Times*, July 8, 2022.
128 Marton Dunai and Polina Ivanova, "Hungary Sends Foreign Minister to Moscow to Ask Russia for More Gas," *Financial Times*, July 22, 2022.
129 *REPowerEU: A Plan to Rapidly Reduce Dependence on Russian Fossil Fuels and Fast Forward the Green Transition*, European Commission, May 18, 2022.
130 Kate Abnett, "EU Countries Support Plan for World-First Carbon Border Tariff," Reuters, March 16, 2022.
131 "Commission Unveils New Approach to Trade Agreements to Promote Green and Just Growth," European Commission, June 22, 2022. 2022年9月25日に以下を参照。https://ec.europa.eu/commission/presscorner/detail/en/ip_22_3921.
132 Edoardo Saravalle, "Why World Leaders Should Impose Green Sanctions," *Financial Times*, August 2, 2019.
133 Marina Kormbaki, Serafin Reiber, Jonas Schaible, and Gerald Traufetter, "Germany's Green Party Confronts Its Last Taboo," *Der Spiegel*, June 9, 2022.
134 Annalena Baerbock, "Comments at the Business Forum of the 20th Conference of the Heads of German Missions," September 9, 2022.
135 Margethe Vestager, "Remarks of EVP Vestager at the Annual Conference of the EU Heads of Delegation," October 11, 2022. 2022年10月23日に以下を参照。https://ec.europa.eu/commission/presscorner/detail/en/SPEECH_22_6115.

■ 第5章 フックに翻弄された船長

1 Our account of this story is taken from Demetri Sevastopulo, "US Offers Cash to Tanker Captains in Bid to Seize Iranian Ships," *Financial Times*, September 4, 2019.
2 著者によるBrian Hookへのインタビュー。
3 "EU Sanctions Iran over Assassination Plots," Agence France-Presse, September 1, 2019.
4 Steven Weber, *Bloc by Bloc: How to Build a Global Enterprise for the New Regional Order* (Cambridge, MA: Harvard University Press,2019).
5 Aaron Tilley and Ryan Tracey, "How Microsoft Became Washington's Favorite Tech Giant," Wall Street Journal, April 2, 2022.
6 U.S. Department of Justice, "Justice Department Files Antitrust Suit against Microsoft for Unlawfully Monopolizing Computer Software Markets," press release, May 18, 1998. 2022年11月18日に以下を参照。https://www.justice.gov/archive/atr/public/pressreleases/1998/1764.htm
7 Brad Smith and Carol Anne Brown, *Tools and Weapons: The Promise and Peril of the Digital Age* (New York: Penguin, 2019), ix.

8 Michael Kinsley, "How Microsoft Learned ABCs of D.C.," *Politico*, April 5, 2011.
9 Cat Zakrewski, "Microsoft Is Bigger than Google, Amazon and Facebook. But Now Lawmakers Treat It Like an Ally in Antitrust Battles," *Washington Post*, January 22, 2022.
10 Caspar Bowden, *The Cloud Conspiracy*, 以下のスピーチより。Chaos Computer Club Congress, Hamburg, December 27, 2014. 2022年5月26日に以下を参照。https://www.youtube.com/watch?v=d7TyBK-gMgk.
11 Caspar Bowdenの友人へのインタビューによる。
12 Caspar Bowdenの友人へのインタビューによる。
13 2022年9月24日に以下を参照。https://twitter.com/casparbowden/status/542588420611379201.
14 Farrell and Newman, *Of Privacy and Power.*
15 Mark Bergen, "Eric Schmidt: Get Ready for 'a Lot' More Alphabet Companies," Vox.com, October 13, 2015.
16 Brad Smith, "The Collapse of the US-EU Safe Harbor: Solving the New Privacy Rubik's Cube," *Microsoft on the Issues* (ブログ), October 25, 2015. 2022年5月25日に以下を参照。https://blogs.microsoft.com/on-the-issues/2015/10/20/the-collapse-o-the-us-eu-safe-harbor-solving-the-new-privacy-rubiks-cube.
17 Smith and Brown, *Tools and Weapons,* 136.
18 Microsoft, *US National Security Orders Report.* 2022年11月18日に以下を参照。https://www.microsoft.com/en-us/corporate-responsibilit/us-national-security-orders-report?activetab=pivot_1:primaryr2
19 Smith and Brown, *Tools and Weapons*, 13.
20 Smith and Brown, *Tools and Weapons*, 11.
21 Henry Farrell and Martha Finnemore, "The End of Hypocrisy," *Foreign Affairs*, November/December 2013.
22 Microsoft, "Microsoft Cloud Strength Fuels Second Quarter Results," *Microsoft News Center* (ブログ), January 25, 2022. 2022年7月3日に以下を参照。https://news.microsoft.com/2022/01/25/microsoft-cloud-strength-fuels-second-quarte-results-4/.
23 David E. Sanger and Nicole Perlroth, "Internet Giant Erects Barriers to Spy Agencies," *New York Times*, June 6, 2014.
24 Brad Smith, "The Collapse of the US-EU Safe Harbor."
25 Farrell and Newman, *Of Privacy and Power*.
26 Bruce Schneier, "The Story Behind the Stuxnet Virus," *Forbes,* October 7, 2010.
27 David Sanger, *The Perfect Weapon: War, Sabotage, and Fear in the Cyber Age* (New York: Crown, 2018), 10.
28 Nicole Perlroth, *This Is How They Tell Me the World Ends: The Cyber Weapons Arms Race* (London: Bloomsbury Publishing, 2021).
29 Jim O'Grady and Kenny Malone, "A SWIFT Getaway,"NPR, February 9, 2022.
30 Debby Wu, "iPhone Chipmaker Blames WannaCry Variant for Plant Closures,"

Bloomberg, August 6, 2018.
31 Brad Smith, *Transcript of Keynote Address at the RSA Conference 2017: "The Need for a Digital Geneva Convention,"* February 14,2017.
32 Michael Balsamo and Eric Tucker, "North Korean Programmer Charged in Sony Hack, WannaCry Attack," PBS News Hour, September 6, 2018.
33 Smith and Brown, *Tools and Weapons*, 83.
34 Smith and Brown, *Tools and Weapons,* 115.
35 Sean Gallagher, "Red Flag Windows: Microsoft Modifies Windows OS for Chinese Government," Ars Technica, March 21, 2017.
36 Smith, *Keynote Address at the RSA Conference 2017.*
37 Smith and Brown, *Tools and Weapons,* 119.
38 Brad Smith, *Keynote Address at the RSA Conference 2017.*
39 Smith, *Keynote Address at the RSA Conference 2017.*
40 "Paris Call for Trust and Security in Cyberspace," November 12, 2018. 2022年11月19日に以下を参照。https://pariscall.international/en/.
41 Ned Price, "The United States Supports the Paris Call for Trust and Security in Cyberspace," press statement, U.S. Department of State, November 10, 2021. 2022年11月19日に以下を参照。https://www.state.gov/the-united-states-supports-the-paris-call-for-trust-and-security-in-cyberspace/.
42 "Cybersecurity Tech Accord," Tech Accord, n.d. 2022年11月19日に以下を参照。https://cybertechaccord.org/accord/.
43 Michael Shield and Silke Koltrowitz, "Neutral Swiss Join EU Sanctions against Russia in Break with Past," Reuters, February 28, 2022.
44 Brad Smith, "Digital Technology and the War in Ukraine," Microsoft on the Issues (blog), February 28, 2022; Tom Burt, "The Hybrid War in Ukraine," *Microsoft on the Issues* (ブログ), April 27, 2022.
45 他の箇所で引用したものも含め、このスピーチの詳細は2022 Envision Conferenceのビデオによる。2022年5月31日に以下を参照。https://www.microsoft.com/en-gb/events/envision-uk/.
46 *Ukraine. An Overview of Russia's Cyberattack Activity in Ukraine*, April 27, 2022.
47 Microsoft, *Special Report: Ukraine.*
48 David E. Sanger, Julian E. Barnes, and Kate Conger, "As Tanks Rolled into Ukraine, So Did Malware. Then Microsoft Entered the War," *New York Times,* February 28, 2022.
49 Brad Smith, "Defending Ukraine: Early Lessons from the Cyber War," Microsoft, June 22, 2022.
50 Burt, "The Hybrid War."
51 "Microsoft Suspends Sales in Russia as Western Sanctions Tighten," Reuters, March 4, 2022.
52 Microsoft, *Defending Ukraine.*
53 Brad Smith, Envision Conferenceでのスピーチより。

54 Chang Chien and Elizabeth Hsu, "TSMC Looking to Hire Geopolitical Experts with PhDs," *Focus Taiwan,* February 16, 2022.

55 "Morris Chang Speech, October 26, 2021." 2022年12月2日に以下を参照。https://semiwiki.com/forum/index.php?threads/morris-chang-speech-oct-26-2021.14846/.

56 Yang Jie, Stephanie Yang, and Asa Fitch, "The World Relies on One Chip Maker in Taiwan, Leaving Everyone Vulnerable," *Wall Street Journal*, June 19, 2021.

57 *Morris Chang's Last Speech*, April 2021. 翻訳はKevin Xu。2022年7月22日に以下を参照。https://web.archive.org/web/20211016142636/https://interconnected.blog/morris-changs-last-speech/.

58 Michael Kan, "Intel's 7nm PC Chip to Arrive in 2023 Next to TSMC-Made CPU," *PC Magazine,* March 24, 2021.

59 Geoffrey Cain, "Samsung vs. Apple: Inside the Brutal War for Smartphone Dominance," *Forbes*, March 13, 2020.

60 Apple, "Mac Computers with Apple Silicon," July 25, 2022. 2022年11月19日に以下を参照。https://support.apple.com/en-us/HT211814.

61 Ortenca Alliaj and Richard Waters, "Third Point Tells Intel to Consider Shedding Chip Manufacturing," *Financial Times*, December 29, 2020.

62 Kathrin Hille, "TSMC: How a Taiwanese Chipmaker Became a Linchpin of the Global Economy," *Financial Times*, March 24, 2021.

63 Dan Wang, "How Technology Grows (A Restatement of Definite Optimism)," Danwang.co, July 24, 2018.

64 Cheng-Ting Fang and Lauly Li, "TSMC Halts New Huawei Orders after US Tightens Restrictions," *Nikkei Asia*, May 18, 2020.

65 Raymond Zhong, "In U.S.-China Tech Feud, Taiwan Feels Heat from Both Sides," *New York Times*, October 1, 2020.

66 Tim Culpan, "TSMC Shrugs Off Huawei Ban and Shows Who's King," *Washington Post,* July 17, 2020.

67 Ming-Chin Monique Chu, *The East Asian Computer Chip War* (London: Routledge, 2013), 106.

68 "TSMC Chairman Says Nobody Wants War over Taiwan as Chip Supplies Too Valuable," Reuters, July 15, 2021.

69 Jared McKinney and Peter Harris, "Broken Nest: Deterring China from Invading Taiwan," *Parameters* 51, no. 4 (2021): 23–36.

70 Eric Chang, "Intel Says US Chipmakers Should Be Priority over TSMC, Samsung," *Taiwan News,* December 2, 2021.

71 Reuters Staff, "TSMC Stops New Huawei Orders After U.S. Restrictions," Reuters, May 18, 2020.

72 Cheng Ting-Fang, Lauly Li, and Yifan Yu, "TSMC to Build $12bn Cutting-Edge Chip Plant in US," *Nikkei Asia,* May 15, 2020.

73 Pat Gelsinger, "More Than Manufacturing: Investments in Chip Production Must

Support U.S. Priorities [sponsored story]," *Politico*, June 24, 2021.
74 Asa Fitch and Bob Davies, "Intel CEO Pitches Pricey Chip Plants to Officials at Home and Abroad," *Wall Street Journal*, August 14, 2021.
75 以下のビデオより。Ian King, "Intel CEO Urges Lawmakers to 'Not Waste This Crisis' in Chip Push," Bloomberg, January 19, 2022. 2022年6月13日に以下を参照。https://www.bloomberg.com/news/articles/2022-01-19/intel-urges-lawmakers-to-not-waste-this-crisis-with-chip-push.
76 Yu Nakamura, "Intel Slams US Subsidies for TSMC in Arizona's Clash of Chip Titans," *Nikkei Asia*, July 16, 2021.
77 Charlie Campbell, "Inside the Taiwan Firm That Makes the World's Tech Run," *Time*, October 1, 2021.
78 Enrique Dans, "How We Got to 'Chipageddon,'" *Forbes*, February 25, 2021.
79 White House, "Executive Order on America's Supply Chains," February 24, 2021. 2022年1月11日に以下を参照。https://www.whitehouse.gov/briefing-room/presidentialactions/2021/02/24/executive-order-on-americas-supply-chains/.
80 Joseph Biden, "Remarks by President Biden at Signing of an Executive Order on Supply Chains," February 24, 2021. 2022年1月11日に以下を参照。https://www.whitehouse.gov/briefing-room/speeches-remarks/2021/02/24/remarks-by-president-biden-at-signing-of-an-executive-order-on-supply-chains/.
81 White House, "Executive Order on America's Supply Chains."
82 Bureau of Industry and Security, "Semiconductor Manufacturing and Advanced Packaging Supply Chain Notice Published 3/15/21. Comments Due 4/5/21," 86 FR 14308, March 15, 2021.
83 White House, *Building Resilient Supply Chains, Revitalizing American Manufacturing, and Fostering Broad-Based Growth,* June 2021, 17–18.
84 White House, "Readout of Biden Administration Convening to Discuss and Address Semiconductor Supply Chain." 2022年6月16日に以下を参照。https://www.whitehouse.gov/briefing-room/statements-releases/2021/09/23/readout-of-biden-administration-convening-to-discuss-and-address-semiconductor-supply-chain/.
85 Jenny Leonard, "White House Weighs Invoking Defense Law to Get Chip Data," Bloomberg, September 23, 2021.
86 Reuters Staff, "Taiwan's TSMC Says Working to Overcome Global Chip Shortage," Reuters, September 24, 2021.
87 "Taiwan's TSMC, After US Request, Says It Won't Leak Sensitive Info," Reuters, October 7, 2021.
88 Debby Wu, "World's Top Chipmakers Provide Data to US as Deadline Arrives," Bloomberg, November 7, 2021.
89 Che Pan, "Chinese Media Continues Tirade against Taipei for Letting Chip Maker TSMC Comply with US Request for Semiconductor Supply Data," *South China*

Morning Post, November 9, 2021.

90 "GT Voice: Chipmakers Risk Violating Chinese Laws over US' Hegemonic Data Request," *Global Times*, October 24, 2021.

91 Che Pan, "Chinese Critics Express Dismay over Taiwan Chip Maker TSMC's Compliance with Washington's Semiconductor Data Request," *South China Morning Post*, November 8, 2021.

92 Thomas Friedman, "China's Bullying Is Becoming a Danger to the World and Itself," *New York Times,* October 19, 2021.

93 1:15頃に始まったMorris Changのスピーチに対するオーディエンス・レスポンス（聴衆の反応）を参照のこと。2022年6月20日に以下を参照。https://www.youtube.com/watch?v=Tiu0i6htq-U&t=74s.

94 Ting-Fang　and Lauly Li, "From Somebody to Nobody: TSMC Faces Uphill Battle in U.S. Talent War," *Nikkei Asia*, May 27, 2022.

95 Jude Blanchett, Ryan Hass, and Morris Chang, Transcript, *Vying for Talent Podcast: Can Semiconductor Manufacturing Return to the US*, April 14, 2022.

96 Vitalik Buterin, "The Not So Paranoid Case for Decentralization," *Ethereum London Meetup*, March 30, 2015. 2022年6月23日に以下を参照。https://www.youtube.com/watch?v=tjxkdniYtkc.

97 以下を参照。https://www.timeanddate.com/weather/uk/london/historic?month=3&year=2015.

98 その始動を妨げた個人的な対立とライバル関係については以下を参照。Laura Shin, *The Cryptopians: Idealism, Greed, Lies, and the Makings of the First Big Cryptography Craze* (New York: PublicAffairs, 2022),

99 著者によるVitalik Buterinへのインタビュー。July 2,2022.

100 Ryan Browne, "Ethereum, the World's Second-Largest Cryptocurrency, Soars Above $4,000 for the First Time," CNBC, May 10, 2021.

101 Scott Carpenter, "Ethereum Co-Founder Buterin Says He's No Longer a Billionaire," Bloomberg, May 20, 2022.

102 Vitalik Buterin, "My 40-Liter Travel Backpack Guide," June 20, 2022. 2022年6月23日に以下を参照。https://vitalik.ca/general/2022/06/20/backpack.html.

103 Stefan Eich, "Old Utopias, New Tax Havens: The Politics of Bitcoin in Historical Perspective," in Philipp Hacker, Ioannis Lianos, Georgios Dimitropoulos, and Stefan Eich, eds., *Regulating Blockchain: Techno-Social and Legal Challenges* (New York: Oxford University Press, 2019).

104 Most famously, John Perry Barlow, A *Declaration of the Independence of Cyberspace,* Davos, Switzerland, February 8, 1996.

105 Eric Hughes, *A Cypherpunk's Manifesto,* March 9, 1993.

106 Neal Stephenson, *Cryptonomicon* (New York: Avon, 1999).

107 Peter Thiel (with Blake Masters), *Zero to One: Notes on Startups, or How to Build the Future* (New York: Penguin, 2014), 123.

108 Peter Thiel, "PayPal Co-Founder Peter Thiel — Bitcoin Keynote — Bitcoin 2022

Conference." 2022年に以下を参照。https://www.youtube.com/watch?v=ko6K82pXcPA&t=7s.
109 Peter Thiel, *Zero to One,* 17.
110 Jimmy Soni, *The Founders: The Story of PayPal and the Entrepreneurs Who Shaped Silicon Valley* (New York: Simon & Schuster, 2022), xiv.
111 Peter Thiel, Bitcoin Keynote.
112 U.S. Department of the Treasury, *Settlement Agreement Between the U.S. Department of the Treasury's Office of Foreign Assets Control and PayPal, Inc.*, March 25, 2015.
113 John Adams, "These Payment Companies Are Cutting Off Russia," *American Banker*, March 7, 2022.
114 Neil Stephenson, *Snow Crash* (New York: Bantam,1992).
115 詳細に説明するには、暗号技術の基本的な知識が必要だ。以下を参照。Arvind Narayanan, Joseph Bonneau, Edward Felten, Andrew Miller, and Steven Goldfeder, *Bitcoin and Cryptocurrency Technologies: A Comprehensive Introduction* (Princeton, NJ: Princeton University Press, 2016).
116 著者によるVitalik Buterinへのインタビュー。
117 Gavin Wood*, Allegality, Coinscrum and Proof of Work Media: Tools for the Future,* London, 2014. 2022年7月29日に以下を参照。https://www.youtube.com/watch?v=Zh9BxYTSrGU.
118 Wood, *Allegality.*
119 これらのパラグラフは、Shin, *The Cryptopians* の詳しい説明を要約したものである。
120 How This Woman Scammed the World, Then Vanished," *BBC News*, November 24, 2019.
121 María Luisa Paúl, "Former 'Cryptoqueen' Is Now One of 10 Most-Wanted Fugitives," *Washington Post*, July 1, 2022.
122 Arjun Kharpal, "What Is 'Web3'? Here's the Vision for the Future of the Internet from the Man Who Coined the Phrase," CNBC, April 19, 2022.
123 Thomas McEvilley, "Art in the Dark," *Artforum,* June 1983. 2022年7月1日に以下を参照。https://www.artforum.com/print/198306/art-in-the-dark-35485.
124 Moxie Marlinspike, "My First Impressions of Web3," moxie .org. 2022年7月1日に以下を参照。https://moxie.org/2022/01/07/web3-first-impressions.html.
125 "Your NFT Journey Starts Here," OpenSea Learn, 2022. 2022年11月20日に以下を参照。https://opensea.io/learn; "About Coinbase," Coinbase, 2022. https://www.coinbase.com/about; "About," Metamask, 2022. https://metamask.io/about/.
126 @Amit0617, "Nodes and Clients," blogpost, ethereum.org, November 10, 2022. 2022年11月20日に以下を参照。https://ethereum.org/en/developers/docs/nodes-and-clients/.
127 "What Is a Stablecoin?" Coinbase, 2022. 2022年11月20日に以下を参照。https://www.coinbase.com/learn/crypto-basics/what-is-a-stablecoin.

128 Vitalik Buterinへのインタビュー。
129 Marlinspike, "My First Impressions of Web3."
130 2022年7月1日に以下を参照。https://twitter.com/nikil/status/1290870587909443584.
131 "Alchemy Valuation Nearly Triples to $10.2 Billion in About Three Months," Reuters, February 8, 2022.
132 Neel Chauhan, "Web3 Is Centralized (and Inefficient!)," March 22, 2022. 2022年12月2日に以下を参照。https://web.archive.org/web/20220323031915/https://www.neelc.org/posts/web3-centralized/.
133 Shin, *The Crytopians,* 131.
134 Justin Scheck and Shane Shiflett, "How Dirty Money Disappears into the Black Hole of Cryptocurrency," *Wall Street Journal*, September 28, 2018.
135 Shin, *The Cryptopians*, 380.
136 Bob Van Voris, "Crypto Expert Gets 63 Months in Prison for Helping North Korea Evade U.S. Sanctions," Bloomberg, April 12, 2022.
137 Robert Hackett, "Hanging in the Balance: Facebook and Libra," *Fortune*, December 19, 2019.
138 Lizhi Liu, "From Click to Boom: The Political Economy of E-Commerce in China," 未刊行の本の要約。
139 Hackett, "Hanging in the Balance."
140 Taylor Telford, "Why Governments Around the World Are Afraid of Libra, Facebook's Cryptocurrency," *Washington Post*, July 12, 2019.
141 Fabio Panetta, *The Two Sides of the* (*Stable*) *Coin*. 2020年11月4日に以下で行われたスピーチによる。il Salone di Pagamenti, Frankfurt am Main.
142 Elizabeth Dwoskin and Damian Paletta, "Facebook Privately Pitched Its Cryptocurrency Plan Last Month to Regulators. They Were Left Even More Scared," *Washington Post*, July 16,2019.
143 Hannah Murphy and Kiran Stacey, "Facebook Libra: The Inside Story of How the Company's Cryptocurrency Dream Died," *Financial Times*, March 10, 2022.
144 Allyson Versprille and Bill Allison, "Crypto Bosses Flex Political Muscle with 5,200% Surge in US Giving," Bloomberg, June 2, 2022.
145 *How to Win the Future: An Agenda for the Third Generation of the Internet,* Andreessen Horowitz, October 2021. 2022年11月20日に以下を参照。https://a16z.com/wp-content/uploads/2021/10/How-to-Win-the-Future-1.pdf.
146 Eric Lipton and Ephrat Livni, "Reality Intrudes on a Utopian Crypto Vision," *New York Times*, March 8, 2022.
147 Securities and Exchange Commission, "SEC Seeks to Stop the Registration of Misleading Crypto Asset Offerings," プレスリリースはNovember 18, 2022. 2022年12月2日に以下を参照。https://www.sec.gov/news/press-release/2022-208.
148 Gary Gensler, "The Path Forward: Cryptocurrency with Gary Gensler," *Washington Post*, September 21, 2021.

149 Lipton and Livni, "Reality Intrudes."
150 Alyssa Blackburn, Christoph Huber, Yossi Eliaz, Muhammad S. Shamim, David Weisz, Goutham Seshadri, Kevin Kim, Shengqi Hang, and Erez Lieberman Aiden, "Cooperation Among an Anonymous Group Protected Bitcoin During Failures of Decentralization," arXiv. 2022月7月2日に以下を参照。https://arxiv.org/abs/2206.02871.
151 Vitalik Buterinへのインタビュー.
152 Balaji Srinivasan, *The Network State: How to Start a New Country*（自費出版、2022）.
153 Balaji S. Srinivasan, "Bitcoin Is Civilization," May 14, 2021. 2022年7月17日に以下を参照。https://www.commonsense.news/p/is-bitcoin-anarchy-or-civilization.
154 2022年7月18日に以下を参照。https://twitter.com/nixonfoundation/status/1379894036060864516.
155 Peter Thiel, Bitcoin Keynote.
156 U.S. Department of the Treasury, "U.S. Treasury Sanctions Notorious Virtual Currency Mixer Tornado Cash." 2022年9月22日に以下を参照。https://home.treasury.gov/news/press-releases/jy0916.
157 @VitalikButerin. 2022年9月22日に以下を参照。https://twitter.com/VitalikButerin/status/1556925602233569280.
158 "Ohio Resident Charged with Operating Darknet-Based Bitcoin 'Mixer,' Which Laundered over $300 Million," Department of Justice, Office of Public Affairs, February 13, 2020.
159 Danny Nelson, "US Treasury Official Warns Crypto Industry to Proactively Sanction 'Problematic' Wallets," *CoinDesk*, May 19, 2022.
160 Sam Biddle, "Cryptocurrency Titan Coinbase Providing Geotracking Data' to ICE," *Intercept*, June 29, 2022.
161 *Testimony of John Kothanek before the Committee on Homeland Security*, Subcommittee on Intelligence and Counterterrorism, June 9, 2022.
162 以下より引用。Sam Reynolds, "Tornado Cash Co-Founder Says the Mixer Protocol Is Unstoppable," *CoinDesk*, January 25, 2022.
163 Jon Stokes, "Crypto Reaps the Whirlwind: Treasury Moves against Tornado Cash," Jonstokes .com, August 10,2022.
164 Muyao Shen, "Crypto Mixer Tornado Cash Says Sanctions Can't Apply to Smart Contracts," Bloomberg, March 10, 2022.
165 Wood, *Allegality.*
166 David Yaffe-Bellany, "The Coin That Could Wreck Crypto," *New York Times,* June 17, 2022.
167 Rami Ayyub and Hannah Lang, Coinbase Backs Lawsuit against U.S. Treasury Over Tornado Cash Sanctions," Reuters, September 8, 2022.
168 U.S. Department of the Treasury, "Frequently Asked Questions: Cyber-related Sanctions 1078. Do OFAC Reporting Obligations Apply to 'Dusting' Transactions," updated November 8, 2022. 2022年11月20日に以下を参照。

https://home.treasury.gov/policy-issues/financial-sanctions/faqs/.
169 Alastair Marsh, "Crypto Rebels Trip over Each Other en Route to Financial Utopia," Bloomberg, October 5, 2019.
170 Vishal Chawla, "MakerDAO Approves $100 Million Stablecoin Loan Vault for 151-Year-Old US Bank," *Block*, July 7, 2022.
171 Rune Christensen, "The Path of Compliance and the Path of Decentralization: Why Maker Has No Choice but to Prepare to Free Float Dai," MakerDAO Forum, August 22, 2022. 2022年9月25日に以下を参照。https://forum.makerdao.com/t/the-path-of-compliance-and-the-path-of-decentralization-why-maker-has-no-choice-but-to-prepare-to-free-float-dai/17466.
172 Turner Wright, "Tornado Cash DAO Goes Down without Explanation Following Vote on Treasury Funds," *Cointelegraph*, August 12, 2022.
173 Scott Chipolina, "FT Cryptofinance: DeFi Is DeFi Until Washington Says It's Not," *Financial Times*, August 26, 2022.

■ 第6章 風と光の帝国

1 著者によるVitalik Buterinへのインタビュー。
2 Frank Tang, "Facebook's Libra Forcing China to Step Up Plans for Its Own Cryptocurrency, Says Central Bank Official," *South China Morning Post,* July 8, 2019.
3 Robert Murray, "The U.S. Is Facing a 'Sputnik Moment' in the International Economy," Foreign Policy Research Institute, February 11,2022.
4 著者によるVitalik Buterinへのインタビュー。
5 Robert Murray, "The U.S. Is Facing a 'Sputnik Moment' in the International Economy."
6 White House, "FACT SHEET: President Biden to Sign Executive Order on Ensuring Responsible Development of Digital Assets," March 9, 2022.
7 "Federal Reserve Vice Chair Testifies on Digital Currency," C-SPAN, May 26, 2022, https://www.c-span.org/video/?520618-1/federal-reserve-vice-chair-testifies-digital-currency.
8 Helene Braun, "Powell Says Fed Plans Recommendation to Congress on CBDC," *CoinDesk*, June 23, 2022.
9 Theodore Benzmiller, "China's Progress Towards a Central Bank Digital Currency," Center for Strategic and International Studies, April 19, 2022.
10 Ali Wyne, *America's Great-Power Opportunity: Revitalizing U.S. Foreign Policy to Meet the Challenges of Strategic Competition* (New York: Polity, 2022).
11 Joseph Mayton, "Google Favors Encryption: HTTPS Sites to Get Search Ranking Boost," *Tech Times,* August 11, 2014.
12 Hilary McGeachey, "The Changing Strategic Significance of Submarine Cables: Old Technology, New Concerns," *Australian Journal of International Affairs* 76 (2022): 161–77.

13 以下より引用。McGeachey, “The Changing Strategic Significance of Submarine Cables.”

14 著者による William Spiegelbergerへのインタビュー。以下も参照。William R. Spiegelberger, “Anatomy of a Muddle: U.S. Sanctions against Rusal and Oleg Deripaska,” Foreign Policy Research Institute, April 2019.

15 Emily Tamkin, “Trump Finally Signs Sanctions Bill, Then Adds Bizarre Statements,” *Foreign Policy*, August 2, 2017.

16 *Kurzposition: US-Russlandsanktionen*, WVMetalle, February 21, 2019. 2022年12月2日に以下を参照。bit.ly/3uidgoe.

17 David O’Sullivan, Wolfgang Waldner, Gerard Araud, Emily Haber, Dan Mulhall, Armando Varrichio, Karin Olofsdotter, and Kim Darroch,“Letter to Charles Schumer,” January 4, 2019. 2022年10月1日に以下を参照。https://www.politico.eu/wpcontent/uploads/2019/01/document1.pdf.

18 著者によるDan Mulhallへのインタビュー。March 31, 2022.

19 著者によるDan Mulhallへのインタビュー。

20 Spiegelberger, “Anatomy of a Muddle,” 10.

21 Human Rights Watch, *U.S. Sanctions on the International Criminal Court: Questions and Answers*, December 14,2020.

22 以下のビデオを参照。State Department Account, September 2, 2020, https://twitter.com/statedept/status/1301157735652831232?s=12.

23 “As Canada Frees a Huawei Boss, China Lets Two Canadians Out of Jail,” *Economist*, September 25, 2021.

24 Florence Tan, David Lawder, and Timothy Gardner, “U.S. Says Russia Oil Price Cap Should Reflect Historical Prices, Curb Putin Profit,” Reuters, September 9, 2022.

25 以下より引用。Iain Marlow and　Shawn Donnan, “US Oil Price Cap May Backfire, Indonesia’s Indrawati Says,” Bloomberg, October 12, 2022.

26 U.S. Trade Representative, “The People’s Republic of China,” undated, https://ustr.gov/countries-regions/china-mongolia-taiwan/peoples-republic-china (2022年7月23日に閲覧).

27 “US Could Cut Ties with China over Coronavirus, ‘Save $500 Billion’: Trump,” Deutsche Welle, May 15, 2020; Jason Lemon, “As Criticism of China Mounts, Trump Adviser Peter Navarro Continues to Urge Bringing Supply Chain Home,” *Newsweek*, May 11, 2020.

28 著者によるMatt Dussへのインタビュー。February 13, 2021.

29 著者によるMatt Dussへのインタビュー。

30 Blair Wang, “CFIUS Ramps Up Oversight of China Deals in the U.S.,” *Diplomat*, September 14, 2021. 以下も参照。SEC, *Holding Foreign Companies Accountable Act*, undated. 2022年7月24日に以下を参照。https://www.sec.gov/hfcaa.

31 Michael German and Alex Liang, “End of Justice Department’s ‘China Initiative’ Brings Little Relief to U.S. Academics,” Brennan Center for Justice, March 22,

2022.
32 Jake Sullivan, "Remarks at the Special Competitive Studies Project Global Emerging Technologies Summit," September 16, 2022.
33 Gewirtz, "The Chinese Reassessment of Interdependence."
34 White House, *How China's Economic Aggression Threatens the Technologies and Intellectual Property of the United States and the World*,June 2018. 2022年12月2日に以下を参照。https://www.hsdl.org/?view&did=812268
35 James Crabtree, "China's Radical New Vision Of Globalization," Noema, December 10, 2020.
36 Crabtree, "China's Radical New Vision of Globalization."
37 Cissy Zhou, "China Scrambles for Cover from West's Financial Weapons," *Nikkei*, April 13, 2022.
38 Zhou, "China Scrambles for Cover."
39 Iori Kaiwate and Yuta Saito, "China's Treasury Holdings Drop Below $1tn to 12-Year Low," *Nikkei Asia*, July 20,2022.
40 Sun Yu, "China Meets Banks to Discuss Protecting Assets from US Sanctions," *Financial Times*, April 30, 2022.
41 Zhou, "China Scrambles for Cover."
42 Ana Swanson, "Chinese Companies That Aid Russia Could Face U.S. Repercussions, Commerce Secretary Warns," *New York Times*, March 8, 2022.
43 Christopher Condon, "Yellen Says U.S. Would Use Sanctions If China Invaded Taiwan," Bloomberg, April 6, 2022.
44 CK Tan, "Xi Rallies BRICS against Sanctions 'Abuse,' Cold War Mentality," *Nikkei Asia*, June 23, 2022.
45 Bloomberg News, "Why China's Payment System Can't Easily Save Russian Banks Cut Off from Swift," *Washington Post*, March 15, 2022.
46 Takeshi Kihara, "Hong Kong's 'Zero COVID' Policy Risks Status as Financial Hub," *Nikkei Asia*, January 23, 2022.
47 Barry Eichengreen, "Ukraine War Accelerates the Stealth Erosion of Dollar Dominance," *Financial Time*s, March 27, 2022.
48 Antony J. Blinken, *The Administration's Approach to the People's Republic of China*. 以下におけるスピーチより。George Washington University, May 22, 2022.
49 David Lawder and Andrea Shalal, "Yellen to China: Help Stop Russia's War in Ukraine or Lose Standing in the World," Reuters, April 13, 2022.
50 Jillian Deutsch, Eric Martin, Ian King, and Debby Wu, "US Wants Dutch Supplier to Stop Selling Chipmaking Gear to China," Bloomberg, July 5, 2022.
51 Cheng Ting-Fang and Lauly Li, "ASML Warns Chip Gear Ban against China Will Disrupt Supply Chain," *Nikkei Asia*, July 21, 2022.
52 Debby Wu and Jenny Leonard, "China's Top Chipmaker Achieves Breakthrough Despite US Curbs," Bloomberg, July 21, 2022.
53 Office of Senator Rubio, "Rubio, McCaul Demand Tougher Protections against

Chinese Semiconductor Maker SMIC, Warn of Possible Beijing-Moscow Coordination," March 17, 2022.

54 Ana Swanson, "Biden Administration Clamps Down on China's Access to Chip Technology," *New York Times*, October 7, 2022.

55 Scholz, "Die EU Muss."

56 Constanze Stelzenmüller, "Putin's War and European Energy Security: A German Perspective on Decoupling from Russian Fossil Fuels," Testimony to the U.S. Commission on Security and Cooperation in Europe, Brookings Institution, June 7, 2022.

57 Joe Miller, "Volkswagen and China: The Risks of Relying on Authoritarian States," *Financial Times,* March 15, 2022.

58 David Ignatius, "Transcript: The Path Forward: American Competitiveness with Pat Gelsinger, CEO, Intel," *Washington Post,* July 12, 2022.

59 Jenny Leonard and Ian King, "White House Spurns Intel Plan to Boost Chip Production in China," Bloomberg, November 12, 2021. $10 billionについては以下を参照。Yvonne Geng, "GlobalFoundries Abandons Chengdu Wafer Fab," *EE Times,* May 26, 2020.

60 Ian Talley, "Clandestine Finance System Helped Iran Withstand Sanctions Crush, Documents Show," *Wall Street Journal,* March 18, 2022.

61 Talley, "Clandestine Finance System Helped Iran Withstand Sanctions Crush."

62 Nicholas Mulder, *The Economic Weapon: The Rise of Sanctions as a Tool of Modern War* (New Haven, CT: Yale University Press, 2022).

63 Nicholas Mulder, "By Invitation: Nicholas Mulder, Who Studies Sanctions, Declares a Watershed Moment in Global Economic History," *Economist*, March 4, 2022.

64 Edward J. Langer, "Cuban Missile Crisis Khrushchev's Last Bluff," Military History Online.

65 Roy E. Licklider, "The Missile Gap Controversy," *Political Science Quarterly* 85, no. 4 (1970): 600–615.

66 Jonathan Renshon, "Assessing Capabilities in International Politics: Biased Overestimation and the Case of the Imaginary 'Missile Gap,'" *Journal of Strategic Studies* 32 (2009): 115–47.

67 Greg Thielmann, "Looking Back: The Missile Gap Myth and Its Progeny," *Arms Control Today* 41, no. 4 (2011): 44–48.

68 Pavel Podvig, "The Window of Vulnerability That Wasn't: Soviet Military Vulnerability in the 1970s — a Research Note," *International Security* 33, no.1 (2008): 118–38.

69 Steven E. Miller, *Nuclear Hotlines: Origins, Evolution, Applications*, Belfer Center for Science and International Affairs, Harvard Kennedy School, undated. 以下も参照。Webster Stone, "Moscow's Still Holding," *New York Times*, September 18, 1988.

70 Richard Zeckhauser, "Distinguished Fellow: Reflections on Thomas Schelling," *Journal of Economic Perspectives* 3, no. 2 (Spring 1989): 153–64.
71 "Thomas C. Schelling, Biographical," NobelPrize.org. 2022年11月21日に以下を参照。https://www.nobelprize.org/prizes/economic-sciences/2005/schelling/biographical/.
72 a game of chess: Thomas C. Schelling, *Arms and Influence* (New Haven, CT: Yale University Press, 2020).
73 John Lewis Gaddis, "The Long Peace: Elements of Stability in the Postwar International System," International Security 10, no. 4 (1986): 110.
74 Henry Farrell and Abraham Newman, "Weaponized Interdependence"; Henry Farrell and Abraham Newman, "Weak Links in Finance and Supply Chains Are Easily Weaponized," *Nature* 605 (May 10, 2022): 219–22; Henry Farrell and Abraham Newman, "Chained to Globalization: Why It's Too Late to Decouple," *Foreign Affairs*, January–February 2020.
75 "Remarks by EU High Commissioner Borrell at the European University Institute," May 5, 2022, https://www.youtube.com/watch?v=akftTQoMVk&t=1s.
76 Sheila A. Smith, "Japan Turns Its Attention to Economic Security," Council on Foreign Relations, May 16, 2022.
77 Emanuel Adler, "The Emergence of Cooperation: National Epistemic Communities and the International Evolution of the Idea of Arms Control," *International Organization* 46, no. 1 (1992): 101–45.
78 Gaddis, "The Long Peace."
79 "Treaties & Agreements," Arms Control Association, n.d. 2022年11月21日に以下を参照。https://www.armscontrol.org/treaties.
80 Kim Stanley Robinson, *Aurora* (New York: Hachette, 2015).
81 Kim Stanley Robinson, *The Ministry for the Future* (New York: Hachette, 2020).
82 Peter Harrell, "How Biden Could Use Trump's Trade War Thumbscrews to Fight Climate Change," *Foreign Policy*, August 5, 2020.
83 Bentley Allen and Todd Tucker, "The E.U.-U.S. Steel Deal Could Transform the Fight against Climate Change," *Washington Post*, October 31, 2021.
84 White House, "Background Press Call by Senior Administration Officials on the Fight against Corruption," June 3, 2021.
85 U.S. Department of Treasury," Treasury Sanctions Influential Bulgarian Individuals and Their Expansive Networks for Engaging in Corruption," press release, June 2, 2021.
86 White House, "United States Strategy on Countering Corruption," December 2021.

■ 著者紹介

ヘンリー・ファレル Henry Farrell

©Johns Hopkins SAIS

ジョンズ・ホプキンス大学高等国際問題研究大学院(SAIS)のSNFアゴラ教授。2019年フリードリッヒ・シーデル賞(政治とテクノロジー部門)受賞、ワシントン・ポストのザ・モンキー・ケージ元編集長、人気学術ブログ「Crooked Timber」の共同創設者。外交問題評議会のメンバーでもあり、ニューヨーク・タイムズ、フィナンシャル・タイムズ、ネイチャー、フォーリン・アフェアーズ、フォーリン・ポリシー、ワシントン・マンスリー、ボストン・レビュー、イオン、ニュー・サイエンティスト、ネイションなどに寄稿している。

アブラハム・ニューマン Abraham Newman

©Jesco Denzel

ジョージタウン大学外交政策大学院・政治学部教授。グローバリゼーションが生み出す政治に関する研究で知られ、国際問題のコメンテーターとして、アルジャジーラからドイチェ・ヴェレ、NPRまで幅広いニュース番組に頻繁に出演している。ベルリン・アメリカ・アカデミーから2022-2023年ベルリン賞受賞。その研究はニューヨーク・タイムズ、ワシントン・ポスト、ネイチャー、サイエンス、フォーリン・アフェアーズ、フォーリン・ポリシー、ハーバード・ビジネス・レビュー、ポリティコなどの一流誌に掲載されている。

■ 訳者紹介

野中香方子 Kyoko Nonaka

お茶の水女子大学文教育学部卒業。主な訳書に、ウォルター・アイザックソン『コード・ブレーカー(上下)』(共訳、文藝春秋)、ガイア・ヴィンス『進化を超える進化』(文藝春秋)、クリステン・ウィルミア『脳メンテナンス大全』(日経BP)、ルトガー・ブレグマン『Humankind 希望の歴史(上下)』(文藝春秋)、オリヴィエ・シボニー『賢い人がなぜ決断を誤るのか?』(日経BP)ほか多数。

武器化する経済

アメリカはいかにして世界経済を脅しの道具にしたのか

2024年3月11日　第1版第1刷発行

著者　ヘンリー・ファレル、アブラハム・ニューマン
訳者　野中香方子
発行者　中川 ヒロミ
発行　株式会社日経BP
発売　株式会社日経BPマーケティング
〒105-8308
東京都港区虎ノ門4-3-12
https://bookplus.nikkei.com/

カバー・本文デザイン　小口 翔平＋青山風音＋神田つぐみ（tobufune）
DTP・制作　河野 真次
編集担当　沖本 健二
印刷・製本　中央精版印刷株式会社

ISBN 978-4-296-00169-9
Printed in Japan
本書籍に関するお問い合わせ、ご連絡は下記にて承ります。
https://nkbp.jp/booksQA